Für Mia

Alexander Bartl

WALZER IN ZEITEN DER CHOLERA

Eine Seuche verändert die Welt

HarperCollins

1. Auflage 2021
Originalausgabe

Gesetzt aus der Stempel Garamond und der Cera Pro
von GGP Media GmbH, Pößneck
Druck und Bindung von CPI books GmbH, Leck
Printed in Germany
ISBN 978-3-7499-0238-5
www.harpercollins.de

Klimaneutral
Druckprodukt
ClimatePartner.com/15109-2009-1001

MIX
Papier
FSC FSC® C083411

INHALT

AUSGANG

AUSGANG
J. Lowy

Willkommen in Wien!
Das Eingangstor der Weltausstellung, 1873

1

DER BRUNNEN

Wien, 1873

Am Morgen des 24. Oktober kehrte gegen alle Wahrscheinlichkeit der Spätsommer zurück, als wollte er Wien mit ein bisschen Glanz auf den Pfützen für die Verluste entschädigen.

Die Bevölkerung hatte sich längst auf den Winter eingestellt. Fiel der erste Schnee, nahte Silvester, und dann war sie dieses unselige Jahr endlich los. Die vergangenen Monate hatten die österreichische Reichshauptstadt ausgezehrt. Tausende waren verarmt, Hunderte qualvoll gestorben. »Der Blick hebt sich über die unmittelbare Noth der Gegenwart hinaus in bessere Zeiten«[1], schrieb die Tageszeitung *Die Presse*. Es klang wie ein Wunschtraum. Wenigstens brach die Sonne durch das Grau. Deshalb und weil Träume manchmal in Erfüllung gingen, rafften sich die Wiener auf, um dem Jahr 1873 eine letzte Chance zu geben.

Alle kamen, die Fürsten und Grafen, die Bürger, Handwerker und Habenichtse. Sie versammelten sich auf dem Schwarzenbergplatz. Noch mehr Neugierige drängten nach, von Norden, Osten und Westen, nur nicht von Süden, denn dort stand das Palais Schwarzenberg im Weg. Sie füllten die

Seitenstraßen, warteten selbst dort, wo sie den Schauplatz gar nicht mehr einsehen konnten. Die Sehnsucht, anwesend zu sein, wenn Großes geschah, hob die Laune und stimmte sie zuversichtlich. Der Reporter des *Illustrirten Wiener Extrablatts* versuchte den Überblick zu behalten. Dieser Trubel, diese Menschenmassen – das sei ja »lebensgefährlich«, notierte er, und weiter:

> »Der ganze weite Raum zwischen dem Palais Schwarzenberg, der Heumarktkaserne und der Karlskirche, ja bis zur Polytechnik war mit Festtheilnehmern übersät; von dem Gitterthore, das zum Schwarzenbergpalais führt, über den Schwarzenbergplatz bis zur Ringstraße hielt eine lebende, drängende, stoßende, erwartungsvolle Menschenbarriere die Straße umrahmt. [...] Auf den Dächern der den Festplatz umgebenden Häuser gab's Leute in Menge; selbst auf der Höhe der Kuppel der Karlskirche krabbelten menschliche Wesen umher.«[2]

Es war voll, es war eng, aber Chaos herrschte nicht. Das Ständebewusstsein saß tief in diesen Tagen, und so sortierten sich die Schaulustigen instinktiv nach ihrem gesellschaftlichen Rang: ganz vorne die prächtigen Kleider, die breitrandigen Hüte und orientalisch gemusterten Gehröcke aus dem Atelier des Wiener Meisterschneiders Joseph Gunkel, hinten die verwaschenen Schürzen und fadenscheinigen Hosen. Wo sich die Ärmsten unter die Reichsten mischten, gingen berittene Wachmänner dazwischen. Ihre kräftigen Pferde flößten Respekt ein.

Der Reporter der Wiener *Morgen-Post* widmete sich dem Dekor der Veranstaltung:

> »Der ganze Festplatz war mit Masten umgeben, an deren Spitzen die österreichischen Adler im reichsten Fahnenschmucke prangten. Die Flaggen trugen die Reichs-, Landes- und Stadtfarben, sowie auch jene des Heimatlandes unserer Monarchin, nämlich die bayerischen Farben. Alle Flaggenmaste hatte man durch Reisigguirlanden miteinander verbunden und der ganze Festraum war mit Blumengewächsen geschmückt.«[3]

Außerdem, berichtete der Journalist, hätten an allen vier Ecken weitere Masten gestanden, die »elektrische Sonnen« trugen, um den Platz künftig auch nachts zu erhellen.

Etwas höher gelegen, im Hof des Palais Schwarzenberg, erhob sich das Festzelt des Kaisers. Dort posierten Minister und Generäle neben den Herren des Wiener Gemeinderats im Sonnenlicht. In den Fräcken begann man zu schwitzen. Lichtreflexe tanzten über die Trompeten und Posaunen der Musikkapellen, die zu beiden Seiten Aufstellung genommen hatten. Alles war vorbereitet für den großen Empfang. Doch der Monarch ließ auf sich warten. Der eine oder andere der Honoratioren, der die Zeit mit gepflegter Konversation überbrücken wollte, gab den Versuch bald wieder auf, weil er sein eigenes Wort nicht verstand. Die Zuschauer lärmten, am lautesten diejenigen, die am wenigsten besaßen. Was für ein grandioser Tag!

Allein das Bauwerk, das an diesem Tag vom Kaiser seiner Bestimmung übergeben werden sollte, sah denkbar unspektakulär aus. Ein Bassin, eingefasst in ein gemauertes Rund, das war alles. Ein leerer Springbrunnen! Keine nackten Statuen im römischen Stil, nicht einmal einen winzigen Neptun hatte man in die Mitte gesetzt. Stattdessen lagen dort nur ein paar Felsbrocken, die das Wasserrohr kaschierten. Obwohl sonst noch nichts zu sehen war, wirkten die Zuschauer ziemlich überdreht. Vielleicht sahen sie in ihrer Fantasie schon die Fontäne in den Himmel steigen. Oder sie waren einfach dankbar dafür, dass endlich etwas passierte, das sie ablenkte von der Tristesse.

Das Jahr der Wiener Weltausstellung hatte sich zur Katastrophe entwickelt. Die Hoffnungen waren so groß gewesen. Doch dann geschah ein Unglück nach dem anderen. Erst kollabierte die Wiener Börse, etliche Firmen gingen bankrott, viele Anleger verloren ihr Vermögen, ihre Häuser, ihren Stolz. Und seit dem Sommer wütete die Cholera in der Stadt. Gäste flohen, Menschen starben, die bisher größte Weltausstellung, die erste auf deutschsprachigem Terrain, endete im größten finanziellen Desaster seit Jahrzehnten. Was die meisten nicht ahnten: Alles hing mit allem zusammen. Die Rolle, die Gott und Schicksal spielten, wurde in der Tagespresse jedenfalls maßlos überbewertet.

Pünktlich zur Einweihung des neuen Brunnens aber schien all das vergessen. Zwei Männer standen etwas abseits der übrigen Ehrengäste, schlank der eine, untersetzt und schon etwas älter der andere, auch wenn man seinem vollen Gesicht die Jahre nicht ansah. Eduard Suess war Geologe, Cajetan Felder der Bürgermeister der Stadt Wien. Beide wirkten so angespannt, dass nicht klar war, ob sie wegen der Sonne schwitzten oder vor Aufregung.

Als überflüssig, als sündteuren Irrsinn hatte man ihr Projekt geschmäht. Mit Überzeugungskraft allein wäre dieser Brunnen niemals vollendet worden. Auch Glück hatte eine Rolle gespielt. Genau das machte Suess nun nervös, weil es bedeutete, dass der Zufall zum Gelingen beigetragen hatte, was wiederum hieß: Er hatte nicht alles unter Kontrolle. Eine beunruhigende Erkenntnis für einen Wissenschaftler wie ihn. Zumal, wenn der Kaiser zur Eröffnung kam.

Während das Publikum an diesem Tag vor allem ein Wasserspektakel bewundern wollte, sah Eduard Suess in dem Brunnen das Finale eines großartigen Gesamtwerks. Das Becken markierte das nördliche Ende der spektakulärsten Wasserleitung der Welt. Dabei ging es dem Geologen nicht um Rekorde. Er hätte sich auch mit einer weniger komplexen Anlage begnügt. Für ihn zählte allein die Reinheit des Wassers. Es musste exzellent sein, kühl und klar wie ein Kristall.

Seine Ansprüche waren so hoch, dass viele Wissenschaftler anderer Länder mit Unverständnis, wenn nicht mit sanftem Spott reagierten. War die österreichische Residenzstadt nicht europaweit berüchtigt für die trübe Brühe, die sie ihren Gästen als erfrischenden Trunk vorsetzte? In englischen Zeitungen las man gelegentlich von verzweifelten Gästen, die in Wiener Hotels Eau de Cologne in ihren Tee kippten, damit er nicht so penetrant roch. Und nun peilte die Stadt chemische Werte an, die Wasser in einer Metropole unmöglich erzielen konnte.

Sogar der unschuldigste Bach lagerte Staub ein, sobald er durch bebautes Gebiet floss. Und ein Hauch Ammoniak war ja wohl nicht der Rede wert. Würde man alle Bestandteile herausfiltern, um den Reinheitsgrad zu erreichen, der Eduard Suess vorschwebte, bliebe vom Wasser nichts mehr übrig, hatten preußische Forscher postuliert. Wiens Ambitionen erschienen grotesk.

Selbst viele Einheimische hatten an dem Projekt gezweifelt und behauptet, es gelinge nie. Dennoch umlagerte halb Wien nun diesen Brunnen, um sich vom Gegenteil überzeugen zu lassen. Hätte Paris etwas Vergleichbares gewagt, wäre Wien dem großen Vorbild bereitwillig gefolgt. Frankreich besaß eben dieses unbestechliche Gespür für den Chic der Zeit. Ging es aber darum, eine Pioniertat zu vollbringen, tat sich die k. k. Reichshauptstadt schwer.

Eduard Suess hielt diesen Wesenszug seiner Heimat für eine Marotte, die man ihr austreiben konnte. Dabei hatte er zehn Jahre lang gegen Widerstände kämpfen müssen, lange genug, um die Beharrungskräfte des offiziellen Wiens kennenzulernen und darunter zu leiden. Aber seine Erfolge als Wissenschaftler bestärkten ihn in der Überzeugung, dass er mit seiner Kompromisslosigkeit richtiglag. Letztlich ging es doch darum, nach Neuem zu streben!

Suess blinzelte in die Sonne und wirkte nun wieder fast so selbstsicher wie Feldmarschall Schwarzenberg, dem man auf der anderen Seite des Platzes ein Reiterdenkmal errichtet hatte. Allerdings sah der Geologe besser aus. Seine ausgeprägten Wangenknochen und die schmale, gerade Nase entsprachen dem klassischen Ideal. Die Porträtfotografen seiner Zeit gaben sich jedenfalls alle Mühe, die vorteilhaften Züge optimal in Szene zu setzen. Für Männer mit solch einem Gesicht ließen Frauen in den damals auf Wiener Bühnen beliebten Lustspielen von Molière ihre verschrobenen Verehrer im Stich, ohne mit der Wimper zu zucken.

Trotzdem wäre der Wissenschaftler eine Fehlbesetzung gewesen, denn er schwärmte allein für seine Ehefrau, die sieben Kinder – und für Gesteine. Im Jahr 1873 standen seine einflussreichsten Forschungen zwar noch bevor, doch sein Name kursierte schon europaweit in geologischen Fachkreisen. Kaum einer bezweifelte noch, dass dieser Suess ein ganz Besonderer war.

Plötzlich kam Unruhe auf, ein Mann in Sonntagsgarderobe wurde von Wachmännern durch das Gedränge zum Brunnen eskortiert. Eduard Suess blickte auf und erkannte Carl Mihatsch. Der Oberingenieur trat nun an den Rand eines schmalen Schachts. Dort unten befand sich das Wasserventil. Blass sah er aus und übermüdet. Am Vortag hatte er nochmals stundenlang die Leitung bis hinauf zum Rosenhügel im Südwesten der Stadt überprüft. Mehrfach waren Rohre bei den Testläufen geplatzt. Fehlte der Druck in der Leitung, würde es im Brunnen keine Fontäne geben.

Kurz vor elf Uhr brach plötzlich Jubel aus. Endlich rollte der Zweispänner des Kaisers über den Schwarzenbergplatz.

Carl Mihatsch stieg in den Schacht, während der Regent mit Hüteschwenken und Hochrufen begrüßt wurde. Der Oberingenieur griff nach dem Handrad des Ventils.

Die Einweihung war für den Kaiser nicht minder bedeutend, auch wenn sie neben seinen anderen Repräsentationsaufgaben auf den ersten Blick eher eine Nebenrolle zu spielen schien. Franz Joseph I. hatte in diesem Jahr schon den ersten Spatenstich für das neue Rathaus an der Ringstraße erledigt, die Weltausstellung im Prater eröffnet und aus diesem Anlass Dutzende Regenten, Prinzen, Fürsten und sogar den Schah von Persien empfangen. Trotz Börsenkrach und Cholera war er unbeirrt dem Protokoll gefolgt. Nun aber galt es, endlich auch den Untertanen Gutes zu tun.

Seine Majestät schritt zum Festzelt. Hoffnungen des Publikums, die Bayernfahnen an den Masten kündigten den Besuch von Kaiserin Elisabeth an, wurden leider enttäuscht. Sie war nicht gekommen. Der Kaiser hatte ersatzweise Kronprinz Rudolf und ein paar Erzherzöge mitgebracht. Die Untertanen auf dem Platz wussten, was sich gehörte und murrten nicht. Franz Joseph hob nun seinen Arm und winkte dezent in die Menge. So viel Publikum gab es normalerweise nur bei Begräbnissen von Mitgliedern der kaiserlichen Familie. Was dem Regenten in dem Moment durch den Kopf ging, ist nicht überliefert. Wahrscheinlich hoffte er, dass in diesem Jahr zur Abwechslung mal etwas klappte.

Nun trat er in den Schatten des Festzelts. Cajetan Felder folgte ihm. »Das Antlitz des Herrn Dr. Felder umspielte ein stolzes Lächeln«[4], notierte der Reporter des *Illustrirten Wiener Extrablatts*. Dann erfüllte der Bürgermeister seine Pflicht und huldigte dem Monarchen so salbungsvoll, dass nur Eingeweihte verstanden, was eigentlich los war.

Obwohl er selbst aus bescheidenen Verhältnissen stammte, beherrschte Felder selbstverständlich den hohen Konversationston der Aristokratie wie eine der sechs Sprachen, die er sich angeeignet hatte. Er wandte sich an »Euere kaiserliche und königliche apostolische Majestät«, um offiziell zu verkünden, dass das große Werk, dem »Euere Majestät vor drei ein halb Jahren durch den ersten Spatenstich in huldvollster Weise die Weihe verliehen«, nun vollendet war.

Phrasen, so pompös wie Barockfassaden. Die Menschen auf dem Platz kümmerte es nicht. In dem Getöse bekamen sie ohnehin kaum ein Wort mit. Für sie zählte bei solchen Ereignissen nur das Gesehene, nicht das Gesagte, das um drei Ecken trödelte. Jetzt sprach der Kaiser, lobte dieses respektable Ergebnis »eifriger Thätigkeit«, es sei das größte Werk, »welches die Kommune Wien's jemals zu Stande gebracht«[5] habe.

Endlich schwenkte Eduard Suess ein weißes Tuch, das Signal für den Oberingenieur, die Fontäne in Gang zu setzen.

Alle Blicke richteten sich auf den Brunnen. Doch nichts geschah.

»Eine peinliche Pause. Nach einigen Minuten wiederhole ich das Zeichen«, erinnerte sich der Geologe später. »Wieder nichts. Eine noch peinlichere Pause. Eine, zwei, drei Minuten. Ich beginne die Pulse an meinen Schläfen zu verspüren.«[6]

Die Zuschauer, die nah am Bassin standen, hörten, wie Metall knirschte, als Carl Mihatsch immer energischer das Ventil bearbeitete. Der Kaiser überblickte die Szenerie und sah, dass es noch immer nichts zu sehen gab. Wien hielt den Atem an. Der Brunnen blieb trocken.

Das Wiener Hochwasser 1830,
Leopoldstadt, Jägerzeile am 2. März

2

DAS TRAUMA

Wien, 1830

Wenn es etwas gab, das in der Reichshauptstadt seit Menschengedenken im Überfluss vorhanden war, dann Wasser. Von allen Seiten strömte es nach Wien. Einige Quellen entsprangen im westlich gelegenen Wienerwald, wurden zu Bächen, die bis in die Vorstädte reichten. Der Alserbach führte im Norden an der Stadtmauer vorbei. Der Wienfluss näherte sich den Befestigungsanlagen frontal, nahm auf dem Weg dorthin den Mauerbach, den Rotwassergraben und den Hirschenbach auf, schwoll an und wich erst im letzten Moment nach Osten aus.

In Ufernähe stemmte die Karlskirche ihre imposante Kuppel empor. Die Eschen und Weiden, die den Fluss säumten, wirkten vor dem Gotteshaus wie ein Pilgerzug, der im stillen Gebet verharrte.

Das mächtigste Gewässer aber war die Donau. Von Linz kommend zwängte sie sich zwischen Leopoldsberg und Bisamberg ins Wiener Becken. Dort wurde sie launenhaft. Sie fächerte sich auf, verlegte den Hauptstrom mal nach links und mal nach rechts, während die vernachlässigten Arme zunehmend versandeten.

Wenn die Wiener an einer Stelle einen Hafen errichteten, konnte es sein, dass der Fluss seinen Schwerpunkt bald wieder verlagerte. Die Donau foppte die Bevölkerung. Entfernte sich das Wasser von der Stadt, wo es am einfachsten war, Schiffsladungen zu löschen, malten es Kartografen früherer Jahrhunderte weiter dorthin, wo sie es haben wollten, als ließe sich der Strom dadurch ins alte Bett zwingen. Die Strategie versagte. Immerhin führte der Donaukanal, einer der Arme, der Wiens Nordosten streifte, im Jahr 1830 wieder genug Wasser. Ansonsten ließ der Fluss die Menschen an seiner Unberechenbarkeit verzweifeln, hatte aber noch ganz andere Überraschungen auf Lager. Im Jahr 1830 wurde er zur Bestie.

Franz Sartori, der seit 1814 als Regierungssekretär dem Central-Bücher-Revisionsamt vorstand, dokumentierte die Katastrophe. Der verbeamtete Dichter stammte aus dem steirischen Dorf Unzmarkt und war 1802 nach Wien gezogen. Wie auch andere, die aus der Provinz in die Hauptstadt kamen, legte er sich dort ein paar Dünkel zu und blickte fortan argwöhnisch auf den weniger privilegierten Teil der Bevölkerung jenseits der Stadtmauern herab. Nicht einmal seine vormalige Heimat, die Steiermark, fand Gnade: »Eine eben so bedauerns- als die Menschheit herabwürdigende Erscheinung sind hier, so wie im Brucker Kreis, die sogenannten […] Trotteln, die sich in jedem Dorfe befinden«, urteilte Sartori. Generell missfielen ihm »Körper und Gesichtsbildungen« der Landbevölkerung.

Im Winter 1830 aber erkannte er, dass weder der Typus des Trottels noch unvorteilhafte Züge die Gesellschaft ernsthaft bedrohten – sondern die entfesselten Naturgewalten. Nicht über die Steiermark, über Wien war eine Katastrophe hereingebrochen. Bestürzt schrieb er:

»Diese Überschwemmung, welche in der Nacht vom 28. Februar auf den 1. März 1830 die Vorstädte [...], ja selbst einen Theil der Inneren Stadt (Rothenthurmstraße, Adlergasse, Fischmarkt, Salzgries) überrascht, welche augenblicklich im Dunkel einer grauenvollen Mitternacht im Geleite eines fürchterlichen Sturmes heranrückte, hat keine ähnliche Erscheinung in den Jahrbüchern Wien's aufzuweisen.«[7]

Als das Jahr begann, hatten die Wiener schon drei bitterkalte Monate hinter sich. Im Januar sank die Temperatur noch tiefer, erreichte schließlich minus zwanzig Grad. Die Stadt erstarrte. Straßen wurden unpassierbar, weil der Schnee mancherorts bis zu den Türstürzen reichte. So lange der Holzvorrat reichte, flackerten drinnen Feuer in den Öfen. Der Rest war Kälte. Trotzdem ging das Leben weiter, zwar langsamer als sonst, aber die Laune ließ man sich nicht verderben. Schließlich war Fasching. Auch in den Theatern wurde noch gespielt und applaudiert. Das Publikum behielt einfach die Mäntel an.

Im Leopoldstädter Theater jenseits des Donaukanals fand zehn Tage vor der Flut die Premiere des Lustspiels *Faschingskrapfen oder Bunt über Eck*[8] statt. Ein kleines Orchester untermalte die Gesangseinlagen. An der zweiten Geige saß Ferdinand Kauer, der sich mit dem Engagement etwas dazuverdiente. Obwohl er schon mehr als zweihundert Stücke komponiert hatte, wartete er noch auf den Durchbruch. Damit er über die Runden kam, rieb er sich zwischen der schöpferischen Arbeit daheim und am Theater auf. Kaum jemand interessierte sich für den Existenzkampf eines mittelmäßigen Künstlers.

Das Leopoldstädter Theater gehörte zu den beliebtesten der Vorstädte, die Kaiserfamilie kam regelmäßig, selbst Lord

Nelson hatte sich in dem Haus schon amüsiert. Auch die Donau bot in diesen Tagen ein besonderes Schauspiel. Sie lag reglos in ihrem Bett, zumindest sah es so aus. Eine Eisschicht hatte das Wasser überzogen. Darauf fiel Schnee. Plötzlich wirkte der Strom ganz harmlos. Ein Bild der Unschuld, ein Trugbild. Weil die Temperaturen zu niedrig waren, die Donauarme zu zahlreich oder weil die Bevölkerung den schlafenden Strom nicht aufwecken wollte, unterließ sie es, systematisch zu prüfen, wie robust die Eisschicht war, um daraus die richtigen Schlüsse zu ziehen. Der erste Fehler.

Fünf Tage vor der Katastrophe schlug das Wetter um. Die Temperatur stieg, und mit viel Fantasie konnte man sich einreden, die Luft dufte schon ein bisschen nach Frühling. Zumindest hatte der Winter seinen Griff gelockert. Die Menschen genossen zum ersten Mal seit September die Zeit im Freien.

Die Donau regte sich ebenfalls. Die Eisdecke knackte und knirschte, Schollen lösten sich und drängelten stromabwärts. Am 28. Februar schien der Fluss endlich eisfrei zu sein, der Wasserpegel sank sogar weiter als üblich. Niemand dachte daran, sich in Sicherheit zu bringen. Der zweite Fehler. Man ging früh zu Bett. Der dritte Fehler.

Denn im Nordwesten mobilisierte der Strom seine Kräfte. Dort hatte er gewaltige Eisschollen aufgestapelt, die ihn auf ganzer Breite blockierten. Deshalb war der Pegel stromabwärts gesunken. Das Eis saß fest, während der Druck stieg.

Zeitzeugen, die spätabends noch am Ufer unterwegs waren, vernahmen plötzlich ein Grollen und Kreischen in der Dunkelheit. Das war das Eis, das sich gegen die Wassermassen stemmte.

Kurz vor Mitternacht schickte der nahende Sturm einen Windstoß voraus, der die Gaslaternen in den Straßen auspustete. Dann brach die Flut durch die Eisbarriere, schnellte vorwärts und stürzte sich auf die Häuser. Sie lockerte Fundamente, Eisbrocken zertrümmerten Wände. Manche Bewohner wurden augenblicklich von herabfallenden Steinen oder Dachbalken erschlagen, andere riss die Strömung mit. Einige Familien, die sich überstürzt auf ein Boot retten konnten, hatten vergessen, daheim die Kerzen zu löschen. Zimmer gerieten in Brand, und so wurde später von Häusern berichtet, die im Eiswasser standen, während Flammen aus dem Dach schlugen. Nur elf Gebäude verschonte die Donau in der Leopoldstadt.

Das Unglück ging auch Franz Sartori nahe, der bisher wenig übrig hatte für die Ärmsten der Armen. Nun nahm er sich Zeit, über einzelne Schicksale zu berichten. Etwa über dieses:

> »In einem der Häuser, wo ein paar Familien ziemlich enge zusammen in einem Zimmer wohnten, springt eine Frau, von dem Getöse geweckt, auf und will hinaus; als sie das Wasser gewahr wird, eilt sie zurück, ihre beiden Kinder zu retten und trägt sie im Finstern auf den Boden des Hauses. Als es Tag wurde, sieht sie, daß sie zwei fremde Kinder gerettet hatte, ihre eigenen waren umgekommen.«[9]

Zu den Betroffenen zählte auch Ferdinand Kauer, die zweite Geige vom Leopoldstädter Theater. In seiner Wohnung vernichtete die Flut alle Kompositionen und zerstörte damit seine Existenz.[10] Im Jahr darauf starb er als Bettler. Die Flut forderte ihre Opfer in Raten. Als sie vorbei war, besichtigten die Wiener mit Grauen die städtischen Katastrophengebiete, etwa der österreichische Schriftsteller Franz Grillparzer. Die Eindrücke waren so erschütternd, dass er sie noch achtzehn Jahre später in seiner Erzählung *Der arme Spielmann* so authentisch schilderte, als wäre das Unglück erst am Vortag geschehen:

> »Der Anblick der Leopoldstadt war grauenhaft. In den Straßen zerbrochene Schiffe und Gerätschaften, in den Erdgeschossen zum Teil noch stehendes Wasser und schwimmende Habe. Als ich, dem Gedränge ausweichend, an ein zugelehntes Hoftor hintrat, gab dieses nach und zeigte im Torwege eine Reihe von Leichen, offenbar behufs der amtlichen Inspektion zusammengebracht und hingelegt; ja, im Innern der Gemächer waren noch hie und da, aufrecht stehend und an die Gitterfenster angekrallt, verunglückte Bewohner zu sehen …«[11]

Während Grillparzer die schweren Schäden begutachtete, verließen andere ihre zerstörten Wohnungen mit gepackten Koffern und zogen um. Eine dieser Familien hatte gerade ihren Aufstieg zu einer der berühmtesten Musikerdynastien der Welt begonnen. Johann Strauss wechselte mit Gattin und Kindern sein Domizil. Das Wasser war durch die Fenster im ersten Stock gebrochen.[12] Johann junior, der künftige Walzerkönig, war zu dem Zeitpunkt gerade viereinhalb Jahre alt. Dass er später seinen berühmtesten Walzer ausgerechnet der *Schönen blauen Donau* widmen würde, ist nach den traumatischen Erlebnissen erstaunlich. Möglicherweise hatte er die erschütternden Bilder verdrängt, oder der Titel war purer Sarkasmus. Wenn Zeitungen damals die Donau tatsächlich einmal als blau bezeichneten, dann in Anführungszeichen.

Es entstanden auch Gemälde, die das Ereignis von 1830 thematisierten. Eduard Gurk hielt die Not in Öl fest, allerdings malte er sie so gefällig, dass die Szenerie mehr dem vorherrschenden Kunstgeschmack entsprach als der Wirklichkeit. Zwischen herausgeputzten Häusern waren korrekt gekleidete Herrschaften in Holzbooten unterwegs.

Nachdem die Wasserschäden behoben worden waren, wollte auch das Leopoldstädter Theater tagesaktuell reagieren und setzte das neue Stück *Die Überschwemmung. Dramatische Szenen* an. Die Aufführung ist allerdings nicht verbürgt. Eventuell bekamen die Verantwortlichen Zweifel, ob es wirklich eine gute Idee war, dem Publikum unmittelbar nach der Tragödie einen solchen Schocker vorzusetzen.

Fortan nahm die Flut einen prominenten Platz im Gedächtnis der Bevölkerung ein, zumal Wiens Flüsse weiterhin alle paar Jahre über die Ufer traten. Sie richteten nicht annähernd so große Schäden an wie 1830, hielten aber die Erinnerung an das Unglück wach. Als Kaiser Ferdinand zehn Jahre später eine der ersten Wasserleitungen für die Bevölkerung bauen ließ, wurde natürlich die Donau angezapft.

Drei Jahrzehnte später schwappte die Flut erneut durch die Straßen und gab auch den später Geborenen ein Gefühl für das Volumen und die zerstörerische Kraft der Wassermassen. Das Trauma nach den beiden großen Überschwemmungen und die Erfahrung, dass Donauwasser mit relativ geringem Aufwand erschlossen werden konnte, erklärten später die massiven Vorbehalte gegenüber der extravaganten Idee, man müsse sich nach neuen Quellen umsehen, weil es Wien an Wasser fehle.

Vielen, die schon einmal erlebt hatten, wie die Donau nachts in ihre Häuser eindrang, erschienen solche Forderungen nicht nur absurd, sondern geradezu lebensgefährlich. Schließlich musste in Wien niemand verdursten. Man ertrank allenfalls.

Der Geologe Eduard Suess im Jahr 1869 –
auf einer Lithografie von Josef Kriehuber

3

WIEN VON UNTEN

Wien, 1858

Er kam zu spät, nicht aus Nachlässigkeit, sondern um Spannung zu erzeugen. Eduard Suess schätzte den Moment, in dem die Atmosphäre im Saal zu knistern begann. Als seine Kutsche am 6. Dezember, einem Montag, vor dem prächtigen Barockgebäude der Kaiserlichen Akademie der Wissenschaften hielt, sollte er schon seit zehn Minuten am Rednerpult stehen und eine seiner ›populären Vorlesungen‹ halten. Doch die Wartezeit half dem Publikum, den Alltag hinter sich zu lassen und die Aufmerksamkeit neu auszurichten auf das, was bevorstand. Nach zwölf Minuten betrat Suess den Vortragssaal der Akademie im zweiten Stock. Es knisterte.

Der Geologe war zwar erst siebenundzwanzig Jahre alt, aber schon seit fast zwei Jahren Professor, wenn auch zunächst ohne Besoldung. Viele der älteren Naturwissenschaftler, die sich über Jahrzehnte in der universitären Hierarchie hochgedient hatten, verfolgten die Karriere des jungen Kollegen mit Argwohn. Schließlich stammte er nicht einmal aus einer Gelehrtenfamilie, was einen solchen Aufstieg eventuell noch gerechtfertigt hätte. Sein Vater war Wollhändler, wenn auch ein sehr gebildeter. Das Theologiestudium hatte er einst abgebrochen, weil sich sein künftiger Schwiegervater einen gestandenen Unternehmer an der Seite seiner Tochter gewünscht hatte. Also sattelte er um, heiratete und zog mit seiner Frau nach England, wo er ein Textilgeschäft eröffnete. Dort kam Eduard Suess zur Welt.

Als er drei Jahre alt war, übersiedelte die Familie nach Prag. Doch der Junge weigerte sich beharrlich, anders als auf Englisch zu kommunizieren, und war auch ansonsten kein leichter Fall. »Ich war ein sehr schlimmer Junge und mein Vater war sehr streng«[13], räumte er später ein. Mit vierzehn zog er mit seiner Familie nach Wien. Inzwischen hatte er wenigstens seinen Widerstand gegen andere Sprachen aufgegeben, beherrschte neben Englisch auch Deutsch und Französisch und spielte sogar mit dem Gedanken, ein großer Dichter zu werden. Lange kämpfte er lieber mit Versmaß und Metrik, anstatt sich für Steine zu interessieren.

Das änderte sich schlagartig, als er bei einem Museumsbesuch eine Sammlung antiker römischer Münzen bewunderte. Wenn der Erdboden solche Schätze barg, dann musste er sich mit der Materie genauer befassen. So erwachte seine Leidenschaft für die Erdwissenschaften, und sie wurde größer, je besser er den Untergrund verstand. Inzwischen hatte er die Karpaten durchwandert, die Gipfelzüge des Dachsteins vermessen und kannte die Eigenheiten des Bodens von der Nordsee bis zur Adria.

Außerdem sammelte er Fossilien. Den jungen Forscher faszinierte die Geschichte Europas, weniger die der Menschen, sondern die der Erde, die Hunderte Millionen Jahre zurückreichte.

Neben seiner Tätigkeit als Professor arbeitete Suess für die Hofmineraliensammlung. Er tauschte außergewöhnliche

Exponate mit führenden Wissenschaftlern aus, verfeinerte und vervollständigte die Kollektion, korrespondierte aber auch mit fachfremden Forschern, wenn er deren Thesen für originell oder zumindest für bedenkenswert hielt. Einer, der seine Leidenschaft teilte, im großen Maßstab zu denken, um das tägliche Leben zu erklären, war ein gewisser Charles Darwin.

All das spielte bei den ›populären Vorlesungen‹ in der Kaiserlichen Akademie jedoch keine Rolle. Neben der Wissensvermittlung kam es vor allem auf den Unterhaltungswert an. Ein Referent musste schon sehr berühmt sein, damit ihm die Zuhörer einen gestammelten Vortrag verziehen. Suess rückte seine Notizen zurecht und blickte auf.

Nicht nur Studenten waren gekommen, sondern auch Beamte, Unternehmer, sogar Handwerker in entsprechender Tracht. Wissenschaft, so sah es Suess, erfüllte nur dann ihren Zweck, wenn die gesamte Bevölkerung davon profitierte. Zumindest musste sie Bescheid wissen. Und an diesem Abend, da war er sich sicher, würde er das Publikum aufrütteln.

Dabei klang sein Thema nicht sonderlich spektakulär: *Der Boden der Stadt Wien*. Den gelehrten Zuhörern mochte die Unterwelt aus antiken Mythen ein Begriff sein, die weniger Gebildeten waren einfach nur froh, wenn der Boden trocken blieb und nicht bebte. Aber was genau unterhalb Wiens vorging, damit hatte sich noch keiner im Publikum befasst. Suess beschrieb zunächst den sanft gebogenen Rücken, den die wasserundurchlässige Erdschicht in der Tiefe bildete. Sie erkläre, warum sich in den Senken Fluss- und Grundwasser mischten. Dass dort unten eine Art zweite Landschaft existierte, die sich hob und senkte wie das Wiener Umland, war den Zuhörern neu. Wasserläufe, Seen, Hügel, alles auch unterirdisch vorhanden. Das hätten sie dem Boden gar nicht zugetraut. Er war für die Menschen so selbstverständlich wie die Sonne, die Luft und der Kaiser. Straße für Straße schilderte Suess nun, wie die Erde beschaffen war und welche Folgen das für Menge und Qualität des Wassers hatte.

Der Geologe stellte Verbindungen her zwischen unten und oben, zwischen dem Boden und denen, die darauf lebten. So entwickelte er eine Art humanistische Erdwissenschaft. Und distanzierte sich damit vom akademischen Establishment seiner Zeit, das dem Ideal der ›reinen Wissenschaft‹ folgte, losgelöst von alltäglichen Bedürfnissen.

Was Suess an diesem Abend vortrug, war aber noch in anderer Hinsicht revolutionär.

Weil es noch keine technologischen Hilfsmittel gab, kratzten die meisten Geologen dort an der Erdkruste, wo sie zugänglich war, auf den Wiesen oder in den Bergen. Suess hingegen befasste sich mit dem Untergrund einer Großstadt, in der man nicht nach Belieben graben konnte, weil Häuser oder Pflastersteine im Weg waren. Wie also konnte er das unterirdische Wien so präzise kartieren?

Dem Geologen kam zugute, dass ganz Wien in diesen Tagen einer Baustelle glich. Die Bevölkerungszahl wuchs rasant, das erstarkende Bürgertum sehnte sich nach Palästen, am liebsten an der projektierten Ringstraße. Wo Gruben ausgehoben wurden, war Suess zur Stelle und entnahm Proben. Jeden Fundort markierte er auf seinem Stadtplan mit einem Punkt. Am Ende hatte die Karte Sommersprossen. Trotzdem gab es noch viel unerkundetes Terrain dazwischen. Nun bewährte sich eine Strategie, die Suess schon Jahre zuvor bei der Erforschung der Alpen verfolgt hatte.

Die Merkmale einer Gesteinsformation hier und einer anderen ein paar Kilometer weiter ließen ihn darauf schließen, dass beide durch ein und dieselbe unterirdische Kraft hervorgebracht worden waren. Er entwickelte Hypothesen, korrigierte und verfeinerte sie, je mehr Fundorte er einbezog. Und was er unterhalb Wiens entdeckt hatte, gab Anlass zur Sorge:

Ein Arzt habe am Donaukanal ein eigenartiges Phänomen beobachtet, berichtete er. Bei höherem Wasserspiegel litten die Bewohner ganzer Straßenzüge plötzlich an Durchfall. Kaum sinke er, seien die meisten wieder gesund. Erklärlich sei das nur mit den Vorgängen im Boden. »Zahlreiche Unrathskanäle münden mit einem geringen Gefälle in den Wiener Donauarm«, sagte er. »In demselben Augenblicke aber, in welchem der Fluss um 4 oder 5 Fuss gestiegen ist, ist er in dem Unrathskanale […] eben so hoch gestiegen« und reiche mitunter bis in die dritte Häuserreihe zurück.[14]

Den Zuhörern dämmerte, worauf der Wissenschaftler hinauswollte. Manche kniffen die Augen zusammen, als könnten sie der Misere dadurch entgehen. Suess fuhr fort: »Der Silt, in welchem der Kanal liegt, ist noch trocken, aber es beginnt sofort eine Infiltration von Jauche in denselben, welche bei der anerkannt mangelhaften Beschaffenheit unserer Kanäle bedeutende Dimensionen annimmt.« Man dürfe daher nicht verwundert sein, wenn das Wasser im größten Teil der Brunnen ungenießbar werde.[15] Suess pausierte. Viele Zuhörer wirkten beunruhigt. Die Donau stand hoch in diesen Tagen.

Nun widmete sich der Forscher der Siebenbrünner Quelle. Unruhe im Saal, Wispern, Kichern, Stühlerücken, denn das war nun besonders brisant. Jeder wusste, wer von dort das vermeintlich beste Wasser der Stadt bezog. Es handelte sich um die offizielle Hofwasserleitung. Der Kaiser verteidigte sie energisch gegen alle Ambitionen der Anwohner, etwas davon abzuzweigen, damit ihre Brunnen nicht austrockneten.

> »Ein Blick auf die beifolgende Bodenkarte von Wien zeigt sehr deutlich, dass auf dem Zusickerungsgebiete der Siebenbrünner Wasserleitung der neue protestantische Friedhof und wenigstens ein bedeutender Theil des Matzleinsdorfer Friedhofes liegen.«[16]

Suess entfaltete die Karte, das Quellgebiet hatte er blau eingefärbt, die Friedhöfe waren schwarz schraffiert. Es war wenig Blau zu sehen, dafür sehr viel Friedhofsschwarz. Die Darstellung ließ keinen Spielraum für beschönigende Interpretationen: Ein Großteil des Regenwassers, das die kaiserliche Quelle speiste, begegnete auf dem Weg in die Tiefe der einen oder anderen Leiche. Suess formulierte es drastisch: Während man in Paris beim Brunnenbau Abstand zu den Toten halte, »sammelt man in Wien den unterirdischen Abfluss grosser Friedhöfe und bringt denselben als Trinkwasser in die Mitte der Stadt«[17].

Stille, bis das Publikum komplett erfasst hatte, was in Wien unterirdisch los war. Dann Applaus, energisch und minutenlang. Einige der anwesenden Unternehmer dachten vermutlich, dass Vorträge von Eduard Suess in jedem Fall lehrreicher waren als Abende in den Logen des Kärntnertortheaters. Manche Handwerker im Publikum mochten sich vorgenommen haben, gleich am nächsten Tag ihre Hauskanäle zu inspizieren. Brunnen und Senkgruben waren für sie bislang ganz verschiedene Löcher im Boden gewesen.

Und die Donau floss in einem Graben. Dass sich unterirdisch alles vermischte, war beängstigend. Und noch etwas stand nach diesem Vortrag fest: Niemand würde den Kaiser jemals wieder um sein Trinkwasser beneiden.

Einiges deutet darauf hin, dass sich an diesem Abend auch ein Rechtsanwalt im Publikum befand, den die Rede des Geologen auf eine verwegene Idee brachte. Sie sollte Wien für immer verändern, aber noch war es nicht so weit. Fürs Erste beschloss Cajetan Felder, diesen Suess im Auge zu behalten.

Als er die Akademie verließ, schlug ihm eiskalter Wind entgegen. Die vermögenden Besucher des geologischen Vortrags eilten zu ihren wartenden Equipagen, die Bewohner der Vorstädte zogen die Schultern hoch und machten sich zu Fuß auf den Weg durch die Dämmerung. Cajetan Felder stieg auf sein gesatteltes Pferd. Das schnellste war es nicht mehr, aber robust und einigermaßen verlässlich. Der ausrangierte Kavalleriegaul hatte im Dienst des Advokaten die Vorzüge der Gemütlichkeit entdeckt. Möglicherweise hing das mit dem Kosenamen zusammen, den Felder ihm gegeben hatte: Muckerl! Wer so gerufen wurde, der preschte nicht mehr vorwärts, als ginge es um sein Leben. Den Anwalt störte das nicht, aber nun schlugen die Hufe seit zehn Minuten den Takt schwermütiger Begräbnismusik. Das war zu langsam. Felder schnalzte. Muckerl beschleunigte unmerklich.

Sie folgten der Rotenturmstraße, vorbei an den wuchtigen Häusern deutscher Handelsgesellschaften, die sich nahe dem Donaukanal angesiedelt hatten. Am Ufer war der Ring der Stadtbefestigung schon aufgebrochen worden, bald würde die ganze Mauer rund um Wien fallen. Eine neue Zeit hatte begonnen, die Residenzstadt wollte sich nach allen Seiten öffnen, zumindest städtebaulich. Felder bog in die provisorische Trasse ein, die einmal in die mondäne Ringstraße münden sollte. Der Untergrund war uneben wie ein umgepflügter Acker. Es gab noch viel zu tun für die Stadtplaner. Die Kälte kroch dem Anwalt in den Kragen, breitete sich über Schultern und Rücken aus. Er zog den Mantel enger. Viel half es nicht.

Felder bedauerte, dass er seine Wiener Wohnung vor sechs Monaten in einem Moment quälenden Großstadtüberdrusses aufgegeben hatte und aufs Land gezogen war. Damals war es Sommer gewesen, und die Aussicht auf ein Leben in Weidling, einem Dorf nördlich von Wien, so verlockend, dass er das vormalige Wochenendhaus zur dauerhaften Bleibe umgewandelt hatte. Die frische Luft bekam seiner Frau und seinem Sohn.

Die Wiener Fassaden waren hingegen auch im Sommer grau und trostlos. Für den Umzug gab es noch einen weiteren Grund: »Von großem Wert war für uns, die wir an das schlechte Röhrenbrunnenwasser der Josefstadt gewohnt waren, das vortreffliche Quellwasser, das der Hausbrunnen in steter Frische lieferte.«[18] Felder seufzte. Eine Wohnung gleich um die Ecke wäre in diesem Moment verlockender gewesen als der Ritt nach Weidling.

Er erinnerte sich an die Worte des Geologen. Das gemächliche Auf und Ab des Pferderückens brachte seine Gedanken in Schwung. Die Wasserversorgung war in Wien ein brisantes Thema. Seit Jahren berichteten die Zeitungen beinahe wöchentlich darüber. Wien wuchs, doch das Leitungsnetz hielt damit nicht Schritt, während der Pegel in den

Hausbrunnen sank. Was also tun? Zunächst wurde die Saugleistung der alten Kaiser-Ferdinands-Leitung bis ans Limit erhöht. Die dampfbetriebenen Schöpfwerke pumpten nun mit mehr PS noch mehr Wasser durch unzureichende Schotterfilter zu den öffentlichen Brunnen und in die Häuser. Das Wasser sei trüb, klagten manche Bewohner, und es rieche sonderbar. Man könnte auch sagen: Es stank. Gelegentlich fanden sich darin sogar tote Käfer, welke Blätter oder Vogelfedern.

Die Zeitungen überboten einander mit immer absurderen Vorschlägen, wie die Versorgung zu sichern sei. Einmal war von noch unentdeckten Wasseradern in der Vorstadt die Rede, die angeblich mit solchem Druck im Boden zirkulierten, dass sie das Wasser ganz ohne Dampfpumpen bis in die Mitte der Stadt und hinauf zur Spitze des Stephansdoms transportieren könnten. Inzwischen wusste man als Leser nicht mehr, was ernst gemeint war und was sarkastisch.

Schuld an der Misere war die Unentschlossenheit des Wiener Gemeinderats, des ersten nach der Märzrevolution 1848. Während in den Jahrzehnten davor der Kaiser verfügte, wie die Reichshauptstadt auszusehen hatte, lag diese Entscheidung plötzlich in der Hand der Kommune. Ängstlichkeit und Ahnungslosigkeit führten dazu, dass das meiste blieb, wie es war.

Cajetan Felder wusste um die Befindlichkeiten in dem städtischen Gremium. Er selbst hatte ihm drei Jahre lang angehört, war dann aber ausgeschieden, um sich allein seiner Karriere als Rechtsanwalt zu widmen. Vor Gericht wurden Entscheidungen getroffen und Fortschritte erzielt. Im Gemeinderat geschah weder das eine noch das andere. Stattdessen prägte eine riskante Mischung aus Arglosigkeit und

Träumerei die weitschweifigen Reden im Plenum. Es dauerte nicht lange, bis Geschäftemacher ihre Chance witterten und der Stadt verlockende Offerten unterbreiteten.

Felder erinnerte sich gut an das anonyme Konsortium aus London, das versprochen hatte, Wien durch eine privatisierte und straff organisierte Versorgung so reichlich zu bewässern wie ein Wolkenbruch von unten. Leitungen zu jedem Haus und bis hinauf in die Stockwerke wurden zugesagt. Was die Qualität betraf, blieb man allerdings vage: Das Wasser werde nicht schlechter sein als das gegenwärtige.

Ein Journalist verfasste danach eine Hymne auf britische Ingenieursleistungen, die einer Aufforderung an das Empire glich, das Kaiserreich Österreich bitte umgehend zu kolonisieren. Zunächst schilderte der Autor, dass die Londoner Wassergesellschaften den enormen Bedarf der britischen Hauptstadt spielend deckten, weil sie als Aktiengesellschaft auf maximale Produktivität getrimmt seien. »Um die erstaunliche Wasserquantität anschaulich zu machen, welche auf diese Art in 24 Stunden für den Verbrauch der Metropole [...] gewonnen wird, hat man berechnet, daß man damit die ganze innere Höhlung der St. Paulskathedrale sammt Kuppel und Galerien täglich zweimal bequem anfüllen«[19] könne, hieß es in dem Artikel. Bei dem Wasser handelte es sich übrigens um Filtrat aus der Themse. Dass dort noch viel mehr Fäkalien stromabwärts wirbelten als in der Donau, verschwieg der Autor. Flusswasser? Grandios! Und für noch viel grandioser hielt er die Saugleistung der monströsen Dampfpumpen. »Dies sind nun freilich so colossale Verhältnisse, wie sie nur der britischen Hauptstadt ausschließlich angehören.«[20] Wer in Wien solche Zeilen las, musste den Eindruck gewinnen, die famosen Engländer pumpten täglich die Themse leer.

Kein Wunder, dass die Debatten im Gemeinderat, in den Salons und Wirtshäusern vorrangig um die Wassermenge kreisten. Sie war ein für jeden nachvollziehbares Maß. Selbst Laien wussten, wie viel ein Eimer fasste. Und wenn die Bevölkerung aus den Zeitungen von den großspurigen Plänen für die neuen Stadtpaläste an der Ringstraße erfuhr, die Springbrunnen und Kaskaden vorsahen, war das angesichts der vorhandenen Leitungs- und Brunnenkapazitäten vollkommen illusorisch.

So kam es, dass sich viele Wiener in ihrem Stolz verletzt fühlten, weil die Londoner rigoros die Themse plünderten, während doch die österreichische Reichshauptstadt einen mindestens ebenso stattlichen Fluss vor ihren Toren hatte. Offensichtlich war man unfähig, das vorhandene Quantum zu nutzen.

Trotzdem wurde das Angebot des britischen Konsortiums letztlich verworfen. Nicht weil das Wasser möglicherweise miserabel war. Im Gegenteil: Man fand das Projekt umwerfend – in der Fantasie. Und dort beließ man es dann auch, aus Angst, das Meisterwerk könnte in der Wirklichkeit weniger großartig geraten.

Und nun tauchte plötzlich dieser junge Geologe Eduard Suess auf, der ganz neue Perspektiven öffnete. Nicht die Wassermenge zähle, sondern die Qualität. Allerdings hatte der Professor die entscheidende Frage offengelassen: Wo gab es denn auf dem Stadtgebiet noch unbelastete Quellen, die nicht von Sickergruben und Friedhöfen bedrängt wurden? Wo verbarg sich das Wasser, das so frisch schmeckte wie das aus Felders Hausbrunnen in Weidling? Sollte sich irgendwo auf städtischem Terrain eine Wasserader verbergen, bezweifelte er, dass sie für mehr als ein paar wenige

Haushalte reichte. Womöglich dehnte sich in großer Tiefe ein gigantischer kristallklarer See, zu weit entfernt, um ihn mit herkömmlichen Werkzeugen zu erschließen.

Eines hatte Eduard Suess den Kommunalpolitikern voraus: Er wusste, wovon er sprach, kannte die Bodenverhältnisse, die offenbar darüber entschieden, ob das Wasser schmeckte oder nur erduldet wurde. Der Geologe müsste sich in die Entwicklung der Wasserversorgung einbringen, fand der Anwalt. Dann könnte er beweisen, dass er tatsächlich die Fähigkeit besaß, mit seiner Forschung in die Gesellschaft hineinzuwirken, wie er es mit seinen populären Vorlesungen anstrebte.

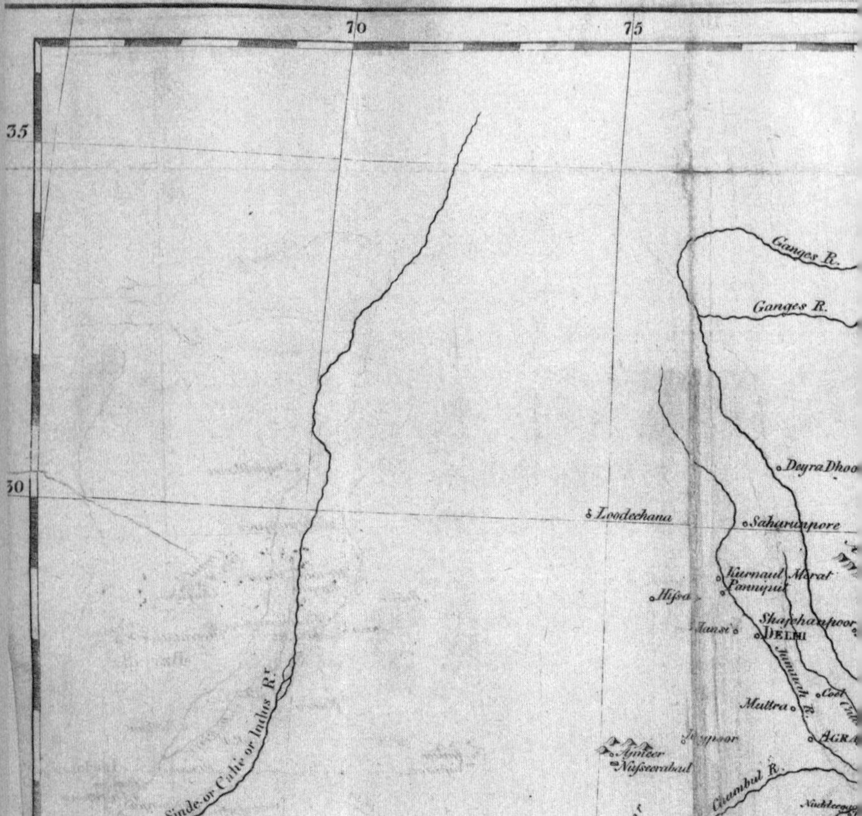
70
75
35
30
Ganges R.
Ganges R.
Loodechana
Saharunpore
Kurnaul
Merat
Hissa
DELHI
Multra
AGRA
Chambul R.
Sinde or Catie or Indus R.
Gulf of Cutch
Gulf of Cambay
Mundessor
Sinde R.
Serony
Oudipoor
Ougein
Bhilsa
Bopal
Nerbuddah R.
Candeish
70
75

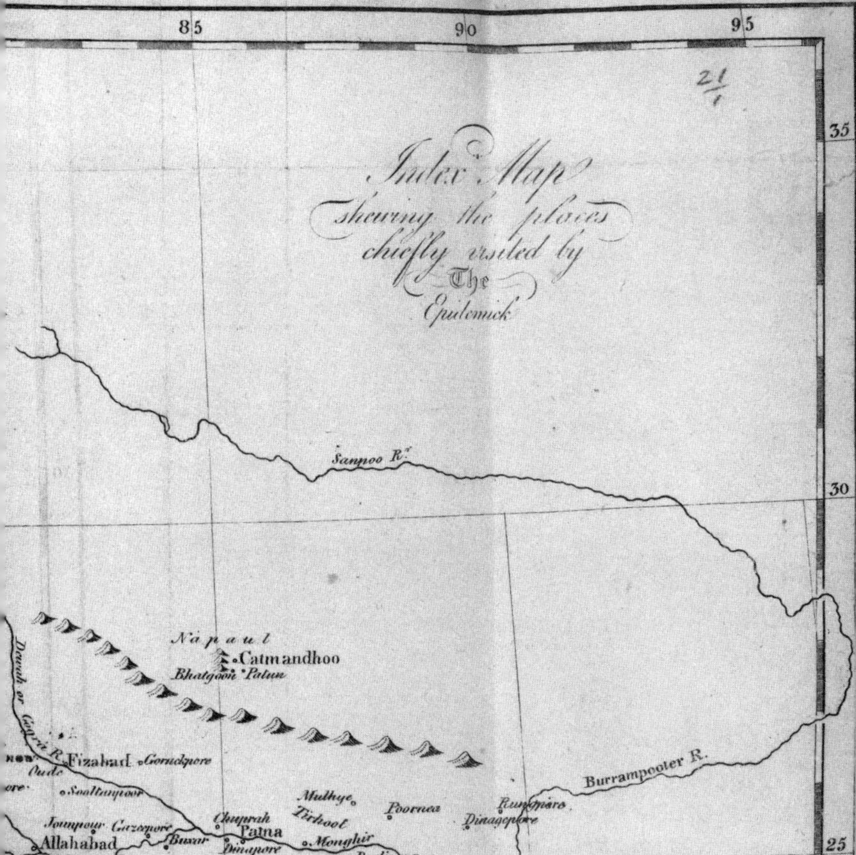

Index Map
shewing the places
chiefly visited by
The
Epidemick
85
90
95
35
30
25
20
Sanpoo R.
Napaul
Catmandhoo
Bhatgoon
Patun
Fizabad
Goruckpore
Oude
Sooltanpoor
Allahabad
Benares
Buxar
Chuprah
Patna
Dinapore
Mulhye
Tirhoot
Monghir
Poornea
Rungpore
Dinagepore
Burrampooter R.
Behar
Boglipour
Rajmahl
Mauldah
Silhet
Luchmunpore
Nattore
Rewah
Moorshedabad
Berhampore
Ramgur
Rajshy
Nuddea
Kishnagur
Dacca
Sunergong
Burdwan
Jessore
Hoogly
Sirgooja
CALCUTTA
Ft William
Midnapore
Islamabad or Chittagong
Moulths of the Ganges
Sumbhulpoor
Mahanuddy
Cuttack

Die Wege der Cholera – eine Karte aus dem Jahr 1820

4

CHOLERA: DIE GEBURT DER PANDEMIE

Bengalen, 1818

Sonderbares geschah in der Ferne, und die Redakteure des Londoner *Medico-Chirurgical Journal* gehörten zu den Ersten, die Notiz davon nahmen. Wer wusste Genaues? War das zu glauben? Was war zu tun? Falls eine Entdeckung gemacht worden war, musste sie umgehend für die britische Krone reklamiert werden, bevor Frankreich Wind davon bekam. Hatten die Briten wieder mal Chaos gestiftet am anderen Ende der Welt, dann war das eher ein Fall für die kleinen Meldungen. Höchstens. Im Empire kam ein vertrautes Räderwerk in Gang. Es schluckte jede verfügbare Information, verarbeitete sie und produzierte noch mehr Neugier.

Auslöser für die Unruhe war ein Mann, der fast fünftausend Meilen weiter östlich in einer provisorischen Backsteinsiedlung wohnte. Durch das Fenster im Norden blickte Robert Tytler auf einen Arm des Ganges, der oft monatelang abgeschnitten war vom Rest des Flusses. Solange sich das Wasser bewegte, transportierte es allen Unrat zuverlässig ins Meer. Wenn es hingegen stehen blieb, versuchte Tytler flach zu atmen, damit ihm nicht übel wurde. Im Süden erstreckte sich eine Sumpflandschaft. Feuchte Hitze lastete auf der Gegend, und nach Regenfällen dampfte das Land wie die Vorhölle – und roch auch entsprechend.

Tytler war Assistenzarzt des Militärs, der im Auftrag der Britischen Ostindien-Kompanie nach Bengalen entsandt worden war. Die Handelsgesellschaft hatte dort im achtzehnten Jahrhundert zunächst einen Stützpunkt gegründet, sich inzwischen aber die ganze Region in Indiens Nordosten einverleibt. Sie exportierte Silber nach China, erwarb dort Tee, den sie ins Empire, aber auch nach Nordamerika verschiffte. Der Handel war lukrativ, die Ostindien-Kompanie wuchs. Ausgestattet mit immer umfassenderen Privilegien der englischen Krone beherrschte sie Bengalen: eine Kolonie der britischen Kaufmannschaft. Und Tytler leistete seinen Beitrag, damit sich daran nichts änderte.

Er achtete darauf, dass die Armee gesund blieb. Dafür musste er vor allem die Einheimischen im Auge behalten. Sie hausten im Dreck, anders konnte man es nicht ausdrücken. Kein Wunder, dass unter ihnen immer wieder rätselhafte Krankheiten aufflammten, Fieberattacken, Wunden, die ohne ersichtlichen Grund aufbrachen und sich nicht mehr schlossen. Der Anblick des offenen Fleisches, das schleimiges Sekret absonderte, brachte Tytler fast um den Verstand. Trotzdem kümmerte er sich gewissenhaft um das Problem, was vor allem hieß, dass er die Soldaten davon abhielt, die betroffenen Dörfer zu besuchen. Die sonderbaren Leiden durften keinesfalls auf die Armee übergreifen und deren Moral schwächen.

Tytler war ein Mann der Wissenschaft, der nicht dazu neigte, London in einem Anflug von Heimweh zu verklären. Auch dort gab es Dreck, auch dort war die Luft nicht die beste. Der Rauch, der aus den Schornsteinen der Fabriken quoll, schwärzte die Fassaden und mutmaßlich auch die Lungen. Aber immerhin war dies das Aroma des Fortschritts! In der Stadt Jessore, an deren Rand sich die britischen Ärzte angesiedelt hatten, konnte davon keine Rede sein. Es handelte sich um eine irrwitzige Ballung von Menschen, die dicht an dicht in Bambushütten mit kleinen Fenstern hausten, »und deshalb gelangt keine Frischluft in die trostlosen Räume«[21], wollte Tytler von außen festgestellt haben. Jessores Basar sei ein einziges Durcheinander und der feuchte Boden aus gestampftem Lehm eine Zumutung.

Doch neuerdings beschwerte er sich weder über das Klima noch über den primitiven Lebensstandard. Er verfluchte nicht einmal die Moskitos, die abends aus den Sümpfen stiegen wie flirrende Gewitterwolken, ertrug deren Stiche, die Hitze und die Tatsache, dass er seit Monaten allein unter Männern war. Schließlich hatte er vor drei Wochen die Entdeckung seines Lebens gemacht. Und einen künftigen Helden der englischen Krone konnte nicht einmal der Aufenthalt in Bengalen zermürben. Endlich hatte er seinen bahnbrechenden Artikel über die neue Krankheit vollendet und an das *Medico-Chirurgical Journal* nach London geschickt. Nun wartete er gespannt auf die Veröffentlichung. Sie würden ihn für seine Leistungen preisen, kein Zweifel, ihn eventuell dank seiner exzellenten Fähigkeiten sogar ins Empire zurückholen. Manchmal, bei Windstille, wenn ihn weder die Ausdünstungen des Ganges noch die des Morasts belästigten, dachte er sogar, dass die medizinische Herausforderung durchaus ein bisschen größer hätte sein können. Alles in allem hatte er die Sache ziemlich schnell in den Griff bekommen.

Am 19. August hatte ihn ein überforderter indischer Doktor zu einem völlig entkräfteten Patienten gerufen. Dessen Freunde standen um ihn herum und kippten unablässig Wasser in den Mund des Kranken, der so lange trank, bis er sich erbrach. Sein Gesicht sei blass gewesen, schrieb Tytler, und er litt an massiven Bauchkrämpfen: »Die Lider halb geschlossen; die Stirn mit kaltem Schweiß bedeckt, die Extremitäten kühl; kaum Puls vorhanden. Er starb am nächsten Tag und mir wurde bestätigt, dass siebzehn weitere Menschen in den vergangenen beiden Tagen auf die gleiche Weise umgekommen waren.«[22]

Tytler bezeichnete die Krankheit als »Cholera morbus«, ein Leiden, das Menschen im Delta des Ganges auch in früheren Jahrzehnten immer wieder befallen hatte. Mit ähnlichen Symptomen, allerdings waren sie nicht so stark ausgeprägt gewesen. Weniger Menschen erkrankten, und weniger Erkrankte starben. Die vormalige Cholera hatte nicht die Wucht entfaltet, mit der sie nun Jessore verheerte. Zwei Tage nachdem Tytler den ersten Patienten untersucht hatte, starben fünfzehn Passanten auf dem Basar.

Auf gut Glück verabreichte er verschiedene Substanzen, um herauszufinden, welche halfen. Und binnen weniger Tage glaubte er sich auf der richtigen Spur. Die Gabe von Quecksilber und Opium übertreffe alle Erwartungen, frohlockte er in seinem Artikel. Dann fand er etwas noch Besseres: »Eine Mischung aus Äther, Ammoniak und Wasser führte zu den besten Resultaten.« Und um den Lesern zu veranschaulichen, wie erfolgreich sein Elixier wirkte, fügte er hinzu, dass »die Zahl der Menschen, die auf diese Weise aus den Klauen des Todes gerettet werden konnten, bei weitem zweihundert übertrifft«[23]. Offen ließ er, wie vielen

Kranken die extravagante Mischung womöglich den Rest gegeben hatte. Eventuell flunkerte er auch bei der Zahl der Geheilten, um sich als fabelhafter Arzt in Szene zu setzen.

Danach machte er sich auf die Suche nach den Ursachen der Krankheit. Die trüben Ausscheidungen der Patienten brachten ihn auf eine Idee. Der Stuhlgang erinnerte ihn an Reiswasser. Also nahm er Proben von verschiedenen Feldern und untersuchte die Reiskörner eingehend. Und je länger er jedes einzelne im gleißenden Tropenlicht betrachtete, desto tödlicher erschien es ihm. Hatte diese Probe nicht einen rötlichen Schimmer und jene einen braunen? Das Gift der Verwesung musste aus dem Morast in die Pflanzen eingedrungen sein. Mit der Reistheorie rundete er seinen Artikel über die bengalische Cholera ab. Auf nicht einmal drei Seiten hatte er Ursache, Symptome und Therapie der Krankheit ergründet, kompakt, logisch, überzeugend.

In der Londoner Redaktion des Medizinjournals sah man das anders. James Johnson, der zuständige Redakteur und seinerseits Arzt, strich zunächst alle Textpassagen, die vom tödlichen Reis handelten. Im restlichen Artikel kürzte er da und dort ein paar Zeilen, beließ ihn aber weitgehend unverändert. Er war in einer schwierigen Lage. Johnson wusste nichts von den Zuständen in der Stadt Jessore. Dennoch zweifelte er an dem Bericht. Eine Krankheit, die binnen eines Tages tötete und sich offenbar so schnell ausbreitete wie ein Tropensturm, war schwer vorstellbar. Aber was, wenn an der Sache etwas dran war?

Die englische Forschung war so versessen darauf, das Wissen über die Welt zu mehren, dass zunächst einmal vieles, das nicht komplett absurd klang, eine Chance bekam. James Johnson überlegte lange. Dann entschied er, Dr. Tytler für zurechnungsfähig zu halten und seinen Text zu drucken. Allerdings versah er ihn mit der Anmerkung, die gestrichenen Sätze über den Reis seien absolut dubios und unglaubwürdig. Der Rest des Textes lasse ebenfalls zu wünschen übrig. Die Leser sollten gewarnt sein.

Sicherheitshalber kontaktierte er noch William Evans, einen in Kalkutta stationierten Arzt der Royal Navy, und bat ihn um eine Einschätzung. Die Großstadt lag etwa siebzig Meilen von Jessore entfernt. Wenn in der Provinz eine Epidemie aufgeflammt war, würde Evans davon gehört haben. Johnson rechnete damit, dass der Arzt dem Bericht aus Jessore entschieden widersprechen würde. Er täuschte sich.

Evans bezeugte die Krankheit und deren aggressiven Verlauf. Nur in einem Punkt hatte sich Tytler geirrt: Die Seuche war nicht unter Kontrolle, ganz und gar nicht. Sie hatte sich längst ausgebreitet. Evans berichtete: »Die Leichen in Kalkutta ließen sich nicht mehr zählen. Jede Nacht wurden Hunderte von ihnen verbrannt […], die Asche streute man in den Fluss. Oftmals wurden auch die Toten als solche im Fluss versenkt, weil es keinen Brennstoff mehr gab.«[24] Als die Bevölkerung sah, dass die Straßen vor der Stadt, auf denen man die Opfer sammelte, nächtelang in Flammen standen, flohen Hunderte aufs Land. Kurz darauf begann das Sterben in den Dörfern.

»In Kalkutta kam die Krankheit bei vielen Patienten ganz plötzlich, wie eine Attacke. Sie litten an Durchfall und Erbrechen. Die Gesichter wurden grau, die Augen sanken tief in die Höhlen«, schrieb Evans. »Ich habe gesehen, wie Menschen auf offener Straße umfielen, das Bewusstsein verloren und oft kurz darauf starben!«[25]

Dass der Mediziner die Existenz dieser neuen Seuche bestätigte, verblüffte James Johnson. Er hatte insgeheim gehofft, Dr. Tytler wäre von Sinnen. Doch sowohl die beschriebenen Symptome als auch das Tempo der Ausbreitung und die enorme Sterblichkeit ließen keinen Zweifel daran, dass es sich in Kalkutta um dieselbe Krankheit wie in Jessore handelte.

Nur bei der Therapie wich Evans von Tytlers Empfehlungen ab. Der Arzt der Royal Navy schwor auf ein Elixier aus Aloe, Weihrauch und Myrrhe in einer Ethanollösung. Ein spanischer Pater, der durch den Verkauf des Mittels reich geworden war, habe ihm das Rezept anvertraut, schrieb Evans. Es wirke Wunder!

Obwohl diese Arznei so fragwürdig erschien wie die von Robert Tytler, gehörten die beiden Ärzte zu den Ersten, die unabhängig voneinander über dieses neue Leiden berichteten. Deshalb bereitete Johnson beide Artikel für den Druck vor. Trotz der drastischen Schilderungen versah er die Texte mit einer geradezu grotesk langweiligen Überschrift, weil er vermutlich niemanden in Panik versetzen wollte: »Beobachtungen der Krankheit, die in Jessore ausbrach«. So unscheinbar geriet der erste Auftritt der neuen Choleraepidemie in Europas Presse.

Danach betrachtete James Johnson nachdenklich die Landkarte, die hinter ihm an der Wand hing. Er fand Kalkutta, suchte Jessore und strich mit dem Finger von einer Stadt zur anderen. Ihn beunruhigte weniger das Tempo, mit dem die Krankheit die Distanz überwunden hatte. Was waren schon siebzig Meilen am Ende der Welt? Johnson missfiel die Richtung, die diese Epidemie eingeschlagen hatte. Die Cholera drängte nach Westen.

Der neue Sitzungssaal des Gemeinderates im Alten Rathaus, 1853 eröffnet. Hier fanden auch die zahlreichen Debatten um die Hochquellenleitung statt

5

DIESE STADT BRAUCHT ETWAS GROSSARTIGES!

Wien, 1860–1863

Nachdem er die Vorladung des Ministeriums erhalten hatte, ahnte Eduard Suess, dass sein Engagement zur Verbreitung geologischen Wissens umsonst war. Seine monatlichen Vorträge an der Akademie der Wissenschaften hatten ihn auf die Idee gebracht, einen Verein zu gründen, der sich dieser Aufgabe noch umfassender widmen sollte. Womöglich gelänge es ihm sogar, den naturwissenschaftlichen Unterricht an den Schulen zu stärken. Das österreichische Bildungssystem hielt er für desolat: »Fortschritt in den Hochschulen, Verfall in der Volksschule, dazwischen Kampf in der Mittelschule«.[26] Trotzdem missbilligte man seinen Verein im Unterrichtsministerium. Zu Unrecht.

Die Menschheit musste doch erfahren, nach welchen Gesetzen die Erdkugel funktionierte! Schließlich waren schroffe Klippen und sanfte Berghänge kein lebloses Dekor der Natur. Die Erdkruste war sogar sehr aktiv, warf hier Falten, sank dort in die Tiefe, bildete Seen, schrumpfte und dehnte sich. Nur eben zu langsam für die Aufmerksamkeitsspanne und die flüchtige Existenz des Menschen.

Suess ließ sich auf das Entwicklungstempo der Gesteine ein, schloss aus den scheinbar starren Formationen auf Richtung und Art der Bewegung. Manchmal, wenn ihm Bergmassive nach mehreren ergebnislosen Expeditionen endlich ihr Geheimnis offenbarten, hatte er sogar den Eindruck, tief im Erdinneren pochte ein Herz. Ebenso geduldig widmete er sich den versteinerten Tieren im Hofmineralienkabinett.

Für den Forscher war es in jeder Beziehung ein magischer Ort. »Eines Tages, im Herbste 1852, war ich am letzten Pultkasten des dritten Saales mit der Ordnung der Gruppe der Spiriferiden unter den Brachiopoden beschäftigt«[27], notierte Suess in seinen Memoiren. Er kniete gerade vor den geöffneten Schubladen, als der Direktor eintrat. »Er führte an seinem Arme ein Mädchen von außerordentlicher Schönheit, seine Nichte Hermine Strauss.«[28] Umgeben von Objekten seiner Leidenschaft, in diesem Fall prähistorischen Armfüßern, lernte der Wissenschaftler seine künftige Ehefrau kennen. Das musste ein Zeichen sein. Die Verbindung sollte bis zu Hermines Tod 1899 halten.

Weil Gesteinsarten in seinem Fall sogar mit romantischen Erinnerungen verknüpft waren, verstand Suess umso weniger, dass der Staat kein Interesse daran hatte, die gewonnenen Einsichten mit der Gesellschaft zu teilen. Sein *Verein zur Verbreitung naturwissenschaftlicher Erkenntnisse* vermochte bei manchem Laien vielleicht ähnliche Glücksgefühle auszulösen. Die Anmaßung eines Verbots empörte den Geologen.

Als er seine Wohnung in der Leopoldstadt verließ und zum Ministerium aufbrach, war er entschlossen, für sein Projekt zu kämpfen, nicht mit Kritik an der Skepsis des einflussreichen Unterstaatssekretärs, der ihn vorgeladen hatte. Er wollte Joseph Alexander von Helfert mit Argumenten überzeugen. Seine Chancen waren gering, das wusste er natürlich. Er hatte zwar noch nicht viel mit Helfert zu tun gehabt, kannte aber einige Schriften des konservativen Historikers. Der Befehlston, mit dem der Mann seine Leser dazu anhielt, sich Sachverhalte zu »vergegenwärtigen« oder gefälligst zu »merken«, missfiel Suess. Mitunter ging es in Helferts Büchern zu wie auf dem Kasernenhof.

Der Professor spazierte nun am Rand des Zentrums entlang. Das Terrain der Stadtbefestigung hatte sich inzwischen über weite Strecken in eine Schutthalde verwandelt. Suess atmete flach. Der vor zwei Jahren begonnene Bau der Ringstraße wirbelte so viel Dreck auf, dass seine Augen tränten und der Staub zwischen den Zähnen knirschte. Im Journal *Der Zwischen-Akt* hieß es über die damaligen Zustände:

> »Wien kann sich eben nicht rühmen, daß es je ausgiebige Fürsorge getroffen habe, den für die Gesundheit so schädlichen Staub zu beseitigen. [...] Wer in letzterer Zeit verurtheilt war, öfter die Strecke von der Kärnthnerstraße nach der Elisabethbrücke zurückzulegen, der glaubt sich in die Wüste Sahara versetzt. [...] Neuerdings erhält dieses Staubmeer einen Zufluß durch die Vorbereitungen zu Neubauten, welche an der neuen Ringstraße zu stehen kommen.«[29]

Mitten im Staubmeer befand sich Eduard Suess, freiwillig. Er wollte auf dem Weg zum Ministerium noch schnell die Baugruben besichtigen. Die meisten kannte er schon. Doch zu seiner Rechten war seit seinem letzten Rundgang ein neues Loch entstanden. Es war gewaltig – und faszinierend.

Der Geologe blickte gut fünf Meter hinab und blieb abrupt stehen. Ganz unten schimmerte etwas im Sonnenlicht. Suess trat an den Rand der Grube, achtete weder auf die Bauarbeiter, die ihm mit prallen Sandsäcken auf den Schultern murrend auswichen, noch auf die mit Aushub beladenen Fuhrwerke. Er sah nur noch den silbrigen Glanz zwischen aufgewühlter Erde.

Ob er hinunterklettern und ein paar Proben nehmen sollte? Der Geologe blickte sich um, entdeckte aber nirgendwo eine Leiter. Spätestens seit seiner Dachsteinexpedition vor fünf Jahren wusste er zwar, wie man Geröllschrägen ohne größere Verletzungen überwand, dachte dann aber wohl wieder an seinen Termin beim Unterstaatssekretär und entschied sich gegen den Abstieg. Mit Schürfwunden sollte er nicht im Ministerium erscheinen. Möglicherweise verdarb er sich dadurch die letzte Chance, Helfert doch noch zu überzeugen.

Man ließ ihn warten. Suess saß auf einer Holzbank gleich neben der Prunktreppe im Palais Rottal und betrachtete die Marmorherrlichkeit. Das half die Gedanken zu ordnen. Doch immer wieder drängte sich ihm das Bild von der zarten Steinformation in der Grube auf. Vielleicht hätte er doch …

»Herr Professor?«

Einer der Ministerialgehilfen war an ihn herangetreten. Suess folgte ihm ins Büro des Unterstaatssekretärs. Der weitläufige Raum erinnerte eher an eine lichtdurchflutete Landschaft als an den Arbeitsplatz eines Beamten. Die ausladenden Plüschsessel wirkten wie sanfte Hügel, die Säulen dazwischen wie versteinerte Bäume mit getrimmten Kronen.

»Kommen Sie! Kommen Sie!« In der Ferne erhob sich nun der Freiherr hinter dem Schreibtisch, ein drahtiger Mann mit hoher Stirn und skeptischem Blick. Suess brach zu ihm auf, vorbei an den Sesseln und Säulen, vorbei an der Büste eines Kirchenmannes, den er nicht kannte.

Viele Zeitungen beschrieben Helfert kaum verhohlen als Mann von gestern, der darauf achtete, dass in seinem Ressort trotz »aller Veränderungen, deren Zeugen wir in den letzten Jahren gewesen, so ziemlich Alles beim Alten«[30] blieb. Er stand der klerikalen Partei nahe, rechtfertigte offensichtliche Mängel des Schulsystems gern mit dem Verweis auf Gottes Willen.

»Was machen die Berge?«, fragte der Freiherr beiläufig.

Aus Höflichkeit wollte Suess aufrichtig antworten: Wenn die verbreitete These zutreffe, dass die Berge von unten nach oben gehoben wurden, dann müssten sie doch eigentlich symmetrisch sein, was aber nicht der Fall sei. Er glaube vielmehr, nicht nur vertikale, sondern auch horizontale Kräfte erzeugten die Gesteinsfaltungen und Verwerfungen und …

Der Freiherr fiel ihm ins Wort, sein Interesse für Österreichs Gipfel halte sich in Grenzen, ihm sei die Ebene lieber. Ohne einen Hinweis, dass es nun ernst werde, wechselte er abrupt das Thema: Dieser neue Verein missfalle ihm, sehr sogar. Suspekt! So nannte er ihn. Suspekt und überflüssig.

»Er vermittelt Wissen über die Erdkugel. Was gibt es Wichtigeres als den Boden, auf dem wir stehen?«, erwiderte Suess.

»Stehen! Aber doch nicht darüber spekulieren! Der Verein möge sich doch die Frage stellen, ob es nicht zweckmäßiger wäre, das Publikum über nützlichere Dinge zu unterrichten«, dozierte der Freiherr.

»Über welche zum Beispiel?«

»Über Spiegel- oder Stahlfabrikation!«

Suess bemerkte, dass der mächtige Unterstaatssekretär in Wahrheit ein furchtsamer Mann war. Er ängstigte sich davor, das Volk nicht mehr kleinhalten zu können, wenn es sich anmaßte, mehr wissen zu wollen, als ihm traditionell zustand.

»Vermutungen und Hypothesen sollen in dem Verein nur als solche widergegeben werden«, entgegnete er nun. »Für die Auffassung der Natur maßgebende Tatsachen können jedoch nicht auf die Dauer verschwiegen werden. Die Tatsachen würden ja doch aufrecht bleiben.«[31]

Der Freiherr zögerte. Möglicherweise überlegte er, den Forscher über die göttlichen Bestimmungen zu belehren. Nicht genug, dass sich die Naturwissenschaftler immer unverschämter in die Schöpfung einmischten – sie meinten obendrein, alles besser zu wissen. Er werde den Verein genau beobachten, sehr genau, sagte er schließlich. Eine Warnung.

Der Geologe wäre über den Verlauf des Gesprächs glücklicher gewesen, hätte er damals schon gewusst, dass man Helfert drei Jahre später in die Zentralkommission zur Erhaltung historischer Denkmäler abschieben würde. Offenbar empfand selbst der Kaiser den rückwärtsgewandten Unterstaatssekretär dafür als besser qualifiziert.

Für den Moment hatte Suess einen Erfolg unter Vorbehalt erzielt. Jeden Vortrag, jede Exkursion, die sein Verein künftig organisierte, barg die Gefahr, dass er wieder vorgeladen wurde. Auf dem Heimweg erwog er mehrere Möglichkeiten, sich der Überwachung zu entziehen. Keine vertrug sich mit dem Gesetz.

Diesmal blieb er nicht stehen, um Steine zu betrachten, ihm entging sogar die neue Grube, die Bauarbeiter aushoben.

Schließlich fasste Suess einen Entschluss: Er wollte etwas erschaffen, das sich nicht mit einem Federstrich beseitigen ließ, wenn es Beamten wie Helfert gefiel. Er würde etwas hinterlassen, das blieb.

Die Reise der *Novara* war ein Triumph, zumindest für österreichische Verhältnisse. Zum ersten Mal hatte das Kaiserreich eine Weltumsegelung unternommen, und das Schiff war sogar mit halbwegs vollzähliger Besatzung zurückgekehrt. Anderswo war man mit Erdumrundungen zwar um Jahrhunderte früher dran gewesen. Dafür begleitete die heimische Presse jede Etappe der zweijährigen Tour umso enthusiastischer. Die Mannschaft verfasste sogar eigene Reiseberichte und schickte sie nach Wien. So erfuhren die Österreicher aus erster Hand von den heroischen Taten ihrer Landsleute.

Selbstverständlich ging es bei der Rundreise nicht darum, Neuland zu entdecken, denn davon hatten die Kolonialmächte Spanien, Portugal und vor allem das britische Empire nicht viel übrig gelassen. Man hegte zwar die leise Hoffnung, eventuell ein paar Inselchen der Nikobaren für das Kaiserreich beanspruchen zu können, aber vor allem wurde die Tour im Dienste der Wissenschaft unternommen.

Dabei war die SMS *Novara* eigentlich ein Kriegsschiff. Für ihre neue Mission war sie im großen Stil umgerüstet worden. Von den zweiundvierzig Kanonen behielt man trotzdem dreißig, für alle Fälle. An Bord befanden sich neben der Besatzung auch ein Geologe, ein Botaniker, zwei Zoologen, ein Tierpräparator und ein Zeichner, der die besonders ruhmreichen Augenblicke der Expedition und den Alltag der fremden Völker festhalten sollte.

Um das Projekt wissenschaftlich aufzuwerten, ließ man sich vor der Abreise sogar vom greisen Alexander von Humboldt den Segen für die Unternehmung geben. Er schickte ausführlichste Instruktionen auf acht eng beschriebenen Seiten nach Wien.[32] Andere europäische Gelehrte durften ebenfalls ihre Anliegen an die *Novara*-Mannschaft richten. Humboldt wünschte ein genaues Studium der Vulkane, Charles Darwin die gewissenhafte Erkundung der Südseeinseln, ein Dritter wollte das Augenmerk auf Farne und Moose gerichtet wissen, und ein Vierter legte der Besatzung dringend die Beschäftigung mit Schafen in aller Welt nahe. Der kürzeste Wunschzettel stammte von einem deutschen Professor: Die Österreicher mögen sich in der Fremde anständig benehmen.

Was den Umgang mit den Menschen anderer Erdteile betraf, wurde dies auch beherzigt. Die Reisenden berichteten von glorreichen Empfängen, großer Anteilnahme, wenn die Musikkapelle die Kaiserhymne schmetterte, und von allgemeiner Begeisterung, sobald der erste Walzer erklang. Ein Höhepunkt der gesellschaftlichen Aktivität war die Feier der Österreicher in Sydney: »Der Ball an Bord der ›Novara‹ [...] kann mit vollem Recht als ein Ereigniß angesehen werden, welches in ähnlicher glänzender Weise in Australien vorher nicht stattgefunden hat«[33], hieß es großspurig. Diese Leistung erschien vor allem deshalb so respektabel, weil »die Verwandlung eines Kanonendeckes in einen prachtvollen Tanzsaal, sowie die Herstellung der Gesellschafts-, Spiel-, Speise-, Ankleidezimmer und des Rauchkabinets mit Schwierigkeiten verknüpft ist, die nur derjenige ermessen kann, der die räumlichen Verhältnisse eines Kriegsschiffes kennt.«[34]

Für die exotischen Tiere war das Gastspiel der Österreicher weniger erfreulich. Zwar wurden sie wahlweise für ihr extravagantes Fell, ihr schillerndes Federkleid, ihre Eleganz oder Größe bewundert. »Leider war es manchen von ihnen nicht vergönnt, sich noch länger ihres freien Waldlebens zu erfreuen, da sie ein sicherer Schuß in die Hände des nimmersatten Zoologen brachte«[35], vermeldete die *Wiener Zeitung* zwei Monate nach dem Ball in Sydney.

Bei dem eifrigen Zoologen handelte es sich um den Forscher Georg Frauenfeld. Er wilderte auf allerhöchsten Befehl: »Es wurde auf zweckmässige Herbeischaffung von Material zu künftigen wissenschaftlichen Untersuchungen der grösste Werth gelegt«[36], lautete eine der offiziellen *Novara*-Anweisungen. Am Ende der Reise kamen auf jeden der beiden Zoologen etwa zehntausend erlegte Tiere, in Weingeist konserviert, skelettiert oder aufgespießt.[37]

Manche behaupteten, Georg Frauenfeld wolle durch Ehrgeiz wettmachen, was ihm an Qualifikation und eventuell auch an Talent fehle. Er hatte nämlich nie studiert, war vielmehr jahrzehntelang bei der Post beschäftigt gewesen vor seiner Anstellung im zoologischen Hof-Cabinet. Wenngleich es hieß, er sei ein schwieriger Mensch, unverträglich und jähzornig, wirkte er äußerlich entspannt, die Statur stattlich, das Gesicht so weich wie ein aufgeschütteltes Daunenkissen. Auf den ersten Blick war er der Prototyp eines Mannes, der für die Zumutungen der Welt nur ein mildes Lächeln übrighatte.

Obwohl Frauenfeld also den Tierbestand auf allen Kontinenten gewissenhaft dezimiert hatte und dafür umgehend geadelt worden war, hielt Cajetan Felder nicht viel von seiner Arbeit. Deshalb überraschte es ihn kaum, als ihn der Zoologe dringend um Unterstützung bei der Aufbereitung der Ergebnisse bat. Er sollte bei einem Fachbuch über die gesammelten Schmetterlinge mitwirken. »Von der Ansicht geleitet, daß dieses Werk ein Ehrentempel für die naturwissenschaftlichen Kräfte unseres Vaterlandes sein soll«[38], fragte Frauenfeld an, ob Felder bereit sei, die »schriftstellerische Bearbeitung« zu übernehmen. Ihm selbst fehle die Zeit dafür.

Auch Felder konnte kein naturwissenschaftliches Studium vorweisen. Stattdessen hatte er es zum Doktor der Rechtswissenschaft gebracht. Doch kein anderer wusste in Wien mehr über Schmetterlinge. Er unterhielt Kontakte zu Forschern in England und in Nordamerika, ja sogar mit australischen Kollegen wechselte er regelmäßig Briefe und ließ sich Insekten schicken. Schritt für Schritt wollte er eine Systematik erarbeiten, um die Schmetterlinge des Erdballs zu klassifizieren.

Seine Meinung zählte, sein Urteil hatte Gewicht, und während er in Wien vor allem als Anwalt hohes Ansehen genoss, wurde er als Insektenforscher bald weltweit geschätzt.

Diese Leidenschaft reichte noch viel weiter zurück als sein Interesse für Gesetze oder für seltene Bücher, die er ebenfalls sammelte. Schon als Kind verkaufte er das eine oder andere Schulbuch und investierte den Erlös in kleine Insektensammlungen. »Eine Hauptursache meines schlechten Fortganges am Wiener Universitätsgymnasium war nebst anderem die sich in mir entwickelnde Passion der Schmetterlingsfängerei gewesen«[39], erinnerte er sich. Frühmorgens spannte er Fangnetze über die Distelwiese in der Nähe seiner Schule. Nach dem Unterricht begutachtete er die Ausbeute. Die Insekten lenkten ihn auch von der Familientragödie ab, die sich kurz zuvor ereignet hatte.

Seine Mutter war an Typhus gestorben, wenig später brach sein Vater tot im Nebenzimmer zusammen. Der Junge kam in die Obhut eines Onkels mütterlicherseits. Der Zauber der Schmetterlinge tröstete ihn. Weil die schulischen

Leistungen nachließen, schickte ihn sein Vormund auf das Stiftsgymnasium Seitenstetten westlich von Wien. Für sein Fangnetz fand er dort keine Verwendung, weil die Schüler nur abends ins Freie durften, »wenn Schmetterlinge nicht mehr fliegen«. Also verlegte sich Cajetan Felder fürs Erste auf Käfer. Hauptsache, Insekten.

Die Lehrer bemerkten bald, dass der Neue nicht nur hochintelligent, sondern auch wissbegierig war. »Schon frühzeitig erwachte in mir die Neigung für fremde Sprachen«, schrieb er. Er sog alles auf, fragte nach, entwickelte sich so fabelhaft, dass der Stiftsprior, ein geborener Franzose, Felders Bitte, mit ihm fortan Französisch zu sprechen, gerne nachkam.

Neben Deutsch beherrschte er von klein auf Tschechisch, das ihm seine Großmutter mütterlicherseits beigebracht hatte. An der Universität kamen später noch Englisch, Spanisch, Italienisch und Ungarisch hinzu. Außerdem erlernte er orientalische Sprachen neben dem Studium. Doch keine andere Leidenschaft kam der für Schmetterlinge gleich. In den Tieren erkannte Felder die ganze Schönheit und Komplexität der Schöpfung.

Nun also wollte ihm Frauenfeld seine reiche Ausbeute präsentieren. Mit mehreren Kisten voller Schmetterlinge suchte er Felder auf, der sogleich eine nach der anderen öffnete und deren Inhalt begutachtete. Frauenfeld war nicht sonderlich gut darin, die Miene anderer Menschen zu entschlüsseln. Aber diesmal meinte er gewiss, im Gesicht seines Gegenübers einen Anflug von Begeisterung erkannt zu haben – völlig zu Recht.

»Wo sind denn die anderen Schmetterlinge?«, fragte Felder.

»Sind doch alle in den Kisten!«

Felder blickte überrascht auf.

»Das reicht höchstens für einen Artikel in einem Journal, bietet aber keinen Stoff für ein nur halbwegs anständiges Werk.«[40]

Frauenfeld schwieg. Als *Novara*-Held hatte er es nicht nötig, sich auf ein solches Niveau herabzulassen. Also drehte er sich um und ging.

»Obzwar höchst betroffen über meine diesbezügliche abfällige Äußerung, ließ Frauenfeld seine Schachteln bei mir liegen«[41], erinnerte sich Felder. Er würde das geplante Fachbuch um Schmetterlinge aus seiner eigenen Sammlung erweitern, damit sich Österreich nicht blamierte vor den Experten anderer Länder.

Allerdings verhielt er sich Frauenfeld gegenüber ein bisschen unfair, denn so armselig, wie er es ihn glauben gemacht hatte, war dessen Ausbeute keineswegs. Immerhin fünfzig Neuheiten enthielt die *Novara*-Sammlung, wie sich später herausstellen sollte. Gar nicht schlecht, obwohl man sich natürlich fragen konnte, ob ein Adelstitel für diese Leistung etwas übertrieben war.

Hätte er gewusst, dass er am Ende selbst auf der Bühne stehen würde, er wäre gar nicht gekommen. Mehr als fünfhundert Gäste hatten sich im *Goldenen Sträußl* versammelt. So hieß ein Saal im Josefstädter Theater. Normalerweise trat dort Johann Strauss mit Orchester auf, auch Karl Marx hatte an der Adresse schon einen Vorgeschmack auf seine radikale Mission gegeben. Im Januar 1861, als Felder zu Gast war, ging es gemütlicher zu, wenngleich der Anlass ebenfalls ein politischer war.

In Wien standen Gemeinderatswahlen bevor, die ersten, bei denen das Volk und nicht die Obrigkeit das Sagen hatte. Deshalb wurden in jedem Bezirk Vertreter gesucht, denen man die Aufgabe zutraute. Zum Beispiel hätte es der Herr Thill machen können, der ehemalige Grundrichter, doch der zog sich sogleich aus der Affäre. »Meine Herren, ich habe Sie zusammenberufen, weil es mehrere gewünscht haben. Machen Sie nun, was Sie wollen, ich empfehle mich«[42], sprach Thill, setzte seinen Hut auf und ging.

Cajetan Felder war, wie er betonte, »aus bloßer Neugierde« im *Sträußl*-Saal. Er wollte wissen, wer den Bezirk, in dem er lange gewohnt hatte, im Gemeinderat repräsentieren würde. Plötzlich rief jemand: »Der Dr. Felder ist da, der soll hinauf!«[43] Schon wurde er zum Podium geschoben, schon saß er oben. Schon war er offiziell zum Gemeinderat des Bezirks bestellt.

Zwar betonte er später mehrfach, wie plötzlich alles gekommen sei, wie sehr es ihn überrascht habe, vom Beobachter zum Helden der Versammlung zu werden. Trotzdem hatte er auf dem Podium augenblicklich alles im Griff, als hätte er für den Auftritt geübt. Er versammelte zunächst auch andere Kandidaten im Rampenlicht. So vermied er den Eindruck, er wollte sich aufdrängen. Und während jene über utopische Visionen für das Wien der Zukunft schwadronierten, versprach Felder nur das Einfachste, das aber zugleich das Wichtigste für die Menschen war. Er wollte deren Leben mit neuer städtischer Infrastruktur verbessern, deren Alltag erleichtern. Er verhieß ihnen weder Reichtum noch Luxus, sondern ein Dasein, das sie weder zermürbte noch krank machte. Das kam gut an.

Im Gemeinderat gehörte er den Liberalen an, der mit Abstand größten Fraktion, flankiert von den Rechten, den

Linken und später noch von den Äußersten Linken. Zwar respektierten die Liberalen den Kaiser, lehnten allerdings jede Form staatlicher Bevormundung ab. Sie waren gegen die Zensur, aber keine Revolutionäre. Kaum hatte sich Cajetan Felder im Rathaus eingewöhnt, ließ er sich zum Vizebürgermeister wählen, trotz Protesten der anderen Parteien. Selbst einige Mitglieder der eigenen Fraktion waren mit der Entscheidung unzufrieden. Man hätte auf dieser Position lieber einen »Bürger« gesehen, keinen Herrn Doktor.

Es verhielt sich nämlich so, dass auch Andreas Zelinka, der neue Bürgermeister, ein Promovierter war. Gleich zwei Akademiker an der Spitze empfanden viele als intellektuelle Zumutung. Schließlich gab es auch andere Interessenten, den Unternehmer Leopold Mayer zum Beispiel, der nach Cajetan Felders Worten zwar mehr Allüren an den Tag legte als ein Erzherzog, aber immerhin nie eine Universität von innen gesehen hatte. Bei manchen weckte das Vertrauen. Herr Mayer würde jedenfalls keine Ideen ausbrüten, die man als normaler Mensch nicht begriff.

Trotzdem rückte letztlich Felder ins Amt des Stellvertreters auf, ein weiteres Indiz für seine politischen Ambitionen. In den ersten Monaten seiner Amtszeit hätten allerdings nicht einmal die aufmerksamsten Zeitungsleser erahnen können, dass hier jemand mit einer großen Vision antrat. Erstens gab es zu viele Gemeinderäte, um den Überblick zu behalten, nämlich insgesamt hundertzwanzig, zweitens ging es im Rathaus an der Wipplingerstraße dieser Tage drunter und drüber. Es schien, als wollte man den vom vorherigen Gemeinderat verwalteten Stillstand nun durch Aktionismus wettmachen. Dutzende Kommissionen wurden gegründet, Hunderte Anträge gestellt.

Doch dann fand sich eines Tages im Kleingedruckten der erste Hinweis auf Felders Absichten: Der Vizebürgermeister engagiere sich fortan in einer Kommission, die sich der künftigen Wiener Wasserversorgung widmen wolle. Es war eines der heikelsten Themen der Stadt. Weil in den vergangenen Jahren nichts unternommen worden war, um das Leitungsnetz zu vergrößern, reagierten die Wiener inzwischen höchst ungehalten, sobald der Gemeinderat eine weitere ergebnislose Debatte führte. Uneins, was in der Sache zu unternehmen war, geschah stets nur das Naheliegende, nämlich nichts.

Felder wollte das ändern. Als Rechtsanwalt verfügte er über diplomatisches Geschick, als Vizebürgermeister besaß er nun auch genug Einfluss. Leider wusste er noch immer nicht, wo sich das klare Wasser verbarg, von dem Eduard Suess inzwischen nicht mehr nur bei seinen Vorträgen schwärmte, sondern auch in Zeitungsbeiträgen. Zugleich kritisierte er dort die entwicklungslosen Gemeinderatsdebatten in der Sache: »Der Verlauf der Diskussionen über diese Frage, welche wir in der neuesten Zeit erlebt haben, scheint jedoch zu verrathen, dass man die Eigenthümlichkeiten der Aufgabe, welche man sich gestellt hat, noch immer nicht in hinlänglich scharfer Weise ins Auge gefasst hat«[44], schrieb er etwa in der *Wiener Medizinischen Wochenschrift*. Cajetan Felder las solche Texte mit wachsendem Verdruss. Hier kannte sich jemand aus, begnügte sich aber damit, die Verantwortlichen zurechtzuweisen.

Dann brachte Suess seine Vorträge über Wiens Untergrund als Buch heraus. In vielen Zeitungen wurde das Werk umfangreich gewürdigt, zumeist von Gastautoren, die ihrerseits Wissenschaftler waren. Sie priesen die Einsichten ihres jungen Kollegen, die »Bedeutung für die Erkenntniß der Sanitätsverhältnisse von Wien«[45]. Suess, so schien es, hatte sich endlich auch unter den akademischen Neidern Respekt verschafft.

Eines Abends, Felder arbeitete gerade am Kapitel über den indonesischen Papilio lydius für den *Novara*-Schmetterlingsband[46], kam ihm eine Idee. Obwohl es schon auf Mitternacht zuging, fühlte sich der Rechtsanwalt plötzlich wieder richtig inspiriert. Er tauschte die heruntergebrannte Kerze gegen eine neue, holte gleich drei weitere Tiere aus der Kiste und legte los. Die Kapitel über Papilio magellanus, Papilio hephaestus und Papilio pluto würde er in dieser Nacht noch schaffen. Eine halbe Stunde später sank seine Stirn auf die zarten Flügel der Insekten. Felder schlief. Vielleicht träumte er von Schmetterlingen.

Zehn Minuten vor der vereinbarten Zeit stand er schon vor dem Säulenportal des Rathauses und hielt nach ihm Ausschau. Ein wartender Vizebürgermeister vor der Tür signalisierte einerseits Wertschätzung, andererseits Dringlichkeit. Felder blickte die Wipplingerstraße entlang zum Hohen Markt. Von dort näherte sich gerade eine prachtvolle Equipage der Böhmischen Hofkanzlei auf der anderen Straßenseite. Das Bauwerk war erst vor Kurzem errichtet worden, ein architektonischer Koloss, der das historische Rathaus in den Schatten stellte. Da mochte es mit seiner Barockfassade noch so prunken.

Dann sah er ihn. Nachdem Eduard Suess keine Gelegenheit versäumt hatte, die kommunale Lethargie zu beklagen, wollte ihm der Vizebürgermeister drastisch veranschaulichen, was es hieß, die Dinge voranzubringen. Der Professor grüßte ihn knapp. Er wirkte längst nicht so selbstsicher, wie es seine Schriften vermuten ließen. Aus Interesse hatte er Felders Einladung angenommen, ohne zu wissen, was ihm bevorstand.

Stuckaturen überwölbten die Treppe des Rathauses. Der Geologe folgte Felder hinauf in den zweiten Stock. Links befand sich ein Vorzimmer. Aus dem Raum dahinter drangen Stimmen, die sich zu einem unverständlichen Ausdruck der Empörung steigerten.

»Sitzung des Gemeinderats«, sagte Felder, als wäre es das Normalste, dass diese Zusammenkunft komplett außer Kontrolle geriet.

Der Professor solle sich erst einmal einen Überblick verschaffen, bevor er urteile. Sie betraten den Saal, Suess nahm auf der Besuchergalerie Platz. In vier Bankreihen drängten sich dort die Journalisten. Wenn die Wiener Wasserfrage erörtert wurde, erschienen sie besonders zahlreich, weil es dann verlässlich hoch herging. Auf einer Holztribüne im Saal lärmten die hundertzwanzig Räte. Suess betrachtete die Hinterköpfe der Abgeordneten. Vorne in der Mitte sah er nun den von Cajetan Felder.

Die Versammlung war in zwei Lager gespalten. Die einen fanden, man verkenne die immensen Vorteile der Donau für eine moderne Wiener Wasserversorgung. Die anderen verhöhnten die Fürsprecher dieser Option. Und an der Stirnseite des Saals, zwei Meter hinter dem Rednerpult, sank Bürgermeister Zelinka immer tiefer in seinen roten Samtsessel. Verzweifelt sah er aus.

Suess begutachtete die opulente Ausstattung des Ratssaals. Der Marmor an den Wänden war unecht, das erkannte er sofort. Wahrscheinlich hatten sie sich das Dekor beim Moosbrugger bestellt, der im Bregenzerwald sein lukratives Geschäft betrieb und von dort aus den Wiener Adel belieferte. Neuerdings war es nämlich Mode, die Salons vollflächig mit echten Moosbrugger-Fälschungen zu versteinern.

Die drei opulenten Kronleuchter und der Stuck an der Decke des Saals sollten offenbar suggerieren, dass hier gewichtige Entscheidungen getroffen wurden. Oder sie sollten, im Gegenteil, die fehlende Substanz der Debatte wettmachen. Dafür sprach der ernüchternde Kommentar, den der Reporter der Zeitung *Das Vaterland* notierte: »Die Wasserversorgungsfrage hat nunmehr zwischen den Fractionen des Gemeinderaths einen Conflict herbeigeführt, der geeignet sein dürfte, die mit dem steten Bevölkerungszuwachs immer dringlicher werdende Frage wieder in's Endlose zu verschleppen.«[47]

Inzwischen wirkten die meisten Kommunalvertreter ziemlich derangiert, der Streit hatte sie mitgenommen. Doch Herr Much, der eben am Wort gewesen war, hatte noch viel mehr zu sagen. Wieder einmal ging es um einen Engländer, der die Wiener mit einem verlockenden Angebot ködern wollte. Einen Turm in der Donau hatte der britische Ingenieur im Sinn, um Wasser von dort in die Stadt zu befördern. Es gab einige, die diese Idee recht sympathisch fanden, andere hielten ein Bauwerk mitten im Fluss für zu riskant. Herr Much aber hatte sich in das Projekt verliebt und brüllte jeden nieder, der Bedenken äußerte.

Der Reporter von *Waldheim's Illustrirter Zeitung* erkannte resigniert, dass er die Lage in einem erst wenige Tage alten Artikel völlig falsch eingeschätzt hatte. Darin war er zu folgendem Schluss gelangt: »Die Wiener Wasserversorgungsfrage ist eine alte Sorge. Durch günstige Verhältnisse eingeschläfert erwachte sie während der letzten Cholera-Epidemie wieder und legte sich mit verzehnfachter Heftigkeit mahnend und bekümmernd auf das Herz der Stadtväter.«[48] Nun ließ der Journalist den Lärm der Abgeordneten auf sich wirken. Hörte sich das so an, als würde jemandem irgendetwas mahnend und bekümmernd auf dem Herzen lasten? Eher nicht.

Wenngleich die Kommune Wien nach Jahrzehnten staatlicher Bevormundung und Kontrolle, erst unter dem Metternich-Regime, dann, nach der Revolution 1848, in der Zeit des Neoabsolutismus, endlich ihre Autonomie erlangt hatte, war der Gemeinderat keine demokratische Veranstaltung im heutigen Sinn. Die sogenannten freien Wahlen wurden von Wahlkörpern erledigt, in denen die Wohlhabenden und Privilegierten überwogen.

So kam es, dass sich der Gemeinderat vor allem aus Unternehmern, Beamten und Akademikern zusammensetzte, aus Leuten, die Not und Armut zwar als bedrückend empfinden mochten, aber nicht aus eigener Erfahrung kannten. Eine neue Wasserleitung, die einer modernen Großstadt sowohl qualitativ als auch quantitativ gerecht wurde, war zwar auch für sie und ihre Geschäfte bedeutend, aber nicht in dem Maße wie für die wachsende Zahl zugezogener Arbeiter und für die Mittellosen in den Elendsquartieren, wo Kloaken überquollen und Brunnen verschlammten.

Widerwillig trat nun Bürgermeister Zelinka ans Rednerpult, schließlich war er ein Mann des Friedens und der Gemütlichkeit. Das hatte er während seiner früheren Karriere als Rechtsanwalt hinlänglich bewiesen: Kein anderer hatte jemals so viele Streitfälle mit einem Vergleich abgeschlossen. Die

Füße auf dem Schreibtisch, sah man ihn gelegentlich im Rathaus den Nachmittag verdösen. Nun aber war er gefordert:

»Nur Ruhe, meine Herren, nur Ruhe! Sie Alle streben ja das Beste der Gemeinde an, aber die Sache läßt sich ja auch mit Ruhe abmachen!«[49]

Zelinkas Worte wirkten, man stritt nun leiser. Er selbst vertrage das Donauwasser sehr gut, also könne es nicht schädlich sein, sagte einer von Muchs Unterstützern, worauf ein anderer ausführlichst über seinen chronischen Durchfall referierte, den ihm der dreckige Fluss beschert habe.

Quellwasser, postulierte ein Dritter, das viele für der Donau überlegen hielten, sei erwiesenermaßen sehr schädlich. Ihm fehle der Sauerstoff, kein Wunder, wenn es direkt aus dem Berg komme. Die Donau hingegen befinde sich an der frischen Luft und müsse daher bekömmlich sein.

»Das ist Blödsinn, mit Verlaub!«

Überrascht registrierte Eduard Suess, dass sich alle abrupt zu ihm umdrehten, ihn in den Mittelpunkt ihrer Aufmerksamkeit zerrten. Wie im Reflex, weil ihn so viel Ahnungslosigkeit schmerzte, war er aufgestanden und dem Redner ins Wort gefallen. Das hätte er nicht tun sollen, aber Unwahrheiten als solche zu benennen, gehörte zu seinen Prinzipien. Trotzdem war ihm die plötzliche Stille unangenehm.

Vorne erhob sich Cajetan Felder. Er sah zufrieden aus und ergriff die Gelegenheit, den Geologen vorzustellen.

»Bravo!«, rief Herr Wertheim und applaudierte so energisch, dass sich seine mit Bienenwachs befestigte Stirnlocke löste: »Wir brauchen hier in Wien keine neue Donauleitung, wir brauchen etwas Großartiges!«

Mit Sensationen kannte sich der Unternehmer aus. Als größter Werkzeug- und Kassenfabrikant der Monarchie wusste er, wie man Neuheiten mit Pomp in den Markt drückte. Als der Sultan von Konstantinopel einmal sein Interesse an Wertheims Kassen bekundete, fuhr der Unternehmer an den Bosporus, wuchtete einen seiner Tresore auf einen beträchtlichen Holzstapel und setzte ihn in Brand. Natürlich hatte er vorab genauestens geprüft, welches Brennmaterial er auswählen musste, damit das Feuer nicht zu heiß wurde. Der Sultan und dessen Hofstaat ahnten davon nichts. Sie sahen nur haushohe Flammen, einen bedrohlichen Großbrand, den der Wind über die Hügel trieb – und einen Tresor, der die Dokumente, die in ihm aufbewahrt worden waren, verlässlich schützte. Kurz darauf gehörte es in Konstantinopel zum guten Ton, Wertsachen in Wertheims Kassen zu verwahren.

War es das für heute, oder gab es noch eine Zugabe? Nach der heftigen Auseinandersetzung wollten viele Gemeinderäte endlich ins Wirtshaus.

»Beantrage Vertagung der Debatte«, sagte Herr Steudel von der Linken.

»Beantrage eine Dringlichkeitsdebatte über die öffentlichen Pissoirs, die den Wienern versprochen, aber noch nicht geliefert wurden«, sagte Herr Mayer, der noch genug Reserven für eine Verlängerung hatte.

Da erhob sich Gemeinderat August Zang, verteilte Unterlagen und begab sich zum Rednerpult. Während die meisten Kommunalvertreter, von Franz Wertheim natürlich abgesehen, allenfalls in ihren Wahlbezirken einen gewissen Grad an Prominenz genossen, war dieser Mann in ganz Österreich bekannt und berüchtigt. Er hatte sich einst in Paris mit einer Wiener Feinbäckerei einen Namen gemacht, manche behaupteten sogar, er hätte den Franzosen das Croissant gebracht.

Fest stand, dass er eine Produktionsweise für rein maschinell hergestelltes Gebäck etabliert hatte. In Zeiten, in denen Händewaschen vor dem Teigkneten als überflüssiger Luxus galt, in der selbst Chirurgen mit dreckigen Fingern im offenen Bauchraum ihrer Patienten hantierten, war die Maschinensemmel eine hygienische Offenbarung.

Nach der Revolution 1848 kehrte Zang nach Wien zurück und versuchte sich in einer ganz anderen Branche. Er gründete die erste intellektuelle Tageszeitung des Landes. *Die Presse* beschäftigte die eloquentesten Redakteure der Monarchie. Bald entwickelte das Blatt allerdings ein Faible für den Kampagnenjournalismus, befehligt von seinem streitbaren Herausgeber. Wer *Die Presse* las, der konnte August Zang beim Denken zuschauen, in gewählteren Worten natürlich.

Nun also hatte der Zeitungsmann dem Gemeinderat eine Neuigkeit zu vermelden. Er machte etwas her, wie er da am Rednerpult stand – eine raumgreifende Erscheinung. Seine Augen blickten allerdings so sanft in die Runde, seine Gesichtszüge waren so weich, dass sie seinem schneidigen Naturell widersprachen. Möglicherweise hatte er sich deshalb einen verwegenen Musketierbart wachsen lassen.

»Meine Herren, der Bedarf der Bevölkerung an Trinkwasser ist mit dem besten erreichbaren Quellwasser zu befriedigen«, postulierte er. »Wir führen hier die Aufmerksamkeit auf ein reiches vortreffliches Wasser zurück, welches die Fischa-Dagnitz […] vier Meilen von Wien, unter den günstigsten Terrain-Verhältnissen für eine wohlfeile Zuleitung in die Reichshauptstadt bietet.«[50]

Fischa-Dagnitz? Vermutlich wussten die meisten Gemeinderäte weder, wo sie entsprang, noch, wohin sie floss.

Es handelte sich um ein kleineres Gewässer, das südlich von Wien, im sogenannten Steinfeld bei Wiener Neustadt, seinen Ursprung hatte. Gespeist von den entfernten Alpenquellen, Regenwasser und anderen Flüssen schwoll es in seinem Verlauf an und mündete schließlich östlich der Residenzstadt in die Donau.

Zang kam nun richtig in Schwung und spielte mit dem Gedanken, gleich den kompletten Bau der Wasserleitung auf Kosten der Kommune zu beantragen, ohne weitere Debatten, ohne Zeitverzug.

Nein, das wäre dann doch zu ambitioniert gewesen für die Majorität im Gemeinderat. Sollte man doch erst einmal alle Vorbereitungen für das Projekt bewilligen. Deshalb beantragte er: »Der Bau der Wasserleitung wird auf Kosten der Commune ausgeführt. Die zur Lösung dieser Aufgabe nöthigen Untersuchungen und Entwürfe sind zunächst auf das Quellengebiet [...] nächst Wiener Neustadt zu richten.«

Geschafft. Zang atmete durch. Applaus? Kein Applaus, stattdessen Unruhe im Saal, ein quälend langes Hin und Her von geflüsterten Fragen, gewisperten Antworten. Endlich erhob sich Gemeinderat Kopp. Das Referat sei ihm viel zu seicht gewesen, und die Beschränkung der Untersuchungen auf die Fischa-Dagnitz sei erst recht ein Beweis für die Oberflächlichkeit der ganzen Unternehmung.[51]

»Beantrage Vertagung der Debatte!«, rief Herr Steudel.

»Wien braucht etwas Großartigeres«, nörgelte Franz Wertheim. Gemeinderat Mayer erinnerte an seinen Dringlichkeitsantrag bezüglich der öffentlichen Pissoirs.

»Gemeinderat Klemm ergeht sich in Invectiven gegen den Referenten, wird angezischt und zur Ordnung gerufen«[52], protokollierte ein Berichterstatter.

Zelinka öffnete die Augen, Zangs Vortrag hatte ihn ermüdet:

»Nur die Ruhe, meine Herren!«

August Zang versuchte seine Enttäuschung zu verbergen. Das Wasser der Fischa-Dagnitz war doch in allen Punkten dem der Donau überlegen! Was hielt denn der Herr Professor davon?

Eduard Suess blickte auf und fühlte sich ertappt. Er war in Gedanken beim Vesuv gewesen, den er demnächst bezwingen wollte. Nun schlug er Zangs Unterlagen auf, nur um sicherzugehen, dass ihm nichts Entscheidendes entgangen war. Nein, das Projekt war leider mangelhaft.

Zunächst monierte der Geologe, dass sämtliche Angaben zur erwartbaren Wassermenge fehlten.[53] Darüber sollte man schon Bescheid wissen, wenn man eine Hauptstadt zu versorgen gedachte. Zwar enthielten Zangs Papiere eine Menge Berechnungen der von ihm unterstützten Ingenieure, aber die bezogen sich vor allem auf das zu errichtende Leitungssystem.

»Fast mehr noch muß es auffallen«, fuhr Suess fort, »daß unter den vielen Personen, die sich mit der Ausarbeitung der betreffenden Projekte befaßt haben, Niemand war, der versucht hätte, vom geologischen Standpunkte aus die Bedingungen etwas gründlicher zu studiren, unter denen diese Quelle zu Tage tritt.«[54]

Dass am Ursprung der Fischa-Dagnitz Wasser aus dem Boden quoll, hatten die Ingenieure als selbstverständlich vorausgesetzt. Hauptsache, eine Quelle inmitten unberührter Natur, nah genug, um sie in die Stadt zu leiten. Cajetan Felder trat nun neben den enttäuschten Zang ans Rednerpult. Er beantrage die Bildung einer Kommission, einer neuen

Wasserversorgungskommission, mit den fähigsten Gemeinderäten und den besten Experten auf dem Gebiet, den Herrn Professor inbegriffen, wenn der so freundlich wäre.

»Beantrage Vertagung der Entscheidung!«, rief Gemeinderat Steudel.

Cajetan Felder überging ihn. Manche schauten sich nach dem Bürgermeister um, der für solche Entscheidungen eigentlich zuständig war. Doch Zelinka hatte sich längst wieder in die Tiefen seines Samtsessels zurückgezogen, war eigentlich gar nicht mehr da, sondern fast schon beim Wirten.

Die Journalisten allerdings wirkten wieder hellwach. Sollte heute tatsächlich noch etwas entschieden und nicht nur zerredet und vertagt werden? Sie lauerten auf eine Reaktion des Geologen. Der Professor ließ sie warten. Was für ein Risiko, aber auch welch große Chance, der Politik zu demonstrieren, was die Wissenschaft vermochte!

»Einverstanden«, sagte Suess schließlich. Ob er ahnte, was auf ihn zukam? »Damit eröffnete sich mir eine Aufgabe, der durch die folgenden zehn Jahre ein bedeutender Teil meiner Zeit gewidmet blieb«[55], erinnerte er sich in seinen Memoiren. Franz Wertheim applaudierte, auch Felder, nach und nach schlossen sich andere Gemeinderäte an, erst zögernd, dann klang der Beifall schon fast respektabel. Etwa ein Drittel der Anwesenden klatschte nicht, darunter selbstverständlich Herr Zang.

Francis Rawdon-Hastings, erst auf Seiten der Briten im Amerikanischen Unabhängigkeitskrieg im Einsatz, später Generalgouverneur von Britisch-Indien

6

CHOLERA: FELDZUG EINER SEUCHE

Asien 1819–1824

An Francis Rawdon lag es jedenfalls nicht, dass das britische Empire die amerikanischen Kolonien verlor. Die Schlachten, die er im Unabhängigkeitskrieg befehligte, endeten allesamt desaströs für den Gegner. Möglicherweise war es ein historischer Fehler, schon 1781, zwei Jahre vor der endgültigen Niederlage der Briten, ins Empire heimzukehren. Denn kaum war Rawdon weg, klappte nichts mehr in Neuengland. Doch der angloirische General fühlte sich zu Höherem berufen, und eine große Karriere stand ihm nur daheim offen.

Rawdon war von Geburt an Lord, und beides zusammen, die gewonnenen Schlachten und die erlesene Herkunft, empfahlen ihn nun für das Amt des britischen Premierministers – dachte er jedenfalls. Dass daraus nichts wurde, überraschte deshalb vor allem ihn selbst.

Rawdon bekam eine andere Aufgabe. Als Generalgouverneur sollte er in Indien die florierenden Geschäfte der Ostindien-Kompanie vor Sabotagen schützen. Zum Trost hatte man ihn außerdem mit einem neuen Titel dekoriert, nun war er der Marquis von Hastings, der sich in Indien sofort in die

Arbeit stürzte. Die respektlosen Nepalesen drangen immer wieder auf britisches Territorium vor. Ein Affront! Also mobilisierte Hastings seine Truppen und rang den Gegner schließlich dank der schieren Überzahl seiner Soldaten nieder. Ein Sieg, aber ein ungemein verlustreicher, vor allem auf Seiten der Briten.

Der Historiker Henry T. Prinsep, ein Zeitgenosse, urteilte: Schuld an dem dilettantischen Manöver sei »zunächst zu großes Selbstbewusstsein gewesen, später zu große Verzweiflung und schließlich schlechte Taktik«[56]. Niemand anderer als Hastings könne dafür verantwortlich gemacht werden. Man merkte Prinsep das Entsetzen über diesen Rowdy an, den das Empire als Generalgouverneur entsandt hatte.

Nachdem die Nepalesen bezwungen waren, zog Hastings durch Nordindien und stattete den Provinzfürsten einen Anstandsbesuch ab. Was er besonders erfreulich fand, war der Respekt, ja, die Demut, die ihm entgegengebracht wurde. Die britischen Kontingente waren zwar dezimiert worden, aber immer noch einigermaßen Furcht einflößend. Und natürlich hatte Hastings seine Soldaten bei der diplomatischen Tour dabei. Viel Zeit blieb ihm allerdings nicht, seine Macht zu genießen.

Denn kurz darauf griff der Feind an, so schonungslos, dass Hastings mit dem Zählen der Toten nicht hinterherkam. Aber das Schlimmste war: Der Generalgouverneur hatte die Attacke nicht kommen gesehen.

Er war der Cholera in die Quere gekommen, die auf ihrem Weg nach Westen das indische Hinterland erreicht hatte. Die anfängliche Hoffnung, sie würde nur Einheimische befallen, zerschlug sich. »Vier Männer des 87. Regiments sind heute gestorben. Siebenundneunzig waren es gestern«[57], schrieb Hastings in sein Tagebuch.

Erstmals in seinem Leben fasste er den Entschluss, vor einem Gegner zu fliehen: »Ich werde morgen losmarschieren, um den Fluss Pohooj zu erreichen. Ich muss die Beförderung von tausend Kranken organisieren.«[58] Am Ziel eingetroffen, blickte er resigniert auf die Ereignisse der vergangenen Stunden zurück: »Der Marsch war schrecklich, angefangen bei den armen Kreaturen, die plötzlich an diesem schlimmen Leiden erkrankten, bis zu denen, die starben und zurückgelassen werden mussten, um anderen Platz zu machen, die vielleicht noch gerettet werden können.«[59]

Als er das Armeecamp inspizierte, stellte er fest, dass es inzwischen einem Lazarett glich. Auch er zählte sich zu den Opfern, obwohl er gesund blieb und in einem gut belüfteten Zelt logierte. Allerdings habe er vier seiner persönlichen Bediensteten an nur einem Tag verloren. Er rekrutierte neue, und kurz darauf starben auch die. Er war nicht weit genug geflohen, erkannte Hastings. Doch die Ärzte rieten ihm dringend von einem Ortswechsel ab, wollte er vermeiden, dass sich das Lazarett in einen Friedhof verwandelte. Also blieb er und dachte über die Cholera nach, die sein Heer dezimiert hatte.

Zur selben Zeit rätselten auch andere, was es mit dieser neuen Seuche auf sich hatte. Je weiter sie sich ausbreitete, desto verwegener wurden die Theorien. In Mode war die Idee, besondere atmosphärische Phänomene lösten sie aus.

Sie gelange mit der Luft in die entlegensten Winkel, behaupteten manche Experten. Worauf andere ebenso entschieden widersprachen. Man habe nämlich ein Dorf entdeckt, dass trotz Gegenwind befallen worden war.

Selbst auf die wichtigste Frage, die letztlich über alle Maßnahmen zum Schutz der Menschen entschied, fanden die Ärzte keine eindeutige Antwort: War die Cholera übertragbar oder nicht? Der Streit darüber, ob sie mit dem Wind oder mit den Menschen reiste, ob der Erreger eingeatmet wurde oder auf andere Weise in den Körper eindrang, sollte noch bis ins späte neunzehnten Jahrhundert dauern, als der Mediziner Robert Koch das Bakterium Vibrio cholerae identifizierte, das im Dünndarm andockte und den oftmals tödlichen Flüssigkeitsverlust verursachte.

Falsche, aber in ihrer Zeit ungemein populäre Überzeugungen bremsten die Suche nach der Wahrheit, verzerrten Befunde, verhinderten, dass die Seuche früher verstanden und zurückgedrängt wurde. Die gegensätzlichen Standpunkte zeichneten sich schon in der Frühphase ab, als die Cholera im Camp des Marquis von Hastings wütete. Der Generalgouverneur war mit den kursierenden Theorien vertraut. Nun rekapitulierte er in seinem Tagebuch die meteorologischen Bedingungen und dachte über die besonderen Eigenheiten der Landschaft nach. Beides erschien ihm als Auslöser der Katastrophe ziemlich zweifelhaft. Doch, doch, bekräftigten Mediziner, die von der Misere des Marquis erfahren hatten, der Ausbruch bestätige sehr wohl die Theorie, dass die örtlichen Verhältnisse die Seuche heraufbeschworen hatten. Dünstete der feuchte Boden nicht sonderbare Gerüche aus? Wirkte die unerträgliche Hitze nicht ausgesprochen feindselig? Nun, entgegnete der Marquis, er habe fünf seiner Soldaten beobachtet, die einen toten Kameraden zu Grabe getragen hätten. Kurz darauf waren sie ebenfalls tot. Für ihn sah das doch sehr nach einer ansteckenden Krankheit aus. Eben nicht, konterten manche Ärzte. Das beweise doch vielmehr, dass die Landschaft ausgesprochen tödlich sei.

In der Fülle der widerstreitenden Schriften zeichnete sich bald ein Trend ab: Die Mehrzahl der Experten glaubte nicht an die Übertragbarkeit der Cholera, und die Zahl der Anhänger dieser Theorie wuchs, je weiter die Seuche voranschritt.

Erklären ließ sich dies zum Teil mit der eigenwilligen Art der Ausbreitung. Die Cholera war wählerisch, verschonte oftmals die Bevölkerung ganzer Landstriche, um ein paar Kilometer weiter mit aller Härte zuzuschlagen. Und sie war schneller unterwegs als alle Seuchen zuvor, was bei vielen Beobachtern den Eindruck der Gleichzeitigkeit weckte. Wenn plötzlich Menschen starben, die nie Kontakt zu Erkrankten hatten, könne die Cholera nicht übertragbar sein.

Kaum hatte die Seuche ganz Indien im Griff, tobte sie schon in Persien. Der schottische Reiseschriftsteller James Baillie Fraser war zu dieser Zeit gerade an der Südküste des Landes unterwegs. Die ersten Zeichen der Krankheit nahm er vor den Toren der Stadt Buschehr wahr. Dort übergossen Einheimische den geschundenen Körper einer Patientin ununterbrochen mit eiskaltem Wasser, um ihn zu kühlen. Fraser empfand diese Therapie als primitiv, zumal sie nicht half. Binnen Tagen drang die Seuche ins Landesinnere vor. »Doch die Einheimischen blieben ihrer Methode der kalten Wassergüsse treu, ohne nennenswerten Erfolg; allerdings muss man einräumen, dass die Therapien der Europäer, wenn überhaupt, nur geringfügig mehr bewirkten. Die meisten Kranken, die von unserem Arzt behandelt wurden, starben«[60], resümierte Fraser.

Ohne es zu bemerken, stifteten die britischen Mediziner in Indien mit ihren gegensätzlichen Thesen das reinste Chaos. Schließlich arbeitete jeder für sich in einem anderen Teil des Landes, leitete Theorien von Beobachtungen ab und vermittelte seine Erkenntnisse an die zuständigen Behörden.

Dort war man einigermaßen ratlos angesichts der Widersprüche. William Scot, der Sekretär des britischen Gesundheitsrates in Madras, fasste sämtliche Studien in einem mehr als vierhundert Seiten langen Report zusammen und wies in seinem Vorwort sicherheitshalber darauf hin, dass wissenschaftliche Fakten und persönliche Meinungen in dem Konvolut oft schwer zu trennen seien. Aber zweifellos hätten sich alle Beteiligten sehr bemüht.[61]

Doch dann geschah etwas Merkwürdiges. So schnell sich die Cholera zwischen 1817 und 1824 nach Westen ausgebreitet hatte, so plötzlich verschwand sie. Sie schaffte es bis in die russische Stadt Astrachan am Kaspischen Meer, ein weiterer Schub hätte sie spielend nach Moskau, St. Petersburg und weiter in Europas Metropolen befördert. Stattdessen zog sie sich zurück. Auch aus Nachbarstädten wurden bald keine neuen Ausbrüche mehr gemeldet. In Astrachan begrub man die letzten Toten.

Die Nachricht vom Ende der Cholera erreichte auch den Marquis von Hastings, der sich darüber sehr wunderte. Aus militärischer Sicht war dieser Rückzug absurd. Keiner seiner Gegner wäre jemals auf die Idee gekommen, im Triumph zu kapitulieren, und er selbst natürlich auch nicht. Allerdings war er noch keinem Feind begegnet, der seine Überlegenheit so perfide ausgespielt hatte. Hastings starb 1826 an Bord der britischen *HMS Revenge* vor Neapel, im Glauben, die Cholera wäre eine flüchtige Tortur auf Erden gewesen.

Die Idee, Quellwasser vom Schneeberg nach Wien zu leiten,
provozierte einen Streit, der die Stadt über Jahre beschäftigte.
Als Ferdinand Georg Waldmüller die Gegend malte,
ahnte er davon noch nichts

7

RÖMISCHE VISIONEN

Wien, 1863–1864

Josef Skoda kniete zwischen den Hyazinthen und zupfte Unkraut aus der feuchten Erde, lockerte die Pflanzen erst ganz behutsam und entfernte sie dann mit einem Ruck, damit er auch die Wurzeln erwischte. Wenn sie sich in der Tiefe lösten und die Krumen schließlich herabrieselten ins Beet, verspürte der Mediziner eine tiefe Zufriedenheit. Der Ruck brachte ihn wieder ins Gleichgewicht.

Er möge das Gärtnern doch seinem Kutscher überlassen, sagte seine Haushälterin, wenn sie ihn in den Beeten sah. Sie sorgte sich um Skoda, dem die Gicht in den vergangenen Jahren in die Gelenke gekrochen war und der mit bald sechzig Jahren trotzdem noch von früh bis spät im Krankenhaus schuftete. Einmal hatte sie ihm dabei zugeschaut, wie er von einem Patienten zum nächsten ging und auf deren Brustkörben herumklopfte, als riefe dort drinnen gleich jemand:

»Herein!«

Der Kutscher? Natürlich ließ Skoda den nicht an seine Hyazinthen und erst recht nicht an die Rosen. Der ging ihm womöglich mit der Kartoffelschaufel zwischen die empfindlichen Blüten, um den Löwenzahn herauszuhebeln. Für den Arzt war die Gartenarbeit keine Last, sondern Therapie. Schließlich sahen seine Pflanzen bezaubernd aus und waren obendrein so einsilbig wie er. Man verstand sich.

Wenn er in der Duftwolke seiner Beete kniete, ließ er alles hinter sich, den Lärm der Stadt, den Schmutz und manchmal auch seine Wut. Nur weil ihn Zeitgenossen als reserviert, still, ja ein bisschen langweilig wahrnahmen, hieß das keineswegs, dass ihn nichts aus der Fassung brachte. Eine Stunde im Garten entspannte ihn dann, normalerweise. Doch seit einigen Wochen war alles anders.

Als ihm die Haushälterin nach einer Stunde wieder den Kutscher ins Beet schicken wollte, reagierte er verärgert. Der Schmerz fuhr ihm ins rechte Knie. Während er sich schwerfällig erhob, verlor er fast die Fassung, und sogar der kleine, ausgefranste Riss im Hosenbein, der ihn noch nie gestört hatte, empörte ihn sehr.

Etwas musste in Wien vorgefallen sein, etwas so Großes, dass sich die Stadt seitdem in die falsche Richtung entwickelte, nicht in die Zukunft, sondern zurück ins Zeitalter der Unkenntnis. Schlimmer noch: in eine Epoche der Ignoranz, denn früher wusste man noch nicht, wie ungesund der Dreck auf den Straßen, in der Luft, in den unaufgeräumten Werkstätten und unsanierten Wohnungen war, heute jedoch sehr wohl. Die Indizien mehrten sich, dass die Reichshauptstadt unbedingt Europas unappetitlichster Winkel bleiben wollte, fand Skoda.

Unter der Überschrift »Hygienischer Terrorismus« hatte beispielsweise *Die Presse* kürzlich geschrieben:

> »Die Medicin drängt ihre Fragen in neuester Zeit etwas gar zu arg in den Vordergrund, sie will uns unsere Kinder erziehen, un-

sere Häuser bauen, unsere Zimmer lüften, unsere Speisen kochen, und mischt sich auf eine Weise in unsere Privatverhältnisse, als ob an die Stelle der ehemaligen Polizei-Vormundschaft eine hygienische Polizei treten solle […].«[62]

Natürlich verwahrten sich die Wiener Ärzte umgehend gegen diese Frechheit. In ihrer ausführlichen Erwiderung, abgedruckt in einem medizinischen Fachblatt, hieß es zunächst, mindestens drei Fünftel der Erkrankungen in Wien seien auf fehlende Hygiene zurückzuführen. Anschließend gab es eine klare Ansage:

»Es mag nach den Anschauungen eines Laien im ersten Momente als ein hygienischer Terrorismus erscheinen, wenn die Aerzte dagegen Protest erheben, dass irgend ein gewinnsüchtiger Verkäufer ungesunde, verdorbene Nahrung, […], sauer gewordenes Bier, schmutziges Eis aus dem stinkenden Wienfluss an die Bevölkerung zu verkaufen versucht. […] Es mag sich in den Augen manches wohlbehäbigen Hausherrn als unberufene Einmischung in Privatverhältnisse erweisen, dass Aerzte ihre Stimme erheben gegen die Erbauung 13 Klafter hoher Häuser mit winzigen Lichthöfen, in denen die Kloakenluft stagnirt […] – allein alle diese Ansichten werden die Aerzte nicht abhalten, gegen solche Anschauungen zu kämpfen […].«[63]

Über Jahrhunderte hatte sich die Medizin damit begnügen müssen, Kranke zu versorgen und im besten Fall zu heilen. Dank neuer Erkenntnisse konnte sie nun darauf hinwirken, dass Gesunde erst gar nicht erkrankten. Je besser die Wissenschaft verstand, wie der Organismus funktionierte, desto genauer wusste sie, was ihn schädigte. In der Logik fortschrittlicher Experten wie Skoda war der Widerstand großer Teile der Bevölkerung deshalb absolut unlogisch. Was die Gesellschaft so energisch verteidigte, waren nicht Freiheitsrechte, sondern schlechte Gewohnheiten. Der Seifensieder wütete, wenn jemand seine Fabrik als Seuchenherd bezeichnete, der Wirt protestierte, sobald ihn ein Gast auf das schlecht gereinigte Geschirr hinwies.

Theoretisch waren viele Wiener die Vermüllung zwar leid, vor allem dann, wenn andere dafür verantwortlich waren. Doch sobald Hygienemaßnahmen den persönlichen Handlungsspielraum einschränkten, sobald womöglich sogar die eigenen Geschäfte darunter litten, sah die Sache anders aus. Dann wurden die Vorschriften als perfide und die Ärzte als boshafte Herren Experten verunglimpft, die leider vom wirklichen Leben keine Ahnung hätten.

Dennoch nahmen die Mediziner den Kleinunternehmer ebenso in die Pflicht wie den Kaiserhof. Weil sie sich dort unzureichend repräsentiert fühlten, monierten sie öffentlich: »Wo sind nun die Vertreter der Medicin und Hygiene im Rathe der Krone? Bis nun waren es Referenten im Staatsfrack, denen ihre Stellung höchstens gestattet, als bescheidene Berichterstatter zu relationiren, dass sich die Bevölkerung wohl befinde, es waren Kanzleibeamte, die pflichtgemäss zur Kenntniss […] zu nehmen hatten, was Laien über Sanitätsangelegenheiten decretiren!«[64]

Der provokante Ton entsprach dem wachsenden Selbstbewusstsein der Ärzte. Skoda war noch in einer Epoche groß geworden, in der Mediziner nicht forschten, sondern altes Wissen verwalteten und sich gefälligst nicht einzumischen hatten in gesundheitspolitische Belange. Deshalb und weil er seinerseits jahrzehntelang die Altvorderen mit ihren antiquierten Theorien bekämpft hatte, schätzte er den neuen Zeitgeist an den Akademien.

Als Sohn eines Schlossers war er im böhmischen Pilsen aufgewachsen. Eigentlich hatte ihm sein Vater eine Laufbahn als Geistlicher zugedacht, dann aber durfte er doch seiner Leidenschaft für die Naturwissenschaften folgen und in Wien Medizin studieren. Was für eine Enttäuschung! Skoda schätzte physikalische Gesetzmäßigkeiten, die alte Garde der Professoren hingegen schwärmte für die Philosophie, er mochte es kurz und bündig, sie weitschweifig, er drückte sich präzise aus, sie nebulös. Wissenslücken kleisterten seine Lehrer mit professoraler Medizinalpoesie zu, die sich zuweilen anhörte, als hätte ein Dichter der Romantik einen schlechten Tag gehabt:

> »Endlich gewann das allgemeine Leben, nachdem es durch zwanzig Jahre in einer Art Winterschlaf gelegen und sich größtenteils passiv gegen die äußeren schädlichen Einflüsse verhalten hatte, wieder mehr Kraft und Tätigkeit; auf jeden Angriff von außen erfolgte wieder Reaktion, die irritable Sphäre des Organismus erhielt die Oberhand, und aus dem Schlamme der Pituita sah man im Jahre 1811 einen entzündlichen Genius kräftig emporsteigen.«[65]

Auf diese Weise wurde im frühen neunzehnten Jahrhundert eine Grippewelle beschrieben. Als unbesoldeter Sekundararzt am Wiener Allgemeinen Krankenhaus begehrte Skoda gegen den Verbalpomp auf – und brachte sich selbst bei, was ihn interessierte.

Vor einem halben Jahrhundert war der Wiener Arzt Leopold Auenbrugger auf die Idee gekommen, Krankheiten durch Abklopfen des Brustkorbs festzustellen. »Da sich aber die offizielle Klinik ablehnend verhielt, war diese Entdeckung in Vergessenheit geraten«[66], schrieb Skodas Biograf Maximilien Sternberg. Nicht in Österreich, sondern in Frankreich hatten Ärzte später daran angeknüpft. Noch fehlte aber eine verständliche Systematik, die es Medizinern erlaubte, sich die Technik anzueignen. Bei der Methode ging es um die verschiedenen Erscheinungen des Schalls, um Physik, und damit um Skodas große Leidenschaft. Also begann er Brustkörbe zu beklopfen.

Die Patienten reagierten verstimmt. »Eine Beschwerde der Kranken gelangte an die Direktion des Allgemeinen Krankenhauses, daß sie durch die unausgesetzten Untersuchungen des Sekundararztes Dr. Skoda allzusehr belästigt würden.«[67] Mit seiner sonderbaren Methode, die seine Vorgesetzten weder beherrschten noch verstanden, hatte er sich auch bei ihnen unbeliebt gemacht.

Deshalb vergingen noch Jahre, bis man dem herausragenden Wissenschaftler endlich die Abteilung für Brustkranke am Allgemeinen Krankenhaus anvertraute und ihn zum Universitätsprofessor berief. Inzwischen war sein revolutionäres Hauptwerk, die »Abhandlung über Perkussion und Auskultation«, also über das Beklopfen und Abhorchen, erschienen und in mehrere Sprachen übersetzt worden. Endlich habe jemand den »ganzen alten Plunder«[68] eines überkommenen Systems entsorgt, fand Anton Drasche, einer seiner Studenten, der sich später als Epidemiologe den Cholerapandemien des neunzehnten Jahrhunderts widmete.

In einer anderen Branche sollte übrigens Skodas Neffe Emil später ebenso berühmt werden wie sein Onkel. Der Schlosser arbeitete sich zum Unternehmer hoch, führte bald eine Maschinenbaufabrik, aus der schließlich eine Automarke hervorging, die seinen Namen trug: Skoda.

Genauso gewissenhaft wie mit dem Schall, den Herz und Atemzüge der Patienten erzeugten, beschäftigte sich Skoda mit den Ursachen der Krankheiten. Er sah es als erwiesen an, dass überfüllte Wohnungen, feuchte Räume und trübes Trinkwasser viele Arten von Leiden begünstigten.

Nach der Gartenarbeit hatte sich der Arzt in sein Zimmer zurückgezogen, schlug die Zeitung auf und überflog den Artikel über die jüngste Auseinandersetzung im Gemeinderat ein weiteres Mal. Die Lektüre setzte ihm zu wie schon beim ersten Lesen am Morgen.

Selbst die Römer hatten ihr Trinkwasser in Wien einst aus kleinen Quellen auf dem Gebiet der heutigen Vorstädte bezogen. Inzwischen waren die Wiener zu einem Volk von Donautrinkern herabgesunken und auch noch stolz darauf, wie ihm schien. Dass August Zang die Fischa-Dagnitz ins Spiel gebracht hatte, missfiel dem Arzt ebenfalls. Skoda hatte nichts gegen diesen Fluss als solchen, war auch schon einmal dort gewesen. Was ihn allerdings aufbrachte, war die Art, wie Zang das Gewässer als die Lösung aller Wiener Probleme präsentiert hatte. Großspurig, aber ohne Substanz. Kein Wort darüber, wie er festgestellt haben wollte, dass der Fluss unbedenkliches Wasser führe. Durch bloßes Betrachten? Das wäre so, als würde Skoda einen Patienten als geheilt entlassen, ohne noch einmal dessen Brustkorb gründlich beklopft zu haben. Unmöglich!

Dass sich Eduard Suess künftig in die Wasserangelegenheit einbrachte, machte Skoda hingegen Hoffnung. Man kannte sich. Der Geologe hatte schon mehrfach vor der k. k. Gesellschaft der Ärzte über Quellen und Brunnen im Stadtgebiet referiert. Suess allein würde allerdings keine Chance haben gegen die Beharrungskräfte der Kommune. Lange genug hatte Skoda auf vernünftige Vorschläge und Entscheidungen gewartet. Nun musste er durchgreifen, am besten gemeinsam mit seinem Freund Roki. Der Professor ersehnte den Tag, an dem er sich wieder unbeschwert ins Beet begeben konnte.

Was letztlich den Ausschlag gab, dass Cajetan Felder und Eduard Suess sich anfreundeten, wann aus der Zusammenarbeit etwas Persönliches wurde, behielten die beiden für sich.

Möglicherweise erwachte die wechselseitige Sympathie an jenem Sommermorgen des Jahres 1863, als sie mit der Südbahn aufbrachen, um makelloses Wasser zu suchen. Vorstellbar ist folgendes Szenario: Während der Geologe aus dem Zugfenster schaute, einerseits die Ebene des Wiener Beckens betrachtend, andererseits vom Vesuv träumend, erzählte ihm Felder, wie er sich einst als Barbier auf einem Schiff verdingt hatte, das ihn hinauf zum Polarkreis brachte. Von dort habe er mit einem Einheimischen das Land durchwandert. Und Suess, der seinerseits noch nie so weit oben auf dem Globus war, fragte nach dem Grund für die Reise in den Norden. Worauf Felder ausführlich von den Schmetterlingen schwärmte, die er dort zu finden hoffte, er sei nämlich ebenfalls Forscher, Amateurforscher, um genau zu sein. Wissenschaft blieb Wissenschaft in den Augen des Geologen, ob im Kleinen oder im Großen. Felder war ernst zu nehmen. Man fasste Vertrauen.

Nach der turbulenten Sitzung im Rathaus hatte sich der Vizebürgermeister bei Suess nach der idealen Quelle für

Wien erkundigt. Diese Exkursion war das Resultat. Man musste das Gewässer, das dem Professor vorschwebte, erlebt haben. Wenn überhaupt, dann würde Felder nur der imposante Anblick überzeugen. Suess gestand sich ein, dass die Idee selbst für seine Verhältnisse ziemlich gewagt war.

Sie verließen den Zug zunächst in Leobersdorf und nahmen eine Kutsche zu dem Fluss, den August Zang zu seinem Herzensprojekt ernannt hatte. Fast fünfzig Kilometer trennte die Quelle der Fischa-Dagnitz von Wien, ziemlich viel, um sie mit Rohren zu überbrücken, fand Felder.

Tatsächlich sah das Gewässer bezaubernd aus. Man konnte bis zum Grund sehen, eine Rarität bei Europas Flüssen. Bäume und Buschwerk drängten zum Wasser, Sonnenlicht tanzte auf den Wellen. Allerdings waren Felder auf der Fahrt unzählige Wasserräder aufgefallen, die kleinere und größere Betriebe am Ufer mit Bewegungsenergie versorgten. Wenn die Kommune Wien den Fluss an der Quelle anzapfte, ging den Gewerben der Antrieb verloren. Was bedeutete, dass allein die Entschädigungszahlungen in die Millionen gehen würden. Womöglich kosteten die Abfindungen sogar mehr als die ganze Leitung. Von den flussnahen Betrieben musste August Zang doch gewusst haben. Felder kam ein Verdacht: Hatte der Herausgeber womöglich geheime Abmachungen mit den Werksbesitzern getroffen? Als er sich zu Suess umwandte, um die Sache zu besprechen, war der verschwunden.

»Herr Professor?« Felder sah Weiden, die artig nickten, wenn ihnen die Sommerbrise über die Kronen strich, sah Lichtreflexionen auf dem Wasser durch das Blattwerk der Ufervegetation blitzen, den Professor sah er nicht. Er kämpfte sich durch das Buschwerk, während die Zweige an seinen

Hosenbeinen zerrten. Der Geologe stand knietief im Wasser und sammelte Steine.

»Interessant, kein Berg weit und breit und trotzdem quillt hier Wasser aus dem Boden. Können Sie sich erklären, warum?« Schulterzucken.

»Es handelt sich hierbei um einen künstlich aufgegrabenen Tümpel, eine sogenannte Tiefquelle, die das Wasser erstens von den fernen Alpen, zweitens von anderen Flüssen und drittens, das ist die Hauptsache, von den Niederschlägen in der Region bezieht. Das bedeutet: Wenn wir das beste Wasser für Wien suchen, dann kommt dieses hier nicht in Frage.«[69]

Die Schlussfolgerung des Geologen kam für den Vizebürgermeister zu schnell. Er war nicht überzeugt.

»Kosten Sie!«, sagte Suess.

Felder trat ans Ufer und nahm einen Schluck.

»Exzellent!«

»Und dennoch ist es Wasser aus zweiter Hand, natürlich gefiltert durch den Schotter. Beim Alpenwasser ist das unbedenklich. Aber was ist mit den Niederschlägen?«

Felder wirkte verunsichert.

»Auf dem Weg in die Tiefe nimmt der Regen noch etwas mit, das nicht herausgefiltert wird. Sie haben die Bauernhöfe in der Umgebung gesehen? Einige sind noch ziemlich neu, was dafür spricht, dass ihre Zahl weiter zunimmt. Jeder Landwirt bringt auf seinen Äckern Naturdünger aus. Der Niederschlag dringt durch die Fäkalien, und schon jetzt dürfte die Fischa-Dagnitz deshalb einen nicht geringen Teil an Ammoniak enthalten.«

Felder schwor sich, kein Wasser mehr zu kosten, von dem er nichts Genaues wusste.

»Und jetzt?«, fragte er, als sie wieder in der Kutsche saßen.

Suess hob den Arm und zeigte in die Ferne, wo sich die Gipfel der Voralpen am Horizont abzeichneten.

»Weiter!«

Nach noch einer Stunde im Zug kreischten die Bremsen, die Waggons ruckelten in den Bahnhof von Payerbach. Schon die Quelle der Fischa-Dagnitz ließ sich nur nach sehr großzügiger Auslegung als Wiens Umgebung bezeichnen. Diese Region allerdings hatte mit der Residenzstadt nichts mehr zu tun. Payerbach war eine Urlaubsdestination. Felder schätzte die Distanz auf dreizehn österreichische Meilen, was rund hundert Kilometern entsprach. In der Gegend weilte Wiens bessere Gesellschaft seit einigen Jahren auf Sommerfrische, nachdem sie sich in den tieferen Lagen rund um die Hauptstadt zu langweilen begonnen hatte. Vor allem dem Nachbarort Reichenau war in dieser Hinsicht eine erstaunliche Karriere geglückt.

Als Bürgermeister wechselte sich dort Herr Waissnix mit Herrn Waissnix ab, äußerst geschmeidig wanderte die Kommunalmacht von einem Bruder zum anderen, vom Alois zum Johann, zwei Männer, ohne dic Rcichenau in den frühen Sechzigerjahren noch immer das verschlafene Bergbauerndorf von einst gewesen wäre. Mit den geschäftstüchtigen Unternehmern an der Spitze war es inzwischen das St. Moritz von Niederösterreich.

Mancher bezeichnete die Waissnix-Brüder sogar ehrfurchtsvoll als die »Beherrscher der Alpen«. Sie waren nämlich auf die Idee gekommen, neben ihrer Rollgerstenfabrik, ihrer Kaltwasserheilanstalt und ihrem Wirtshaus *Thalhof* mit angeschlossenem Hotel eine mondäne Villa zu errichten und sie an den Wiener Hof zu vermieten, damit es der Kaiser bei seinen Jagdausflügen bequem hatte.

Der ins Tal geduckte Ort fühlte sich inzwischen schon fast wie eine richtige Residenzstadt, was auch daran lag, dass die Wiener Hautevolee dem Kaiser in die Provinz gefolgt war. Im *Thalhof* genoss man das rustikale Leben oder weiter oben im Gasthaus *Schnepf* oder noch weiter oben bei der *Singerin*, wo schon mal die Knödel durch die Luft flogen, wie es in den Zeitungen übereinstimmend hieß. Mit den elaborierten Tischsitten der feinen Wiener Gesellschaft war das zwar nicht kompatibel, aber man blieb ja zumeist unter sich bei der Knödelschlacht.

Genau aus diesen Gründen wäre Cajetan Felder vermutlich nie auf die Idee gekommen, seine Sommerfrische in Reichenau zu verbringen. Mit den hochwohlgeborenen Herrschaften hatte er daheim genug zu tun, da musste er ihnen nicht auch noch in die Berge hinterherreisen.

Felder und Suess ließen Reichenau hinter sich, wanderten immer tiefer in die Senke zwischen Raxalpe und Schneeberg hinein, die sie hier Höllental nannten. Das Flussbett der Schwarza zu ihrer Linken, das eben noch halbwegs geradeaus verlief, begann zu schlingern und streifte die Felsen mal links und mal rechts. Das Wasser strömte um enge Kurven und zwang die beiden mehrfach, den Fluss zu überqueren. Die Berge wurden steiler, rückten näher. Das Höllental glich nun einer Schlucht. In das Rauschen der Schwarza drängelte sich bald ein weiteres Geplätscher, energischer, lauter werdend.

Dann wich der rechte Berghang zurück, die Schlucht öffnete sich zu einem Talkessel. Aus der Bergflanke schräg gegenüber brach Wasser, direkt aus dem bemoosten Fels, ein schäumendes, im Sonnenlicht glitzerndes Spektakel. Das war kein Sturzbach, sondern mindestens ein Sturzfluss, der sich in die Schwarza ergoss. In zerstäubten Tropfen stieg die Feuchtigkeit auf wie kalter Dampf.

Staunend betrachtete der Vizebürgermeister die Szenerie, und als er sich zu Suess umdrehte, stand der schon wieder ohne Strümpfe und Schuhe da, ging auf den Berg zu und watete durch die Vertiefung unterhalb der Quelle.

»Kosten Sie!«, rief er. Felder lehnte dankend ab, aber Suess trank nun selbst, er schöpfte das Wasser mit hohlen Händen und schüttete es sich über sein Gesicht.

Der Professor tropfte noch, als sie beim Schnepfen-Wirten auf ein Krügerl einkehrten. Die Gasthausterrasse bot einen herrlichen Blick auf die Quelle. Das also sei der Kaiserbrunnen, und der müsse nach Wien, sagte der Geologe, und zwar in jedes einzelne Haus.

»Verrückt«, sagte Felder, »mit Verlaub.«

Suess ließ sich nicht beirren. Die verrückte Idee stamme eigentlich gar nicht von ihm, sondern von Kaiser Karl VI., Kaiserin Maria Theresias Vater. Der hatte die Quelle schon vor mehr als hundert Jahren bei einem Jagdausflug entdeckt. Sein Arzt riet ihm, fortan nur noch dieses famose Wasser zu trinken, worauf ein Pendelverkehr mit Wasserreitern eingerichtet wurde, die ihm den Quell fässerweise in die Hofburg lieferten.

Daran müsse Wien anknüpfen, fand Suess, wenn auch auf zeitgemäße Weise. Diese Gebirgsquelle sei makellos, deshalb lohne sich jeder Aufwand, im Übrigen bestehe er darauf. Der Geologe erklärte, wie der Regen auf die brüchigen Kalksteingipfel fiel, wie das Wasser, frei von Schadstoffeinträgen, in die Tiefe sickerte, sich dort sammelte und schließlich im Tal hervorquoll. Fehlte nur noch die Leitung, die es nach Wien beförderte.

Felder seufzte. In der Funktion des Vizebürgermeisters bekam er es mit der Angst zu tun: eine Leitung über hundert Kilometer und den Gemeinderat im Nacken, der jeden Fehler umgehend sanktionieren würde. Der Forscher in ihm jedoch war überwältigt. Auf den Kaiserbrunnen aus Angst vor Protesten zu verzichten, wäre unverzeihlich. Dessen Wasser musste für die Wiener gewonnen werden.

»Wir mauern Kanäle, bauen Aquädukte wie die alten Römer«, schwärmte Suess. Felder lehnte sich zurück und betrachtete den Kaiserbrunnen. In seiner Fantasie wirkte die Herausforderung durchaus zu bewältigen.

Gegen Abend erreichten sie wieder Leobersdorf. Während sie auf die Verbindung nach Wien warteten, blickten sie zurück zu den Bergen, die im späten Licht lange Schatten warfen. Felder betrachtete den Gebirgsrücken, dann die Ebene, die sich vor ihnen dehnte. Dort entlang würde also die Wassertrasse führen. Plötzlich streckte ihm Suess die Hand hin:

»Lassen wir diese Stunde nicht nutzlos vorübergehen«, sagte er feierlich. »Geben wir uns [...] das unverbrüchliche Wort, vereint mit allen unseren Kräften, unverdrossen und beharrlich dahin zu wirken, daß die große Idee, die uns hierher gebracht, auch ins Leben gerufen und durchgeführt werde.«[70] Felder schlug ein, warnte den Geologen allerdings vor Übereifer. Es sei ein taktischer Fehler, den Gemeinderat vor vollendete Tatsachen zu stellen. »Jede Überhastung hätte zweifellos Argwohn und Opposition hervorgerufen«[71], sagte er.

»Jaja, natürlich«, erwiderte der Geologe, während er zusah, wie die Sonne hinter die Berge sank.

Etwas musste der Eduard Suess falsch verstanden haben, denn kaum in Wien verlor er keine Zeit, den Wasserstreit zu verschärfen. Diesmal schlief der Bürgermeister nicht, er zog gerade an seiner Zigarre, als Suess am nächsten Vormittag sein Büro betrat.

»Nun, was gibt's Neues?«, fragte Zelinka.

»Das Neueste ist«, erwiderte der Geologe, »daß wir den Kaiserbrunnen nach Wien leiten werden.«

Zelinka erhob sich, umklammerte »die Ecke des Tisches, an dem er stand, und ließ sich wie ein von Schrecken Gelähmter auf das historische grüne Sopha im Vorzimmer des Präsidialbureaus nieder«. Es dauerte eine Weile, bis er sich wieder gefasst hatte.

»Sie sind ein Narr!«, zürnte er dann. Suess ließ sich nicht einschüchtern:

»Mit solchen Faktoren muß man auch rechnen.«

»Wissen's denn, wo der Kaiserbrunnen gar liegt?«

»Ganz gut«, antwortete der Professor, »denn ich komme soeben von dort her.«[72]

Cajetan Felder war Zeuge der Episode. Zelinkas Zorn überraschte ihn kaum. Der Bürgermeister beschwor Suess, den Kaiserbrunnen schleunigst wieder zu vergessen. Es stehe ihm frei, sich für ein weniger brisantes Kommunalprojekt zu engagieren, die Fiakerverordnung zum Beispiel. Die Causa der öffentlichen Pissoirs war übrigens auch noch unerledigt.

Nein, er werde Wien sauberes Wasser verschaffen, erwiderte der Professor. Schließlich sei nichts wichtiger als die Gesundheit.

Wehmütig rief sich Felder noch einmal das Bild von den majestätischen Aquädukten in Erinnerung, das er sich beim Besuch des Kaiserbrunnens schon sehr detailliert ausgemalt hatte. Eher unwahrscheinlich, dass die Hochquellen nach dem unbedachten Vorstoß des Geologen und nach Zelinkas Reaktion noch eine faire Chance im Gemeinderat bekamen. Nun blieb ihm nichts anderes übrig, als alle Hoffnungen auf die interessante Vision des österreichischen Bierkaisers zu richten.

Er verehrte Vergil und Schiller, er rezitierte Shakespeares Monologe, und er braute Bier, das beste auf dem europäischen Festland. Anton Dreher hatte dort das untergärige Lagerbier etabliert und in Klein-Schwechat östlich von Wien sein Imperium errichtet.

Dennoch, schrieb sein Zeitgenosse und Biograf Eduard Hensel, nahm sich Dreher immer genug Zeit für die Hochkultur. »Diese Verehrung blieb ihm eigen bis zum Schluß seines bewegten, an großen Unternehmungen so reichen Lebens, und seine wahrhaften Erholungsstunden, nach einem ermüdenden Tagewerk, waren des Abends, von 10 bis 12 Uhr, wo er die vorzüglichen Werke von Burns, Byron, Moore, Wordsworth, Shakespeare, Longfellow und einige ausgewählte Artikel aus ›The Times‹ sich vorlesen ließ.«[73]

In jungen Jahren hatte Dreher gemeinsam mit dem Münchner Spatenbräu-Erben Gabriel Sedlmayr eine Bildungsreise nach England unternommen, damals weltberühmt für sein famoses Bier. Nach seiner Rückkehr überschwemmte er den Markt mit seiner untergärigen Kreation, welche das obergärige Kaiserbier bald verdrängte. Am Tresen war eine solche Majestätsbeleidigung zulässig. Das Unternehmen wuchs, expandierte nach Ungarn und Italien, wo das »Birra Dreher« bis heute an den österreichischen Brauer erinnert, auch wenn es inzwischen zum Heineken-Konzern gehört.

Als einer der größten Steuerzahler der Monarchie, als Förderer von Schulen und sozialen Einrichtungen verspürte Anton Dreher spätestens 1860 das dringende Bedürfnis, für sich und seine Familie ein Domizil zu errichten, das seinem gesellschaftlichen Rang entsprach. Nicht am Sitz der Brauerei in Klein-Schwechat, schließlich war der Ort schon dem Namen nach eher ungeeignet für einen Bierkaiser. Vielmehr sollte es ein Anwesen an der Ringstraße sein, gleich neben der projektierten Hofoper. Oben die mondänen Wohnräume, unten ein Bierstüberl für Flaneure und erschöpfte Opernbesucher, die nach vier Stunden Wagner großen Durst haben würden.

Im Stil der Zeit ließ sich Dreher einen neohistorischen Prachtbau entwerfen. Er bildete »einen höchst würdigen Schlußstein der Dreher'schen Bauunternehmungen«[74], schrieb Eduard Hensel. Dazu zählten immerhin zwanzig Häuser in Schwechat, zwei Gutshöfe und die Niederlassungen in Ungarn und Italien. Doch Dreher hatte das Gefühl, dass man von einem wie ihn noch mehr erwartete, nämlich Innovation. Ovale Salons setzte er sich in den Kopf, die hatte sonst niemand, nicht einmal der Kaiser. Und einen futuristischen Brunnen wollte er haben, der tiefer hinabreichte als je ein Wiener Brunnen zuvor. Auch andere vermuteten dort unten reinstes Quellwasser. Aber Dreher hatte die finanziellen Mittel, diesen Schatz zu heben.

Zu dieser Zeit wollte Dreher außerdem Anteilseigner einer englischen Großbank werden. Ein Geldinstitut fehlte noch in seinem Portfolio. Um das Geschäft abzuwickeln, suchte er einen Anwalt, und weil für ihn nur einer der besten infrage kam, kontaktierte er Cajetan Felder. Man sprach natürlich auch über Privates, und so erfuhr der Anwalt von dem besonderen Brunnen, der sich hinter den Mauern des Dreher-Neubaus verbarg.

Der ganze Stolz des Brauereibesitzers thronte im Innenhof auf einem gemauerten Podest. Die Konstruktion faszinierte Felder. Das war keine Wasserpumpe, wie er sie kannte, sondern ein Ungetüm aus schwarz lackiertem Eisen, fast so groß wie eine Lokomotive, trotzdem viel gewaltiger mit seinen monströsen Kolben, die am Schöpfarm befestigt waren.

Das Haus war längst nicht fertig, aber die Pumpe schien schon ungeduldig darauf zu warten, Wiens unterirdische Wasserreserven zu plündern. Felder seufzte, und der Brauer, der ein einfühlsamer Mann war, konnte dessen Enttäuschung nachvollziehen. Wegen der überzogenen Forderungen der Engländer drohte das Bankgeschäft zu scheitern, was es kurz darauf auch tat, und aus dem gepriesenen Brunnen kam noch kein Wasser.

»Vielleicht wird es noch eine andere Gelegenheit geben, Sie zu entschädigen«, sagte der Unternehmer zum Abschied.

»Das war von den wenigen Worten, die Dreher mit mir im Leben gesprochen, das letzte«[75], erinnerte sich Felder. Das Letzte, das wiederum Dreher in seinem Leben hörte, war ein paar Monate später Mozarts *Don Giovanni.* Als er nach dem Opernbesuch nach Klein-Schwechat heimkehrte, platzte ein Herzgefäß. Zwei Stunden später war er eine Leiche, wie es im Jargon der damaligen Presse hieß.

Tatsächlich hatte er Felder nicht vergessen: Drehers Testament bestimmte den Anwalt zum Verwalter des Bierimperiums bis zur Volljährigkeit seines Sohnes. Das waren noch stolze sechs Jahre. Felders Arbeitspensum war nun mindestens so kolossal wie das Schöpfwerk am Dreher-Brunnen: Er war Rechtsanwalt, Vizebürgermeister, Schmetterlingsforscher und nun auch noch Bevollmächtigter der größten Brauerei Europas.

In dieser Funktion oblag ihm auch die Fertigstellung des Ringstraßen-Palasts mit Bierausschank. Als alles vollendet war, weckte er endlich das eiserne Ungetüm im Innenhof des Anwesens. Erst zischte es unfreundlich und hustete Dampf. Dann setzen sich die Kolben in Bewegung, der Pumparm tauchte hinab und stieg wieder empor. Felder behielt das Auslaufrohr im Auge. Noch war kein Quellwasser zu sehen. Er hielt die Hand vor die Öffnung, spürte, wie warme Luft an seinen Fingern vorbeistrich. Der Wiener Boden atmete.

Endlich drang ein fernes Rauschen aus dem Schacht. Je näher es kam, desto mehr musste sich die Pumpe anstrengen. Die Eisengelenke knirschten. Dann ergoss sich der erste Schwall in das Becken, das die Hausleitung speiste, schwarz wie die Nacht, aber schnell klarte das Wasser auf, wurde endlich fast durchsichtig. Einen Graustich behielt es, aber womöglich gehörte das zu den Eigenarten des unterhalb Wiens lagernden Wassers.

Eine Woche später passte nicht einmal mehr ein einziges Krügerl auf die Tische des Bierlokals im Erdgeschoss, so viele standen schon dort. Und das sensationelle Wasser wurde aus Glaskaraffen in leere Humpen gegossen, damit jeder sehen konnte, wie klar es war. Niemand bemerkte den Grauschimmer, niemand nörgelte, dass der Trank im Abgang womöglich doch etwas faulig schmeckte. Dann geschah das Malheur.

Erst klagte Drehers Witwe oben in der Beletage über fürchterliche Krämpfe, dann ging es den Gästen im Wirtshaus gar nicht mehr gut. Als Brauereibevollmächtigter kümmerte sich Cajetan Felder umgehend um die Misere:

»Daraufhin ließ ich das Wasser chemisch untersuchen, und es zeigte sich, daß die Maschine, deren Saugkraft wohl zu groß gewesen sein mag, aus dem alten Grabenboden mephitische Stoffe zog. Der so kostspielige Brunnen mußte als gesundheitsschädlich zugeschüttet werden. Aber woher nun Wasser nehmen?«[76]

Zerknirscht gestand sich Felder ein, dass sein Versuch, Wien zu einer gesunden Quelle zu verhelfen, gescheitert war. Drehers Wasser hatte sich sogar als noch schädlicher als das der Donau erwiesen.

Skodas Kutsche hielt vor dem kaiserlich-königlichen Allgemeinen Krankenhaus, der bedeutendsten Klinik der Monarchie, vor allem dank ihm und Roki, der dort sowohl arbeitete als auch wohnte. Roki, so nannten ihn nicht nur seine Freunde und Kollegen, sondern sogar seine Studenten, wenngleich sie ihn in Anbetracht des erheblichen Altersunterschieds als Vater Roki bezeichneten. Carl Rokitansky hieß er offiziell, einer der führenden Pathologen seiner Zeit. Die Institution war 1783 gegründet und seitdem mehrfach erweitert worden. Die Gebäudetrakte umschlossen begrünte Höfe, wodurch die Krankensäle von beiden Seiten mit Tageslicht versorgt wurden. Rokitansky, dessen Privaträume sich im zweiten Stock des Direktionsgebäudes befanden, lebte dort in beengten Verhältnissen. Zusätzlich zu seinem Gehalt bezog der Pathologe zwölf Klafter Brennholz und vierundzwanzig Pfund Unschlittkerzen[77], die nicht aus Wachs, sondern aus minderwertigem Talg hergestellt wurden und daher stark rußten. Wie Skoda stammte Rokitansky aus Böhmen, wie er hatte er sich in Wien hochgearbeitet, die

Medizin vom pseudophilosophischen Ballast befreit und der Pathologie eine neue Dimension eröffnet.

Hatte früher vor allem der Seltenheitswert der Präparate gezählt, die besondere Ausprägung eines Geschwürs, die außergewöhnliche Verkrümmung eines Skeletts, so ging es Rokitansky um das Durchschnittliche und daher Häufige. Er interessierte sich für das Herz nach einem Infarkt, für Tuberkuloselungen, Wucherungen im Darm. Und weil kaum jemand so viele Leichen von innen gesehen hatte wie er, konnte er bald von den befallenen Organen auf den Krankheitsverlauf schließen.

Was Skoda am Patienten zu erhorchen versuchte, betrachtete Rokitansky auf dem Seziertisch. So ergänzten die beiden einander und gewannen bald schon die Anerkennung anderer großer Ärzte ihrer Zeit. Im Umfeld des Berliner Pathologen Rudolf Virchow, ebenfalls in ganz Europa verehrt, nannte man das Duo zwar mitunter despektierlich die Wiener »Tschechen-Clique«, was den Respekt für ihre Leistungen allerdings keineswegs schmälerte.

Die beiden Koryphäen einte vor allem ihre Überzeugung, allein die Wissenschaft bringe die Menschheit voran. Politik, gesellschaftliche Konventionen, ja nicht einmal die neuesten technischen Errungenschaften konnten ihrer Auffassung nach auch nur annähernd Ähnliches bewirken. In einer seiner berühmtesten Reden forderte Rokitansky die »Freiheit der Naturforschung« ein. Die Wissenschaft müsse alles dürfen, damit sie alles erreichen könne. Realismus, Erkenntnisdrang und das Gesetz von Ursache und Wirkung seien »die Quelle unseres heutigen glänzenden Wissens von der Natur«. Wo Forschung anderen Prinzipien folge, führe sie zu »Deutelei und unverständlicher Fiktion«[78].

Schon zu Beginn seiner Karriere in den späten Zwanzigerjahren demonstrierte er den Wienern seine damals noch ziemlich gewöhnungsbedürftige Methode. Er war in die Wohnung eines berühmten Zeitgenossen gerufen worden. Dort wartete Ludwig van Beethovens Leiche auf die Obduktion. Ärzte früherer Generationen hätten sich vermutlich umgehend auf die Suche nach dem göttlichen Funken gemacht oder wenigstens das geniale Gehirn scheibchenweise in Weingeist konserviert. Rokitansky hingegen wollte die Ursache für die Taubheit des Komponisten ergründen. Zunächst entkleidete er den Toten: »Der Leichnam war, insbesondere an den Gliedmaßen, sehr abgezehrt«, protokollierte er. Dann öffnete er das Ohr des Toten. »Die Eustachische Ohrtrompete war sehr verdickt, ihre Schleimhaut angewulstet und gegen den knöchernen Theil etwas verengert.« Die Hörnerven schließlich fand er »zusammengeschrumpft und marklos«[79]. Der Schöpfer der *Mondscheinsonate*, des *Fidelio* und der *Neunten* war auch nur ein Mensch gewesen, noch dazu ein körperlich enorm benachteiligter.

Spätestens unter Rokitanskys Klinge verloren selbst Genies ihren Nimbus.

Als Skoda zu Rokis Wohnung hochstieg, vernahm er Klaviermusik. Anders als sein Kollege konnte er mit den schönen Künsten zwar nicht sonderlich viel anfangen, aber nun hielt er lauschend inne und wurde ein bisschen melancholisch. Die Melodie kam ihm bekannt vor, der *Liebestraum*, wenn er nicht irrte. War denn der Herr Franz zu Besuch? Skoda wunderte sich. Es war doch erst Mittwoch. Normalerweise veranstalteten sein Freund und dessen Frau ihre Salons nur an den Wochenenden.

Er betätigte die Türglocke. Nachdem ihm Maria Rokitansky geöffnet hatte und er hinter ihr in der Stube seine Kollegen Hebra und Semmelweis um Roki versammelt sah, während tatsächlich Franz Liszt am Klavier saß, fiel ihm wieder ein, warum es hier schon vor dem Wochenende rundging: Rokitansky feierte seine Dreißigtausendste, wahrlich eine einmalige Leistung! Kein anderer Pathologe hatte jemals so viele Leichen geöffnet. Rokitansky hatte eine ganze Stadt auf dem Seziertisch gehabt. Leider war Skoda nicht dabei gewesen, als der Meister seine Jubiläumsleiche aufgeschnitten hatte. Diesen großen Moment hätte er gern mit ihm geteilt.

Er blickte an sich herab, Schuhe, Hose, Überrock wirkten allesamt etwas zu schäbig für den Anlass und auch nicht sonderlich sauber. Weggefährten wendeten seine Nachlässigkeit in Kleidungsfragen aus Ehrfurcht ins Positive, sagten, dass wechselnde Moden den Professor eben nicht tangierten. Skoda selbst rechtfertigte sich damit, dass er als Student bei einem alten Schneider untergekommen war, der ihn noch Jahrzehnte danach mit inzwischen historisch geschnittenen Hosen und Gehröcken versorgt hatte. Aus Dankbarkeit trage er sie eben auf. Für Rokitanskys Jubiläum hätte er sich wahrscheinlich bei der Wahl seiner Garderobe ein bisschen mehr angestrengt, wäre ihm der Termin nicht entfallen.

Plötzlich verstummten die Gespräche, Roki hatte seine Frau zum Klavier geführt, und nun sang sie eine Arie. Das hatte nichts mit der üblichen Hausmusik zu tun, das war bühnenreif, fand Skoda. Maria Rokitansky war ja auch keine Amateurin. Sie hatte eine professionelle Ausbildung genossen, bei keinem Geringeren als Antonio Salieri, den die Nachwelt durch Peter Shaffers Theaterstück und den Film *Amadeus* von Milos Forman als Mozarts rachsüchtigen, weil talentfreien Rivalen kennenlernen sollte. Tatsächlich war er weder rachsüchtig noch unfähig, hatte einfach nur das Pech gehabt, zur selben Zeit und in derselben Stadt zu wirken, in der auch ein Genie wie Mozart komponiert hatte und in der Rückschau alles überstrahlte.

Nach dem Applaus für die Sängerin führte Rokitansky seinen Freund ins Arbeitszimmer. Skoda hatte etwas auf dem Herzen. Aus Respekt vor den anderen Gästen wechselten die beiden erst ins Tschechische, als der Hausherr die Tür hinter ihnen geschlossen hatte. Kaum saßen sie, legte Skoda los: Schluss mit den wohlmeinenden Artikeln in den Ärzteblättern, Schluss mit den Diskussionen über Wiens eklatante gesundheitliche Mängel in der Gesellschaft der Ärzte, der Rokitansky vorstand. Man müsse endlich diejenigen zur Vernunft bringen, die für das Malheur verantwortlich waren – und dennoch so taten, als hätten sie alle Zeit der Welt. Typhus und Tuberkulose grassierten in der Stadt, und im Osten des Kontinents lauerte die Cholera. Niemand konnte sagen, wann sie nach Österreich gelangte. Aber kommen würde sie, das lag in der Natur der Sache.

Skoda blickte sich um, er fühlte sich beobachtet. Zwei hohle Augen starrten ihm vom Bücherregal entgegen.

»Das wird doch nicht der Herr Beethoven sein?«

»Nein, nicht Beethoven«, erwiderte Rokitansky.

»Gestatten, Joseph Haydn.« Ein Bekannter habe ihm den Schädel überbracht, er werde ihn ins pathologische Institut überstellen, weil er keine Leichenteile in der Wohnung wolle. Skoda drehte Haydn ein wenig nach links, damit er ihn nicht mehr so unverschämt anglotzte.

Jedenfalls, fuhr er fort, war der Gemeinderat gerade dabei, eine historische Chance zu verspielen. Anstatt endlich das bestmögliche Wasser zu organisieren, um sämtliche Seuchen aus der Stadt zu spülen, wurde gestritten. Rokitansky nickte. Auch ihm war schleierhaft, wie ein so bedeutendes Thema mit so geringen Ambitionen in Angriff genommen werden konnte. Wie wäre es mit einem Brief an den Herrn Bürgermeister? Skoda schüttelte den Kopf. Kein Brief, der würde doch nichts bewirken. Sie brauchten etwas mit mehr Wucht. Eine schonungslose Denkschrift! Adressiert an den ganzen Gemeinderat, veröffentlicht in Fachmagazinen.

Draußen donnerte Liszt in die Tasten, etwas Ungarisches diesmal. Auch Skoda und Rokitansky ließen sich wohl von der kraftvollen Musik inspirieren, einen Satz nach dem anderen brachten sie zu Papier. Zweieinhalb Stunden später war das Werk vollbracht, das über eine Denkschrift weit hinausging. Es war eine Waffe, gegen diejenigen gerichtet, die Wien künftig mit Donauwasser oder halbgaren Alternativen beglücken wollten.

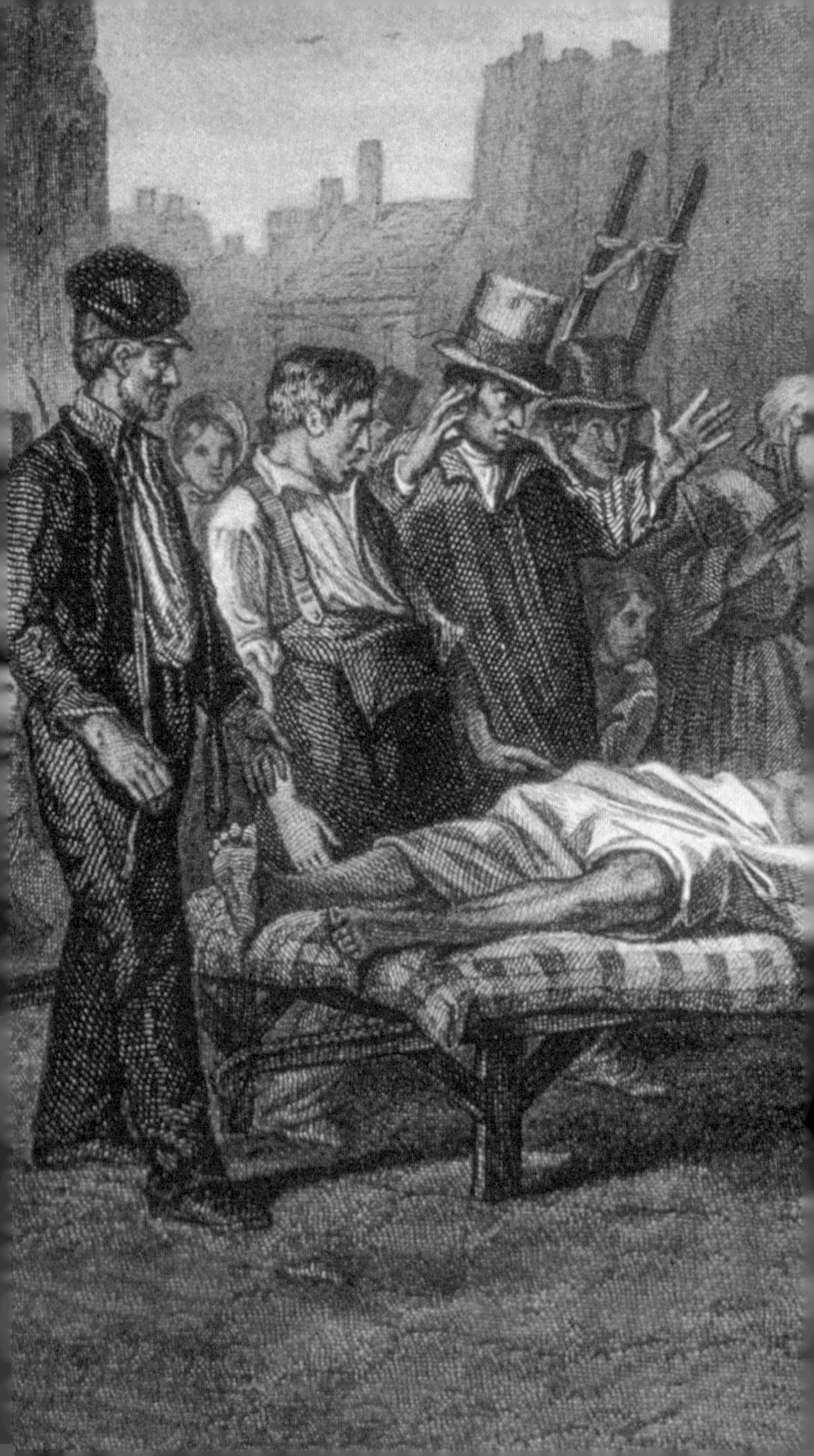

Zur Schau gestellte Qualen – die Cholera in Paris

8

CHOLERA: DAS GROSSE STERBEN

Europa und Amerika, 1830–1837

Im Frühjahr 1830 rüstete Moskau auf, als wäre wieder einmal die Grande Armée im Anmarsch. Unter Napoleon waren die Franzosen 1812 in die Stadt eingedrungen, diesmal musste der Feind um jeden Preis vernichtet werden. Im Gouvernement Orenberg wütete er schon seit einem Jahr, auch Astrachan war in Mitleidenschaft gezogen worden, und von Persien näherte sich ein weiteres Kontingent der russischen Grenze, überschritt sie, stieß ins Herz des Zarenreichs vor. Moskau sandte Kundschafter aus, die Schauerliches berichteten: furchtbar entstellte Leichen, Hunderte, Tausende, viel zu viele. Und der Feind? Der blieb unsichtbar, wenngleich mancher berichtete, er hätte ihn in Form einer Staubwolke über die Dörfer wirbeln sehen.

Vier Jahre nach ihrem ersten Marsch nach Westen schlug die Cholera wieder zu. Sie war 1824 nicht verschwunden, hatte nur ihre Kräfte gesammelt. Und diesmal sollte ihr gelingen, was bisher kein noch so tyrannischer Herrscher vermocht hatte: Sie würde die ganze Welt erobern. Moskau lud seine Geschütze, postierte Abertausende Soldaten an der

Stadtgrenze, trug sogar Brücken ab, damit sich kein Kranker einschleichen konnte.

Jeder, der in die Stadt wollte, musste vierzehn Tage lang in Quarantäne. Wer die Vorschrift missachtete, wurde umgehend erschossen. Die Anspannung wuchs. Dann verzeichnete Moskau die ersten Toten, vereinzelt, als testete die Seuche die Widerstandskraft der Stadt. Am 18. September 1830 entwickelte sie sich zur Epidemie. Insgesamt erkrankten neunzehntausend Einwohner, die Sterberate betrug etwa fünfzig Prozent.

Schon zog die Cholera weiter, nun wurde man auch in Preußen und Österreich nervös. Wie in Russland oblag die Seuchenabwehr dem Militär. Die Truppen errichteten Sperranlagen und Quarantäneanstalten. Wer sich nicht an die Maßregeln hielt, sollte auch im Westen standrechtlich erschossen werden. Inzwischen waren führende Ärzte der Meinung, die Cholera werde doch von Mensch zu Mensch übertragen, und zwar durch Berührung. Die totale Abriegelung sollte sie zum Rückzug zwingen.

Die österreichischen Zeitungen verzweifelten unterdessen an ihren unzuverlässigen Quellen. Die Seuche habe in Russland fast überall aufgehört, hieß es am 6. Oktober 1830, alle anderen Gerüchte »sind völlig grundlos«[80]. Ein paar Tage später wurde das Gegenteil behauptet. Am 13. November wieder Entwarnung. Tatsächlich reichte die Front der Cholera zum Ende des Jahres von der Ostsee bis zum Schwarzen Meer.

Das österreichische Bollwerk, das an der galizischen Grenze errichtet worden war, schien sich zu bewähren. Die Anordnung von Kaiser Franz I., dort jeden Brief zu öffnen und zu räuchern, selbst alle Waren wochenlanger Quarantäne zu unterwerfen, beweise die »für das Wohl Ihrer Unterthanen stets rege väterliche Sorgfalt Sr. Majestät«[81]. Dass Nahrungsmittel verdarben und Beamte bei der Gelegenheit fremde Post lasen, war gefälligst hinzunehmen.

Dann überrollte die Cholera Polen, griff sich Galizien, drängte nach Ungarn. So wehrhaft sich die Grenzanlagen auch präsentierten, die Seuche fand immer eine Lücke. Kurz darauf stand sie vor Wien. Panik kam auf, allerdings nicht in dem Maße wie im ebenfalls bedrohten Berlin. Dort, so berichtete der Schriftsteller Adolf Streckfuß, hätten sich Menschen sogar erhängt, um der Cholera zu entgehen. »Die Cholerafurcht nahm so überhand, daß sie zum Wahnsinn ausartete.«[82]

In Wien gab es vermeintlich Wichtigeres als die Bedrohung. Zum Beispiel wollte der Kulturredakteur des Wiener Unterhaltungsblatts *Der Sammler* nicht einsehen, dass sich der Direktor des Karlsbader Theaters wegen der Seuche mit einem Notprogramm begnügte. Wo blieben die ambitionierten Bühnenproduktionen?

Offiziell kapitulierte die Cholera an den Sperranlagen vor Wien. In der Stadtmitte bot sich ein anderes Bild. Ein Toter war am 10. August eilig abtransportiert worden, dann ein zweiter und dritter ein paar Häuser weiter. Doch die Zeitungen simulierten eine heile Welt, selbst dann noch, als die Seuche von Vorstadt zu Vorstadt sprang.

Die Redakteure befanden sich in einer heiklen Lage. Würden sie das Offensichtliche vermelden, hieße das ja, die kaiserlichen Maßregeln taugten nichts. Also dachte man sich andere Todesursachen für die Opfer aus, zum Beispiel Altersschwäche. Weil die achtzehnjährige Eleonara Knott dafür eindeutig zu jung war, wurde behauptet, »der gierige Genuß von weichem Brote, ungekochtem Hollunder, dann Gurken und Obst, wahrscheinlich verbunden mit dem Trunke kalten Wassers«[83] habe sie zugrunde gerichtet. Nie zuvor war Schlemmerei in Wien so tödlich wie im Sommer 1831.

Schließlich kassierte der Kaiser sämtliche Anordnungen. Wenn nun jemand an der Cholera starb, lag es zumindest nicht mehr an seinen Eingriffen in den Alltag der Untertanen. Außerdem hatte er den Verdacht, dass weniger die Cholera, vielmehr seine Maßregeln das Volk bedrückten. Seine Majestät fürchtete allzu rigorose Vorschriften auch deshalb, weil sie die Wirtschaft lähmten. In St. Petersburg und Königsberg hatte der Quarantänezwang daher massive Unruhen ausgelöst.

Für Cholerapatienten und alle, die in den Wochen der Quarantäne ihre Arbeit verloren hatten, organisierte Franz I. lieber große Spendenaktionen. Wer etwas beitrug zur Linderung der Not, dessen Name wurde tags darauf auf den ersten Seiten der Zeitungen abgedruckt, wo sich die Liste der Helfer bald über mehrere Spalten erstreckte. Der Pfarrer von Oberdöbling hatte beispielsweise ein Bett und einen halben Eimer Wein übrig, ein anderer gab eine Strohmatratze und ebenfalls Wein. Die verschiedensten Alltagsprodukte fanden sich auf der Liste, aber Alkohol rundete fast jede Gabe ab, er wurde zu einer Art Währung der Großherzigkeit.

Im Tanzlokal *Zum Sperl* in der Leopoldstadt saß eines Abends ein aufstrebender Komponist namens Johann Strauss missmutig mit Herrn Scherzer, dem Betreiber, zusammen. Das Parkett wartete auf Tanzpaare, die wegen der Cholera nicht kamen. Still war es, grabesstill. Plötzlich richtete sich der Musiker auf:

»Scherzer – das kann nicht mehr so fortgehen!«[84], polterte er. Der Wirt gab zu bedenken, dass eben erst der Leichnam des Regenschirmmachers nebenan abgeholt worden sei, ein weiteres Opfer der Seuche. Es werde wohl so trübsinnig weitergehen müssen. An Tanz war doch unter solchen Umständen nicht zu denken.

Strauss sah das anders: »Weißt Du was, wir müssen zusammen ein großes Fest veranstalten, bei Dir, beim Sperl. Ball, Illumination …«

»Hör auf«, fiel ihm Scherzer ins Wort, »jetzt bei der Zeit!« Strauss blieb hartnäckig, erstens brauchte er die Tantiemen, zweitens war der Walzer, auf den er sich spezialisiert hatte, viel zu jung, um an den Folgen der Cholera zu sterben wie der Regenschirmmacher. Seit gerade einmal dreißig Jahren gab es ihn in Wien, nachdem der »Wiener Walzer« im späten achtzehnten Jahrhundert erstmals in einem Breslauer Konzertprogramm erwähnt worden war. Dank des Komponisten und Musikers Franz Pechatschek hatte ihn sich die Reichshauptstadt kurz darauf zu eigen gemacht, zunächst als Wirtshausmusik, schon bald auch im Saal *Zur Mehlgrube* an der Kärntner Straße. Der Name erinnerte noch an das vormalige Getreide- und Mehldepot an der Stelle, bevor der Barockarchitekt Johann Fischer von Erlach einen zweistöckigen Vergnügungspalast schuf.

Der neue Betreiber des Etablissements erkannte früh, worauf es bei dem Drehtanz im Dreivierteltakt ankam, und ließ das Lokal mit Parkett ausstatten. Denn der Walzer in seiner Wiener Spielart war eine Temponummer, die Tänzer benötigten glattpoliertes Geläuf. Nichts sollte die Dynamik bremsen. Das »Tanzen mit Sporen« war daher strengstens verboten.[85]

Der zweite Pionier neben Herrn Pechatschek hieß Josef Wilde. Er war Tanzkapellmeister und Musikdirektor der Redoutensäle, den Musik und Bällen gewidmeten Räumen der Wiener Hofburg. Wilde kam das Verdienst zu, das Wirtshausgeschöpf Walzer in den allerhöchsten Kreisen etabliert zu haben, beim Wiener Kongress von September 1814 bis Juni 1815. Anders als Ländler oder Menuett, der eine wurde im Gasthaus oder bei Dorffesten getanzt, das andere in den Refugien des Adels, setzten sich die neuen Klänge spielend über die Ständeordnung hinweg.

Der Komponist Michael Pamer schließlich inspirierte mit seinen Werken die ersten Stars des Genres: Josef Lanner und Johann Strauss, die zunächst gemeinsam musizierten und einander danach, in den späten Zwanzigerjahren, als Konkurrenten zu Höchstleistungen trieben.

Bald hatten beide ihre eigenen Anhänger und ihren eigenen Klang, Lanner, der Mann für seelenvolle Melodien, Strauss, der Spezialist für Rhythmus und Tanzbarkeit. Seine Takte waren der musikalische Treibstoff einer neuen Generation, die so elegant wie nie über das Parkett kreiselte. Große Karrieren standen den Komponisten und dem Wiener Walzer bevor, doch dann kam die Cholera und bedrohte ihre Kunst. Weder der eine noch der andere ließ sich unterkriegen, zu viel stand auf dem Spiel – für sie selbst, für Wien, für die Welt. Nach dem genialen Avantgardisten Beethoven schien die Gesellschaft bereit zu sein für die erste Form der Populärmusik, die niemanden ausschloss, weil sie allen zu Herzen und in die Beine ging.

Herr Scherzer, der *Sperl*-Wirt, blieb bis zuletzt skeptisch, ob ein Tanzfest in Seuchenzeiten eine gute Idee war. Er befürchtete hohe Ausgaben, aber ein schlecht besuchtes Lokal. Dennoch ließ er Plakate drucken und schaltete Anzeigen in der *Wiener Zeitung*[86]. Neben dem inzwischen stadtbekannten Repertoire wollte Strauss auch einen neuen Walzer präsentieren, dessen Titel in Wien zum Mantra der Cholerajahre wurde: *Heiter auch in ernster Zeit*.

An besagtem Abend eilten die einen ins *Sperl*, um der Tristesse zu entkommen, die anderen wollten sich das Fiasko anschauen, weil doch gewiss niemand in diesen finsteren Tagen feiern würde. »Und um zehn Uhr abends waren auch bereits alle Säle und Nebenlokalitäten mit Menschen überfüllt«[87], hieß es. Der *Sperl*-Wirt hatte sich getäuscht. Dann griff Johann Strauss zur Geige und eröffnete das Fest mit einem Freudentriller.

Kaum war der erste Walzer verklungen, »brach ein Beifallssturm los, wie man es in diesen Räumen noch selten erlebte«. Champagnerkorken knallten, man jubelte, tanzte und feierte bis zum Morgen.

Die Residenzstadt schien aufzuatmen. »Das Volk von Wien ist jetzt gegen die Seuche höchst gleichgültig«, staunte der Korrespondent des renommierten Stuttgarter *Morgenblatts für gebildete Stände*:

> »Schon auf der Herreise bemerkte ich, wie mit der Annäherung an Wien die Angst immer mehr abnahm. In Oberösterreich lagen in den Dörfern Weiber und Kinder in den Gassen auf den Knien und flehten [...] um Abwendung der Krankheit; in Linz [...] war schon die Besorgniß sehr gering, und in Wien hat jetzt die Angst fast dem andern Extrem, dem Leichtsinn, Platz gemacht.«[88]

Nicht nur im *Sperl*, auch auf anderen Podien waren Konzerte von Johann Strauss und Joseph Lanner bald wieder ausverkauft. Im Walzertakt flohen die Menschen vor der Seuche, zumindest in Gedanken.

»Wer dem Wiener selbst in den größten Bedrängnissen etwas zu lachen gibt, der ist sein Mann«[89], schrieb der österreichische Schriftsteller Joseph Alois Gleich unter dem Pseudonym Heinrich Walden. Die ganze Stadt sei jetzt musikalisch, frohlockte er während des ersten großen Seuchenzugs. Natürlich falle es manchem schwer, ein Instrument zu erlernen, aber es gehöre zum guten Ton, sich zumindest eines in den Salon zu stellen.

Selbst angesehene Mediziner wie der österreichische Pathologe und Pharmakologe Joseph Johann Knolz meinten, ein »ungetrübter Fortgenuß der gewohnten Lebensweise«[90] sei das beste Mittel gegen die Seuche. Und die österreichische *Gesundheits-Zeitung* dozierte: »Das Vergnügen treibt mit wohlthätig milder Schnelligkeit unser Blut durch Herz, Lunge und den ganzen Körper und befördert dadurch unsere Gesundheit aufs Beste.«[91] Tanzen und Lachen habe etwas Belebendes, beides sei daher heilsam.

Ärzte, die von der Übertragung der Krankheit durch Berührung ausgegangen waren, gerieten in die Defensive. Schließlich hatte sich die Cholera weder um das Quarantäneregime noch um geräucherte Briefe und in Seifenlauge gereinigte Münzen geschert. Wie vor ein paar Jahren in Indien waren nun wieder jene Mediziner im Vorteil, die eine Infektion von Mensch zu Mensch ausschlossen.

Bis zum 3. November 1831 waren in Wien schon Hunderte gestorben, trotzdem höchste Zeit, an das »Wiederherannahen der Faschingszeit« zu erinnern, fand die *Wiener Theater-Zeitung*. Die Cholera erlosch allerdings erst im März des darauffolgenden Jahres. Zu diesem Zeitpunkt waren viertausenddreihundertzweiundsechzig Wiener erkrankt, etwa die Hälfte davon gestorben.[92] In der ganzen Monarchie gab es nach amtlicher Zählung ungefähr achthundertdrei-

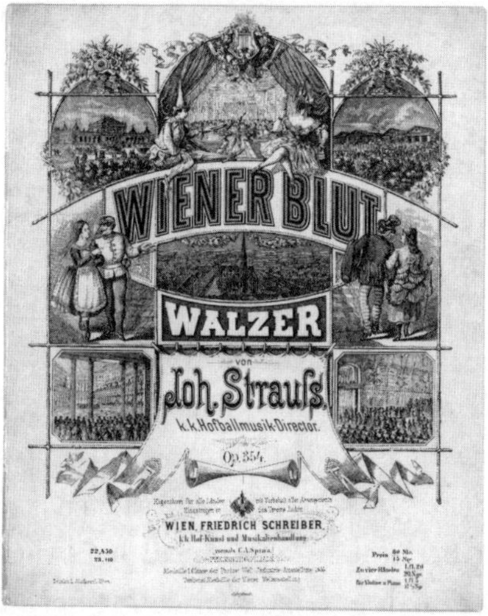

Mit Walzern wie Wiener Blut, op. 354, übertraf Johann Strauss Sohn später die Erfolge seines Vaters

tausend Cholerakranke und dreihundertdreiundzwanzigtausend Tote.

Im Norden war die Seuche unterdessen über Hannover und Hamburg hergefallen, verheerte nun das britische Empire. London verlor neuntausend Einwohner. Noch waren nicht alle Toten beerdigt, da drängte die Cholera schon per Schiff aufs offene Meer. Im Mai 1832 fielen ihr die ersten Kanadier zum Opfer, dann war New York an der Reihe, wenig später New Orleans. Auf Schiffen erkrankte Europäer hatten sie inzwischen auch in Südamerika eingeschleppt. Weil sich die Cholera außerdem von Indien ostwärts bis nach China und Australien erstreckte, galt sie nun als erste Pandemie des neunzehnten Jahrhunderts, als weltumspannender Fluch.

Sie herrschte von New York bis Rio de Janeiro, von Berlin bis Peking, besaß trotzdem noch genug Reserven, um nun jene Orte heimzusuchen, die sie bei der Expansion übersehen hatte. Paris war dem ersten Angriff entgangen, nun allerdings sickerte die Seuche von Irland aus ein. Sie brach beinahe gleichzeitig in Calais und in der Metropole aus, wo Heinrich Heine als Korrespondent für die *Augsburger Allgemeine Zeitung* arbeitete.

»Es war eine Schreckenszeit«, resümierte er, »weit schauerlicher als die frühere, da die Hinrichtungen so rasch und so geheimnisvoll stattfanden.«[93] Die Cholera tötete vor aller Augen. Weil es in Paris bald an Särgen fehlte, wurden die Leichen in Säcke gesteckt und auf offener Straße gestapelt. Ausgerechnet bei einem Maskenball habe sich die Seuche erstmals in der Stadt gezeigt, schrieb Heine. Sie befiel einen Harlekin und andere verkleidete Gäste, die binnen kürzester Zeit qualvoll starben. »Da man in der ersten Bestürzung an Ansteckung glaubte, […] so sind jene Todten, wie man sagt, so schnell beerdigt worden, dass man ihnen nicht einmal die buntscheckigen Narrenkleider auszog, und lustig, wie sie gelebt haben, liegen sie auch lustig im Grabe.«[94]

Die Cholera stürzte sich danach ein weiteres Mal auf Wien. Ihr zweiter Besuch kostete zweitausend Menschenleben. Sie wütete abermals in Nordamerika, fiel in Mexiko ein, zog sich dann nach Europa zurück, um viele Städte ein drittes Mal zu überwältigen, darunter auch Wien, wieder zweitausend Leichen.

Trotz ihrer Lebensfreude waren die Wiener nicht geschont worden. Trotz der Tragödie tanzten sie weiter. Auch der Vater des Schriftstellers Oscar Wilde, der Arzt William Wilde, der unmittelbar nach der ersten Pandemie bei Josef Skoda im Allgemeinen Krankenhaus hospitierte, staunte über die »Tanz-Manie« in den Wirtshäusern und sogar auf den Straßen. »Es ist wirklich berauschend für einen Fremden, so viele Dinge um einen herum zu sehen, die sich im Kreis drehen – Männer, Frauen und Kinder – […] die Glücklichen und die Melancholischen«[95], notierte der junge Mediziner. Kaum ertöne irgendwo ein Walzer, springe der Kutscher von seinem Wagen, lasse die Wäscherin ihren Korb fallen, und Arm in Arm drehten sie sich im Takt.

Was das Amüsement betraf, war William Wilde ein vertrauenswürdiger Zeuge. Mit Ottilie von Goethe, der Schwiegertochter des deutschen Dichterfürsten, zog er in Wien um die Häuser. Und seine authentischen Schilderungen deuteten darauf hin, dass er kein Lokal ausgelassen hatte.

Der Walzer war in den Jahren der Cholera zu einem der erfolgreichsten Exportprodukte der Monarchie aufgestiegen. Auf ihren Tourneen hatten ihn Lanner und Strauss über halb Europa verbreitet. Mit dessen Bedeutung wuchs die Orchestergröße. Hatte Lanner zunächst mit einer Handvoll Musikern aufgespielt, so versammelte sich bald ein Dutzend auf dem Podium der Tanzsäle. In den frühen Vierzigerjahren sollte Strauss schließlich mit dreiundzwanzig Instrumentalisten auf Reisen gehen. Manche sagten, die beiden Experten der leichtgewichtigen Musik hätten aus dem Dreivierteltakt alles herausgeholt – mehr ging nicht.

Wohl auch deshalb sollte es Johann Strauss der Jüngere in den Monaten nach dem Tod seines Vaters 1849 ziemlich schwer haben, seine Karriere als Komponist zu lancieren. Viele Wiener ertrugen es nicht, dass sich jemand an ihrer Lieblingsmusik vergriff, und sei es der Sohn eines der beiden großen Meister. Die Ressentiments verschwanden nach den ersten Konzerten. Verblüffend, beim Walzer war ja doch noch Luft nach oben! Der junge Strauss hatte es allen gezeigt.

Kaum ein anderes österreichisches Gewässer wurde derart akribisch auf seine Qualität geprüft wie der Kaiserbrunnen vor dem Bau der Wiener Hochquellenleitung

9

ZEIT DER NARREN

Wien, 1864

Nachdem Zelinka die Reste seiner Zigarre entsorgt hatte, bestellte er Felder zu sich. Die Herren Professoren Skoda und Rokitansky hatten sich für die nächste Gemeinderatssitzung angekündigt, und der scharfe Ton, in dem das Eilschreiben verfasst war, hatte den Bürgermeister spontan auf die Idee gebracht, an besagtem Tag anderweitig beschäftigt zu sein.

Ihm fehlte die Kraft für weitere Tumulte. Deshalb sollte sein Vize die Sitzung leiten.

Felder hingegen war der Besuch der beiden Professoren willkommen. Sie genossen hohes Ansehen, auch wenn viele über deren neumodische Methoden den Kopf schüttelten, vor allem deren Versuche, ins Privatleben der Menschen hineinzudirigieren, als Anmaßung empfanden. Aber der Respekt vor Ärzten war von Natur aus größer als vor anderen Wissenschaftlern.

Denn niemand konnte ausschließen, dass er der Nächste in Skodas Klinik oder auf Rokitanskys Seziertisch war und dann natürlich auf vorzügliche Behandlung hoffte.

Über Wiens Wasserversorgung wollten die Ärzte vor dem Plenum sprechen. Schmeichelhaftes war nicht zu erwarten.

Sie betraten den Ratssaal ganz in Schwarz, voran Rokitansky, Skoda zwei Schritte hinter ihm. Kaum hatte sich Felder erhoben, um Hände zu schütteln, standen sie schon am Pult. Die Gemeinderäte verstummten. Die Autorität der beiden machte Eindruck. Rokitansky reichte seinem Kollegen das Manuskript. Skoda ordnete die Papierbögen und legte los. Die erste Beleidigung kam ohne Anlauf:

> »Es ist eine durch die Ziffern der Erkrankungen und der Sterblichkeit unwiderleglich festgestellte Thatsache, [...] dass Wien das traurige Vorrecht besitzt, die ungesundeste Grossstadt des europäischen Continents zu sein.«[96]

Gemeinderat Much sprang auf, bemerkte, dass Herr Steudel schon stand, und warf ihm einen bösen Blick zu. Er war es gewohnt, der Erste zu sein, der durch Einsprüche die Wiener Wasserangelegenheiten verschleppte. Keinem von beiden wurde das Wort erteilt. Eduard Suess und Cajetan Felder waren mit Skodas schonungsloser Eröffnung äußerst zufrieden.

Nicht klimatische Einflüsse oder die geografische Lage seien schuld an der Misere, fuhr der Mediziner nun fort:

> »Die Ursache des ungünstigen allgemeinen Gesundheitszustandes Wien's liegt vielmehr zum grössten Theile darin, [...] dass man dem Rathe und den Mahnungen der Wissenschaft allzuwenig und immer nur zögernd folgte, sie liegt in der Vernachlässigung der Lehren der Gesundheitspflege, die man in anderen Grossstädten [...] schon früher zu würdigen verstand.«[97]

Der Gemeinderat habe den größten Fehler überhaupt begangen: Durch Nichtstun habe er jahrelang die Wiener Bevölkerung gefährdet. Im Gegensatz zum Inhalt seiner Rede wirkte Skodas Ton beinahe freundlich. Konzentriert und ruhig folgte Satz auf Satz, der leichte tschechische Akzent hatte durchaus Charme, und der Verzicht auf Füllwörter und Floskeln machte es den Zuhörern leicht, den Überblick zu behalten. Manche seiner Studenten beschrieben Skodas Art des Vortrags als monoton, aber nie langweilig. Er begeisterte selten, er fesselte immer. Die Gemeinderäte wirkten vor allem perplex.

Selbstverständlich waren sie es gewohnt, untereinander auszuteilen und einzustecken, Gebrülltes mit Gebrülltem zu vergelten. Wie aber kamen Gäste dazu, die ehrenwerten Kommunalvertreter derart herunterzuputzen?

Schon Professor Suess hatte sich bei seinem ersten Besuch grenzwertig verhalten. Die Herren Experten brauchten sich nicht zu wundern, wenn ein Studierter in Wiener Satirezeitschriften als »Dr. Wasserkopf«[98] geschmäht wurde, der in der Theorie alles, vom Praktischen aber nichts verstand.

»Mit einer fast an Härte grenzenden Aufrichtigkeit verhehlte Skoda dem Patienten niemals das Bedenkliche seines Zustandes«[99], beschrieb ein Zeitgenosse die Arbeitsweise des Mediziners im Krankenhaus. Bei dessen Vortrag im Rathaus fiel der Residenzstadt die Rolle des Patienten zu, auch wenn viele Gemeinderäte meinten, dass der Schwerkranke für seine Verhältnisse noch gut genug aussah, um sanitäre Reformen verzögern zu können.

Nun knöpfte sich Skoda die Fischa-Dagnitz vor. Sie sei zu warm und wohl auch nicht frei von Ammoniak. Der Gemeinderat möge sich nach besseren Quellen umsehen. Nicht einmal eine Minute hatte der Arzt gebraucht, um August Zangs Projekt abzukanzeln.

In der Politik übertraf nicht das Bessere das Gute wie an zeitgenössischen Universitäten, hatte Cajetan Felder dem Geologen Suess nach dem Malheur in Zelinkas Arbeitszimmer eingeschärft. Das Geschmeidige und charmant Vermittelbare triumphierte über das Ambitionierte und Komplizierte. Die Alpen anzuzapfen war leider sowohl ambitioniert als auch höchst kompliziert. Also hing alles von ihrer Taktik ab, vom richtigen Moment, in dem eine Wasserleitung in die Berge wie der letzte Ausweg erschien, um Wien zu retten. Nachdem Skoda sein Referat beendet hatte, trat Felder ans Rednerpult. Die Stunde der Hochquellenwasserleitung schlug in diesem Augenblick.

Einige Monate später begaben sich achtzig Herren auf eine Expedition, die Wien dauerhaft verändern sollte. Das allerdings wussten sie zu diesem Zeitpunkt noch nicht. Verschlafen trotteten sie am Südbahnhof zum eigens für diesen Anlass abgestellten Sonderzug und fragten sich eventuell, ob es tatsächlich klug war, ausgerechnet an einem Sonntag aufzubrechen, noch dazu schon vor sieben Uhr früh! Hoffentlich war der Lokführer gnädig und überstürzte nichts, damit der Zug nicht so arg wackelte und sie im Waggon noch zwei, drei Stunden Schlaf nachholen konnten. Nicht einmal Herr Much hatte etwas zu sagen. Herr Steudel hüllte sich ebenfalls in Schweigen, ein Indiz dafür, dass man zu zeitig auf den Beinen war.

Die Resonanz auf die von Cajetan Felder präsentierte Idee, die Hochquellen nach Wien zu leiten, war zunächst eher durchwachsen gewesen. Anders als die Fischa-Dagnitz kannten zwar viele Gemeinderäte den Kaiserbrunnen von ihrer Sommerfrische in Reichenau. Dadurch wussten sie aber auch, wie weit die Quelle von Wien entfernt war. Sehr weit, zu weit! So sehr sich Felder auch anstrengte, die verstörten Gemeinderäte nach dem Vortrag der Ärzte für das Alpenwasser zu begeistern, überwog die Skepsis. Bis Eduard Suess den entscheidenden Antrag stellte, der abrupt die Laune hob: Auf Kosten der Kommune sei eine Besichtigung des Kaiserbrunnens und der Fischa-Dagnitz zu unternehmen, damit sich jeder ein Bild von den Quellen machen konnte.

Aus zwei Gründen faszinierte das viele: Erstens sollten Verköstigung und Hotelübernachtung inbegriffen sein, was die verlockende Aussicht auf zwei behagliche Tage in der Natur bot. Zweitens war es neu und daher spannend, dass sich die Gemeinderäte tatsächlich gemeinsam an den Ort des Geschehens begaben, bevor sie Entscheidungen trafen. Entsprechend reagierte die Presse: Von der »Hochquellen-Expedition«, sogar von einer »Forschungsreise« war die Rede, um diesem ungewöhnlichen Ereignis die Bedeutung zu geben, die es verdiente.

Weil Politiker, die in freier Wildbahn tätig wurden, nicht nur ein ungewöhnlicher Anblick sein würden, sondern auch einer, der zu spöttischen Bemerkungen geradezu herausforderte, beantragte Suess zwei Reisen: eine für die Gemeinderäte unter Ausschluss der Presse und eine zweite für Journalisten. In beiden Fällen sollten Wissenschaftler die Projekte vor Ort erklären. Wenn nicht nur die Abgeordneten, sondern auch die Öffentlichkeit aus erster Hand informiert wurden, werde sich bald ganz Wien nach dem Wasser des Kaiserbrunnens sehnen und den Druck auf die Kommunalpolitiker erhöhen, hoffte der Geologe.

Fast alle Reporter achteten die Vorgaben und begnügten sich mit der Journalistenreise. Nur der Berichterstatter der

Morgen-Post wollte unbedingt die Herren Gemeinderäte in den Bergen beobachten. Er versteckte sich in der Nähe des Kaiserbrunnens, bereit, den Lesern zu berichten, wie sich die Herrschaften in der Provinz schlugen:

> »Eine Reihe von zweiundzwanzig Kutschen hält vor dem Wirthshause am Kaiserbrunnen, achtzig Herren steigen mit bewunderungswürdiger Behendigkeit aus und formiren den Zug, der sich, den im Hinterhalte lauernden Journalisten nicht ahnend, in frohester Stimmung dem Ursprunge der Quelle nähert. [...] Wir merkten nichts von Parteireibungen. Arm in Arm wandelten sie dahin, sich um keine andere Farbe kümmernd als um des Waldes herrliches Grün.«[100]

Arm in Arm? Der Reporter maßte sich zwar nicht an, über den einen oder anderen Obstler zu spekulieren, den sich die Gäste aus Wien auf dem Weg von Reichenau hierher genehmigt haben mochten, erwähnte aber durchaus, wie verblüfft er war ob der »Urgemüthlichkeit«, die der »löbliche Gemeinderath« bei dieser für Wiens Zukunft so bedeutenden Forschungsreise an den Tag legte. Man hatte die Müdigkeit längst aus den Gliedern geschüttelt und war nun geradezu beschwingt.

Dennoch wurde das Wasser einigermaßen ernsthaft verkostet, das war man der Wiener Bevölkerung schon schuldig. Während die Herren ihre mitgebrachten Becher leerten, nahmen sie die Gegend in Augenschein. Felsen, wohin sie blickten, die Schwarza schlängelte sich dazwischen hindurch, schwierig, schwierig, die Wasserleitung müsste also durch das Gestein getrieben werden. Allein für die Strecke bis Reichenau war das eine gewaltige Herausforderung.

Die Gemeinderäte verkosteten das Wasser ein weiteres Mal, diesmal kritischer. War der Kaiserbrunnen tatsächlich gut genug, um einen solchen Aufwand zu rechtfertigen? Billig würde das nicht werden. Strömte denn überhaupt genug Wasser aus dem Berg, um ganz Wien damit zu versorgen? »Herr Professor Sueß, in das originelle Kostüm eines vollkommen gerüsteten Naturforschers gehüllt, versicherte, daß der Hauptquell heute binnen 24 Stunden eine Million Eimer Wasser liefere«, notierte der Reporter. Danach verließ er sein Versteck und gab sich den Gemeinderäten zu erkennen.

Sie waren keineswegs verärgert über die Störung. Der Berichterstatter kam ihnen sogar sehr gelegen, um sie von der ernsthaften Beschäftigung mit dem Kaiserbrunnen ein wenig abzulenken. Schon luden sie ihn ein, sie anschließend auch noch ins Gasthaus zu begleiten. Dieses Angebot schlug er allerdings aus, er habe seine Prinzipien und werde nur jenen Teil der Reise beobachten, der die Wiener Wasserfrage betraf.

Einige der älteren Abgeordneten wollten das nicht gelten lassen. Doch nicht einmal der Kleyhonz Josef, Kunsttischler im Hauptberuf, konnte den Journalisten umstimmen, »als er sich zutraulich an uns anschmiegte mit den Worten: ›Ich lass' Sie nimmer aus.‹«[101] Inzwischen waren die Männer hungrig. Außerdem ballten sich dunkle Wolken über den Gipfeln. Doch Eduard Suess war noch nicht fertig. Er habe die Quelle inzwischen analysieren lassen, nicht einmal Wiens beste Chemiker hätten darin den kleinsten Partikel einer bedenklichen Substanz gefunden. Mit vier Grad sei das Wasser außerdem kalt genug, um in Wien auch noch nach seiner langen Reise durch Leitungskanäle und über Aquädukte zu erfrischen.

Dann wurde endlich im Waissnix-Wirtshaus getafelt. Anschließend besichtigte die Delegation ganz in der Nähe noch eine zweite Alpenquelle bei Schloss Stixenstein. Weil einigen der Kaiserbrunnen zu schwächlich erschienen war, schlug Eduard Suess eine Kombination beider Gewässer vor, damit die durstigen Wiener keinen Mangel leiden mussten.

Mehr als für das Wasser, das dort breitflächig über den Hang floss, interessierten sich die Gemeinderäte allerdings für den beschaulichen Gastgarten im Erdgeschoss des Schlosses.

Und mehr noch als der Gastgarten gefiel ihnen die Liesel, die dort so anmutig Bier servierte, dass man umgehend beschloss, den Nachmittagsdurst bei besagtem Wirt zu stillen.

Dabei hatte Suess einen zentralen Aspekt noch gar nicht erwähnt, der sich zum Problem entwickeln könnte: Der Kaiserbrunnen lag mitten im Jagdrevier Seiner Majestät, die zweite Quelle gehörte zum Gebiet des Grafen von Hoyos, Freiherr zu Stixenstein. Mit beiden Herren musste sich die Stadt einigen, bevor der Bau einer Wasserleitung geplant werden konnte.

Von der Forschungsreise war inzwischen nicht mehr viel übrig, sie glich nun eher einer vergnüglichen Landpartie. Das lag vermutlich auch daran, dass außer Cajetan Felder und Eduard Suess keiner der Anwesenden eine Ahnung hatte, wie es bei einer wissenschaftlichen Expedition eigentlich zuging.

Niemand war in der Wildnis jenseits des Polarkreises zu Fuß unterwegs gewesen, niemand hatte jemals in zugigen Berghütten auf Strohsäcken genächtigt und allen Komfort dem Erkenntnisdrang geopfert.

Nach den Hochquellen würden die Gemeinderäte noch die Fischa-Dagnitz besichtigen, ein Zugeständnis an jene, die mit August Zangs Projekt sympathisierten und sonst womöglich auf die Teilnahme an dem Ausflug verzichtet hätten. Auch deren Wasser hatte Eduard Suess untersuchen lassen – faire Bedingungen für beide Wasserkandidaten. Allein die Kraft der Argumente sollte die Kommunalpolitiker überzeugen.

Möglicherweise war dieser Plan etwas zu ambitioniert, denn anstatt sich mit den Quellen zu beschäftigen, saßen die Herren nun auf den Wirtshausbänken und bestaunten die Liesel.[102] Um sieben Uhr abends kehrte endlich Ruhe ein in den Alpen.

Der Gemeinderat war mit dem Zug nordwärts nach Wiener Neustadt abgefahren, einem behaglichen Abend im Hotel *Zum Hirschen* entgegen. Der Tag im Grünen war für die Wasserforscher so inspirierend gewesen, dass sie sich inzwischen wie Naturburschen ausstaffiert hatten. Mit Federnelken auf den Hüten und Wildrosen in den Knopflöchern erreichten sie ihr Ziel. »Im Hotel zum Hirschen, wo für das Souper und Nachtquartier bestens gesorgt war, ging es so lebhaft zu, daß wir anderswo eine stille Behausung suchten, um bei der Abfassung des Berichtes […] nicht gestört zu werden«[103], schrieb der Chronist der *Morgen-Post*. Sein launiger Artikel erschien als Fortsetzungsreport über mehrere Tage. Alle Leser, die auf eine baldige Wasserleitung hofften, mussten entsetzt gewesen sein.

Nach einer kurzen Nacht ließen sich die Abgeordneten endlich zur Quelle der Fischa-Dagnitz kutschieren. Gewiss, sie hatten am Vorabend ganz schön wild gefeiert, dennoch brachen sie mit den besten Absichten auf. Kaum angekommen, drohte die Dienstreise allerdings schon wieder ins Vergnügliche abzudriften: »Wir langten unter einem heftigen Regen [...] an und waren nicht wenig überrascht, hier eine ziemlich zahlreiche Gesellschaft, bestehend aus Herren und Damen, in eleganter Toilette zu finden.«

Sogar ein Pavillon war am Ufer errichtet worden, wo »von zarten Frauenhänden riesige Erdbeeren und feine Bäckereien kredenzt« wurden. »Als wir zufällig hinter dem Pavillon den Blick zur Fischa-Dagnitz senkten, entdeckten wir eine beträchtliche Kolonne eisgekühlter Weinflaschen«[104], berichtete die *Morgen-Post*. Doch diesmal reagierte der Gemeinderat reserviert. Sogar Herr Kleyhonz, sonst für jedes Amüsement zu haben, fand es sonderbar, dass sie die hiesige Bevölkerung so fröhlich willkommen hieß, obwohl ihnen die Residenzstadt möglicherweise bald das Wasser abgrub. Bei den Damen und Herren am Ufer handelte es sich um die Besitzer der Gewerbebetriebe an der Fischa-Dagnitz. Kaum waren in Wien die ersten Gerüchte aufgekommen, man wolle ihren Fluss anzapfen, hatten sie den *Wasserverein* gegründet, dessen Aktionäre sie selbst waren. »Es braucht wohl nicht besonders betont zu werden, daß es sich um eine Spekulation auf den Kommunalsäckel handelte, da nicht weniger als ein halbes Hundert Wasserrechte einzulösen gewesen wären«[105], schrieb Cajetan Felder. Als weiteren Profiteur und Drahtzieher verdächtigte er August Zang, weil er in »gar zu auffälliger Weise die Hereinleitung der Fischa-Dagnitz zu poussieren bestrebt war«.

Doch beim Thema Geld waren die Gemeinderäte empfindlich. Sie verteidigten das Kommunalbudget so energisch, dass selbst dringendste Investitionen in städtischen Wohnbau oder anständige Markthallen unterblieben. Die wie

Wegelagerer an der Quelle versammelten Fabrikanten störten sie daher mehr als Ammoniak im Wasser, das Suess nun offiziell nachgewiesen hatte. Man wollte die Wiener übervorteilen, und nun waren sie beleidigt. »Die Konversation beschränkte sich auf gegenseitige Höflichkeitsfloskeln, die aber so frostig waren, daß beide Theile über das rasch herbeigeführte Ende der Konferenz froh sein mußten«, hieß es tags darauf in der *Morgen-Post*.

Trotz mancher Ausschweifung war die Expedition für die Hochquellenbefürworter ein Erfolg. Denn wegen der raffgierigen Werksbesitzer war das Fischa-Dagnitz-Projekt endgültig in Verruf geraten. Obwohl der Kaiserbrunnen keinen ernst zu nehmenden Gegenkandidaten mehr hatte, wollte sich der Wiener Gemeinderat allerdings noch immer nicht festlegen. Man könnte doch noch nach weiteren Quellen suchen. Man könnte ausländische Experten hinzuziehen, man könnte die Quelle noch eine Weile beobachten, um wirklich ganz sicherzugehen.

Dass Bürgermeister Zelinka das Vorhaben hintertrieb, machte die Sache nicht besser. Einem Sektionschef, der von dem Projekt überzeugt war, warf er etwa vor: »Daß der Suess ein Narr ist, das weiß ich schon lange; daß aber auch Sie, der Sie immer, den Bleistift in der Hand, rechnen, verrückt geworden sind, das habe ich noch nicht gewußt!«[106] Zelinka brachte schließlich das Kunststück fertig, eine Übereinkunft zu erzielen, die den Gemeinderat äußerst entschlossen wirken ließ, obwohl tatsächlich noch nichts entschieden war: Der Kauf der Hochquellen sollte geprüft, die Wasserleitung detailliert geplant, die Option auf sämtliche Grundstücke im Trassenverlauf gesichert werden, allerdings unter

Vorbehalt. Erst wenn alles erledigt war, wollte Zelinka im Rathaus abstimmen lassen, ob man die Leitung überhaupt wünschte. Eine sonderbare, aber komfortable Konstruktion für alle Zögerer. Dass sich bis auf zwei Gemeinderäte alle mit dem Arrangement einverstanden erklärten, kam kaum überraschend.

Nur die Fischa-Dagnitz war endgültig aus dem Spiel, und August Zang nahm diese Zurücksetzung persönlich. Felder schrieb: »Als schließlich Professor Sueß' Projekt der Hochquellenleitung angenommen wurde, warf er brüsk das Aktenbündel auf den Tisch und trat aus dem Gemeinderat aus.«[107] Was war schon eine Stimme im Rathaus gegen den Besitz einer Zeitung? Sie würde den Hochquellengegnern bald ein einflussreiches Forum bieten, um das Projekt zu diskreditieren. August Zang zog in den Kampf.

Die Schlacht bei Königgrätz am 3. Juli 1866 besiegelte Österreichs Niederlage im Krieg gegen Preußen – hier in einem Gemälde von Georg Bleibtreu

10

TRIUMPH UND SCHMACH

Wien, 1865–1866

Der Kaiserbrunnen sei versiegt, er könne das bezeugen! Thaddäus Haßmann war nämlich dort gewesen und hatte sich das Malheur angeschaut: nur staubtrockener Fels, keine Quelle in Sicht, nicht ein einziger Tropfen. Mit Meldungen wie dieser wurde Haßmann in den Sechzigern des neunzehnten Jahrhunderts zu einem der einflussreichsten Fake-News-Produzenten der Residenzstadt.

Niemand konnte genau sagen, wie es ausgerechnet ein Schneidermeister mit seinen Zweifeln an der Hochquellenleitung in die Schlagzeilen geschafft hatte. Plötzlich war er da, ernannte sich zum professionellen Quellensucher und stieg zum stadtbekannten Gegner der Bergquellenleitung auf. Einige Zeitungen zogen seine Erkenntnisse zwar ins Lächerliche. Dennoch wuchsen die Zweifel an den Hochquellen.

Herr Haßmann hatte den Ton gesetzt. Die von ihm aufgestöberten Quellen, die er ersatzweise vorschlug, waren übrigens allesamt unbrauchbar. Deren Wasserpensum entsprach mitunter weniger als einem Hundertstel des Bedarfs.

Wien wuchs: Hatte die Statistik 1857 noch knapp siebenhunderttausend Einwohner ausgewiesen, waren es 1890 doppelt so viele. Mitte der Sechzigerjahre war die Million noch nicht erreicht, trotzdem richtete man den Wasserbedarf bei den Berechnungen danach aus. Etwa anderthalb Millionen Eimer sollte die neue Leitung in vierundzwanzig Stunden liefern. Ein Eimer entsprach etwa siebenundfünfzig Litern. Das Gesamtvolumen wirkte für damalige Verhältnisse auf den ersten Blick beträchtlich. Von dem angepeilten Quantum sollte aber auch die Industrie versorgt werden und noch genug für die Reinigung der Straßen und Kanäle übrig bleiben. Die Pro-Kopf-Menge entsprach der in Paris, wenn auch nicht der in London. Allerdings würden die Hochquellen dem Wasser anderer Hauptstädte qualitativ überlegen sein.

Dass nach der provisorischen Gemeinderatsentscheidung für den Kaiserbrunnen dieser Aspekt kaum eine Rolle spielte, dafür die Zweifel an der Ergiebigkeit die Debatte beherrschten, lag zum einen an der Kampagne der Gegner, zum anderen daran, dass Cajetan Felder, Eduard Suess und andere Fürsprecher die Angriffe zunächst nicht sonderlich ernst nahmen. Als Wissenschaftler war es Suess gewöhnt, erst dann an die Öffentlichkeit zu treten, wenn stichhaltige Ergebnisse vorlagen.

In einer Epoche, in der sich die tagesaktuellen Medien endgültig vom Verlautbarungsjournalismus emanzipiert hatten, war das nicht mehr genug. Wer die Öffentlichkeit für sich gewinnen wollte, musste seine Arbeit fortlaufend kommentieren, auch wenn es eigentlich nichts Neues zu vermelden gab. Nur durch die Wiederholung, so schien es, setzten sich Fakten und deren Interpretation in den Köpfen der Bevölkerung fest, gelang es, das Publikum zu überzeugen.

Gemeinderat Kleyhonz, das Ohr immer nah an den Stammtischen der Monarchie, berichtete, dass inzwischen sogar die Wirtsleute Stimmung gegen die Hochquellen machten: »Weil sie am liebsten hätten, wenn die Leute nur Bier trinken möchten, stacheln sie die Leute auf.«[108]

Die Versuche der Kaiserbrunnen-Fürsprecher, ihr unter Beschuss geratenes Vorhaben zu schützen, waren zunächst allenfalls halbherzig. So plauderte Gemeinderat Much aus, Herr Haßmann habe sechzig Gulden »für das Versprechen bekommen, keine weiteren Quellen zu entdecken«[109]. Die Gegner interpretierten diese Nachricht auf ihre Weise: Sollte hier jemand mundtot gemacht werden, der die Reichshauptstadt womöglich vor der größten Fehlinvestition ihrer Geschichte bewahren wollte? Zangs *Presse* hatte sich über die »Unbrauchbarkeit« der Hochquellen, »jenes gehätschelten Protections-Kindes«[110], von Anfang an erregt und sah sich nun bestätigt.

Empörte Wiener durften im Schutz der Anonymität hetzen. Die Zeitungsspalten füllten sich mit ungezeichneten Leserbriefen, die sich gegen das Vorhaben der »Hochquellen-Fanatiker« richteten, »viele Millionen von Steuergeldern zu fordern für die Zuleitung von Quellen, welche thatsächlich während Monaten keinen Tropfen Wasser liefern.«[111] Die Verantwortlichen wurden der Lüge, der Heimlichtuerei und der vorsätzlichen Täuschung beschuldigt.

Nach Haßmanns Vorbild machten sich plötzlich auch andere auf die Suche nach Wasser, und sei es, um vom Gemeinderat sechzig Gulden zu kassieren wie der Schneider. Sogar Gemeinderat Much begab sich auf Quellensuche. Weil bei ihm jedoch stets alles auf die Donau hinauslief, gab er seine Nebentätigkeit bald wieder auf. Die Sache war kurios: Nach Jahren der Lethargie hatte sich der Gemeinderat endlich für die Hochquellen entschieden, wenn auch zunächst nur unverbindlich, doch halb Wien forschte nach neuen Gewässern, als wäre der Kaiserbrunnen nie in Erwägung gezogen worden. Thaddäus Haßmann hatte inzwischen übrigens auch eine Thermalquelle freigeschaufelt, um die Bevölkerung mit wannenwarmem Trinkwasser zu versorgen.

Manche Gegner des Kaiserbrunnens wollten sich nur wichtig machen, andere verfolgten Geschäftsinteressen im großen Stil, etwa der Unternehmer Joseph Eggerth, der in Mariahilf ein Badehaus betrieb. Arbeitern, die sich dort alle paar Tage den Dreck der Fabriken und Baustellen abwuschen, genügte das Überfallwasser der alten Kaiser-Ferdinands-Leitung, meinte Eggerth. Das war billig, und es kam aus der Donau, die er für eine prima Quelle hielt. Wozu die Dinge also komplizierter machen – und kostspieliger? Allein die Ausgaben für die geplanten Hochquellenaquädukte würden das Wasser verteuern und seine Marge schmälern. »Man verzichte auf die Lust, Römer zu spielen und Riesensummen für Aquäducte [...] auszugeben«[112], empfahl er in seinem Pamphlet *Constantes Wasser oder April-Quelle?*, das er im Selbstverlag herausbrachte.

»Er sagt oft Gesagtes, aber darum um so Beherzigenswertheres«[113], schwärmte die *Presse*. Dass die Streitschrift in August Zangs Blatt hymnisch besprochen wurde und dadurch eine Bekanntheit und Bedeutung erlangte, die das Elaborat eines Wannenbadbetreibers unter anderen Umständen niemals erzielt hätte, lag wohl allein an Eggerths Engagement für eine neue Leitung zur Fischa-Dagnitz. Dadurch könne dem Wiener Wasserproblem »mit leichter erschwinglichen Opfern radikal abgeholfen werden [...]; mit Opfern, die es nicht nöthig machen, den künftigen Wasserpreis in Wien auf eine Höhe zu schrauben, daß die auf dieses Material angewiesenen Industriellen Wiens hiervon gar keinen Gebrauch machen könnten«[114].

Zwar war die *Presse* eine der angesehensten Zeitungen der Stadt, aber letztlich nur eine unter Dutzenden mit verschiedenen Haltungen zum Hochquellenthema. Während sich Zangs Publikation als entschiedene Gegnerin positioniert hatte, engagierte sich etwa die *Neue Freie Presse* dafür, was insofern kurios war, als sie von abtrünnigen Mitarbeitern der *Presse* herausgebracht wurde. Sie hatten sich mit Zang überworfen, wohl auch wegen dessen Geschäftsidee, nicht nur Anzeigenseiten, sondern auch schmeichelhafte Berichterstattung zu verkaufen wie einst Semmeln in Paris. Wegen ihrer Versäumnisse bei der Öffentlichkeitsarbeit waren Cajetan Felder und Eduard Suess auf jeden wohlwollenden Journalisten dringend angewiesen.

Karl Junker war noch keine vierzig Jahre alt, konnte aber schon Erfolge vorweisen, für die andere Ingenieure mindestens zwei Leben gebraucht hätten. Mit achtzehn hatte er an den Plänen für die österreichische Südbahn mitgearbeitet, zeigte sich derart talentiert, dass ein anderer genialer Ingenieur auf ihn aufmerksam wurde: Alois Negrelli, der Chefplaner des Suezkanals. Im Jahr 1847 holte er Junker nach Ägypten, wo sie gemeinsam die Entwürfe für das Bauwerk anfertigten, damals das größte der Welt. Anschließend entwarf Junker die Triester Wasserleitung und die der istrischen Hafenstadt Pola. Und Erzherzog Max, der spätere Kaiser von Mexiko, ließ sich von ihm sogar ein zauberhaftes Schloss am Wasser errichten.

Für die Planung der Trasse vom Kaiserbrunnen zur Stadtgrenze hätte Eduard Suess keinen besseren finden können.

Also berief er ihn zum Oberingenieur der ersten Abteilung, während die zweite das innerstädtische Leitungsnetz verantworten sollte. Gemeinsam mit dem jungen Ingenieur plante der Geologe Bahnbrechendes. Nicht nur, dass er Alpenquellwasser über eine Distanz von fast hundert Kilometern nach Wien leiten wollte, es durfte auf dem Weg zu den Brunnen und Hausanschlüssen außerdem mit nichts in Berührung kommen, was es verunreinigen könnte.

Bislang war das noch keiner modernen Metropole gelungen, so einfach es sich anhörte. Spätestens wenn es darum ging, Wasser in die höheren Stockwerke zu heben, kamen Pumpen ins Spiel, und die schloss Suess für sein großes Werk kategorisch aus. Wenn es seine Frische behalten sollte, durfte es kein Pumpwerk passieren. Davon war er überzeugt, davon rückte er nicht ab.

Leitungen über Dutzende Kilometer hatten inzwischen auch andere Großstädte gelegt, um sich sauberes Wasser aus der Provinz zu verschaffen. Doch selbst New York war daran gescheitert, es durch natürlichen Druck höher als in den ersten Stock zu befördern. Mit Karl Junkers Hilfe, das stand für Eduard Suess fest, konnte das Kunststück in Wien unter maximaler Ausnutzung der Schwerkraft gelingen. Deshalb sollte das Wasser nicht zu ebener Erde eintreffen, sondern in einem Reservoir auf dem zweihundertachtundfünfzig Meter hohen Rosenhügel im Südwesten der Stadt. Auf diese Weise war die Fallhöhe noch groß genug für die Verteilung im städtischen Leitungsnetz.

Offenbar hielt Suess den jungen Ingenieur für genial genug, auch die Gegner des Projekts umzustimmen. Ein Fehler, denn dafür war Junker der Falsche. Bei ihm ballten sich die Argumente zu unübersichtlichen Schachtelsätzen, die zuweilen wie verbale Algebra wirkten. Doch ausgerechnet ihn schickten Felder und Suess vor, damit er die Öffentlichkeit überzeugte.

Nachdem sich Schneidermeister Haßmann verausgabt hatte, mobilisierte der österreichische Ingenieur-Verein seine Kräfte, um die Hochquellen vor der entscheidenden Abstimmung des Gemeinderats in Verruf zu bringen. Zwei seiner Mitglieder hatten für August Zang das abgeschmetterte Fischa-Dagnitz-Projekt entworfen, und nun schmollte der ganze Verein und sann auf Rache.

Junkers eigene Verlaufsmessung der Wassermenge am Kaiserbrunnen wurde ihm zum Verhängnis. Denn die Quelle erbrachte tatsächlich nicht das Quantum, das Suess für die Wiener Wasserversorgung eingeplant hatte. Es fehlte etwa ein Drittel, das ließ sich nicht schönrechnen. Der Ingenieur-Verein zog also in den Tageszeitungen über die Hochquellen her, während Junker kaum hinterherkam, sich in Leserbriefen zu verteidigen. »Diese Notiz ist von Anfang bis zu Ende eine Unwahrheit«[115], schimpfte er etwa, nachdem ihm vorgeworfen worden war, Messdaten falsch interpretiert zu haben. In der Hoffnung, den Lesern verständlich zu machen, worum es ging, schrieb er:

> »Quantität-Messungen, welche an der Kalkspalte, ›Kaiserbrunn‹ genannt, über das dort ausfließende Wasser gemacht werden, sind nichts mehr und nichts weniger als Resultate der Menge jenes Theiles des Grundwassers, welcher durch diese Spalte im Verhältnisse ihrer flächlichen Ausdehnung und des jeweiligen Druckes, welchen das ausfließende Wasser durch den Höhestand des Grundwassers erleidet, zu Tage tritt.«[116]

Es schien fast, als wollte Junker mit Absicht missverstanden werden, obwohl die Dinge für ihn klar auf der Hand lagen: Die volle Kapazität erreichte der Kaiserbrunnen erst dann, wenn man unterhalb der Quelle einen Stollen in den Berg trieb, um sämtliche Zuflüsse zu erschließen. Genau das hatte er vor. Wo also lag das Problem?

Das Problem bestand Ende 1865 vor allem darin, dass sich der Gemeinderat trotz der Hochquellenabsichtserklärung in der Wasserfrage inzwischen wieder so uneins war wie vor der Expedition zum Kaiserbrunnen. Und Herr Much sah die Chance, sein Herzensprojekt zu lancieren: Donauwasser in allen Häusern! Sogar Karl Junker pflichte ihm inzwischen bei, behauptete er.[117] »Lüge!«, konterte der Oberingenieur. Trotz allem gab es auch Positives zu vermelden: Der Kaiser hatte Cajetan Felder in Aussicht gestellt, den Kaiserbrunnen an die Kommune zu verschenken, freilich nicht sofort, der Gemeinderat sollte sich bis zur pompösen Eröffnung der Ringstraße gedulden. Wenn Seine Majestät etwas herschenkte, dann vor großem Publikum, das diesen Akt der Mitmenschlichkeit gebührend würdigte.

Felder revanchierte sich umgehend mit der Ankündigung, eine kaiserliche Separatleitung vom Rosenhügel-Reservoir direkt zu den Springbrunnen im Schönbrunner Schlosspark zu bauen. Auch Graf Hoyos, der Besitzer der Stixenstein-Quelle, zeigte sich großzügig und vermachte der Stadt sein Wasser. Damit war die Hochquellenversorgung gesichert.

Überschattet wurden die großartigen Neuigkeiten von den Kosten, die Junker für das Vorhaben errechnet hatte. Sechzehn Millionen Gulden[118]! Zehn Millionen für die Trasse bis zur Stadtgrenze, sechs für Röhrensystem und Reservoirs in Wien.

Selbst Journalisten, die den Hochquellen freundlich gesonnen waren, bemerkten nun, »wie in der öffentlichen Stimmung Wiens die Höhe der zu verausgabenden Summe eine Art gelinden Entsetzens erzeugt hat«[119]. Dafür würde sich Wien ja verschulden müssen! Ein historisches Ereignis, denn die Kommune hatte noch keine Erfahrung damit, so tief ins Minus zu rutschen.

Allen war klar, dass der gewaltige Betrag auch durch höhere Wasserpreise und Steuern refinanziert werden musste. Das würde vor allem die weniger Wohlhabenden treffen, weil sich die Kommunalsteuer nicht an der Höhe der Einkommen orientierte. Die Unruhe wuchs. Und was machte Eduard Suess? Er verabschiedete sich.

Von Zeit zu Zeit verspürte der Geologe das dringende Bedürfnis, vor den Wienern davonzulaufen, raus aus der Stadt und ab nach Italien: »Jetzt begann das Wandern, das herrliche Wandern.«[120] Von Padua brach er nach Vicenza auf. Ein Bettler kam ihm entgegen und grüßte ihn flüchtig, worauf Suess ins Schwärmen geriet: »Es ist erstaunlich, wie entlastend ein solcher Gruß des Bettlers wirkt. Er sagt, daß die gesellschaftlichen Schranken wirklich hinter mir sind, daß ich hier wirklich weithin wandern darf als wahrer Wildling, ein freier Sohn der Mutter Natur.«[121]

Zwanzig Tage später war er wieder in Wien, überzeugte sich »von dem Fortgange der Nivellierungen für die Wasserleitung« und kehrte umgehend nach Italien zurück. Dort schlief er auf Heuballen und ernährte sich von gerösteter Salami und Maulbeerwein, genoss das Glück des ärmlichen Lebens. Eigentlich könnte man ja noch weiter zum Vesuv reisen.

Nein, genug, er kehrte um, ein ungutes Gefühl trieb ihn in die Heimat, wo er seine Befürchtungen bestätigt fand: »Die

Sorgen um die Wasserleitung dauerten […] an«[122], stellte er ernüchtert fest. Der Streit um die Kosten dominierte weiterhin die Debatte. Inzwischen war der Termin für die verbindliche Abstimmung über die Hochquellen im Gemeinderat festgelegt worden: Am Abend des 25. Mai 1866 würde Wien Bescheid wissen. Knapp sieben Monate blieben Suess noch, um die Stadt und die Gemeinderäte auf das Vorhaben einzuschwören.

Karl Junker und der Ingenieur-Verein hatten sich bei ihrem Disput verzettelt und einen Wust von Maximal- und Minimalwerten, Härtegraden und Druckverhältnissen aufgeboten, um ihre Standpunkte zu rechtfertigen. Inzwischen hatten es viele Zeitungen aufgegeben, den Lesern zu erklären, was damit gemeint war. Sie druckten die Zahlenkolonnen einfach ab. Dadurch allerdings erschien vielen noch unverständlicher, dass dieses abstrakte Machwerk horrende sechzehn Millionen Gulden kosten sollte.

Enttäuscht konstatierte Suess in einer Rede vor dem Gemeinderat, »daß eine derartige Opposition gegen ein so gemeinnütziges Unternehmen zum erstenmal vorkomme«[123]. Er habe sich oft gefragt, ob er Wiens Bevölkerung so hohe Kosten zumuten könne. »Ein Blick auf die Stadt selbst, auf ihre Gebrechen und Krankheiten, auf das in ihren Mauern aufgespeicherte Elend haben mich in meiner Idee von der Nothwendigkeit der Quellenleitung bestärkt, meine Überzeugung gekräftigt.« Das könne man so, aber auch ganz anders sehen, nörgelten manche, worauf der Geologe entgegnete: »Rechnen Sie mir nur immer die Zinsen des riesigen Kapitals vor; ich halte Ihnen die Liste der Tuberkulosen entgegen und zeige Ihnen gegen Ihre Dividenden die Zahl der Typhösen.«[124]

Suess konnte den Tag kaum erwarten, an dem Junker endlich die vollendeten Entwürfe im Augarten-Palais präsentieren würde, um der skeptischen Bevölkerung ein Gefühl für die Großartigkeit des Projekts zu vermitteln. Am 10. November 1865 war es so weit, im Laufe der nächsten zwei Wochen besichtigten rund achttausend Besucher die Ausstellung, erfuhren dort, dass das Quellwasser zunächst durch gemauerte Stollen fließen und schließlich über fünf imposante Aquädukte zum Rosenhügel gelangen sollte. Vier von ihnen waren puristisch gestaltet, jenes in Baden, das längste von allen, sollte mit Zierrat versehen werden, damit es mit den prachtvollen Villen in dem Kurort harmonierte. Alles in allem zeigte sich das Publikum ziemlich angetan.

Dass ein englischer Ingenieur, der eigens zur Präsentation nach Wien gekommen war, anschließend behauptete, er könne für die Hälfte des Geldes die doppelte Wassermenge aus den Alpen liefern, war erstaunlich, wenn auch nicht sonderlich glaubwürdig. Die Forderung der *Presse*, die Pläne müssten von Grund auf überarbeitet werden, erstaunte hingegen niemanden. Viele Gemeinderäte waren begeistert, andere fanden Junkers Werk durchaus ansehnlich, aber beim Preis, da war doch noch ein bisschen Spielraum nach unten, oder?

Vielleicht erinnerte sich der Geologe in diesem Moment daran, was ihm der Vizebürgermeister einst erklärt hatte:

> »Schon bei unserer ersten Begegnung äußerte Felder, daß eine der größten Schwierigkeiten für ein bedeutendes Unternehmen in der großen Zahl der Gemeinderäte liege. Eine starke Organisation und eine starke überzeugende Begründung würden nötig sein, um mit 120 Köpfen irgendeine Arbeit auszuführen.«[125]

Suess musste den Skeptikern entgegenkommen, wenigstens ein bisschen, sonst würde der Gemeinderat seine Zustimmung verweigern. Also verzichtete er auf die budgetierte Reserveleitung zu einer dritten Alpenquelle, die zum Zuge hätte kommen sollen, falls Kaiserbrunnen und Stixensteiner Quelle tatsächlich schwächelten. Und er strich das Dekor des Badener Aquädukts, womit er den Preis um insgesamt zwei Millionen Gulden drückte. Ob das genügte, um bei der entscheidenden Abstimmung die Mehrheit zu erzielen? Er hoffte es.

Josef Skoda fand noch immer keinen Frieden zwischen seinen Blumen, obwohl er sich von seinem Auftritt im Gemeinderat das Allerbeste erwartet hatte. Nach seinem Vortrag hatten die Herrschaften so schockiert und reumütig gewirkt, dass er mit einem zügigen Bekenntnis zu den Hochquellen und dem raschen Baubeginn gerechnet hatte.

Nun war er unzufrieden, auch mit Eduard Suess. Viel zu spät hatte der Geologe thematisiert, worauf es bei der neuen Wasserleitung wirklich ankam: auf die Sicherung der Gesundheit, auf das Überleben in Seuchenzeiten. Vor allem dafür gab die Kommune so viel Geld aus. Das Geschmackserlebnis war natürlich auch bedeutsam, aber keine Millionen wert. Dafür hätte die Fischa-Dagnitz gereicht.

Und nun machten sich wieder jene wichtig, die keine Ahnung von den medizinischen Erfordernissen einer modernen Großstadt hatten. Skoda bog die Blüten zur Seite und inspizierte die Erde dazwischen. Es war kein Unkraut mehr übrig, das er mit Verve hätte ausrupfen können, um sich abzureagieren. Er dachte nach, er ging in sich, er traf eine Entscheidung: Eine zweite Denkschrift war fällig.

Während die erste einer Attacke auf die nachlässige und leichtsinnige Kommune glich, wirkte die neue eher wie ein Bittschreiben. Skoda hoffte, dass er »die Kämpfe im Gemeinderathe abkürzen und die Beunruhigung, welche dadurch im Publikum entstanden ist, beheben werde«[126]. Der Mediziner erinnerte den Gemeinderat daran, dass er ja schon einmal, wenn auch unverbindlich, für die Hochquellen gestimmt hatte und sich nun einfach treu bleiben sollte, um Großes zu leisten:

»Der Gemeinderath Wien's hat im klaren Bewusstsein von der Grösse der Aufgabe, die ihm zu lösen vorliegt, kein Bedenken getragen, einem grossen Zwecke grosse Mittel zu leihen; es ist sonach zuversichtlich zu erwarten, dass die Vertreter der Grossstadt Wien nicht kleinmüthig sein werden bei der Fassung des entscheidenden Beschlusses, der der Hauptstadt des grossen Reiches einen der wesentlichsten Factoren für die Erhaltung der Gesundheit zu bieten bestimmt ist, den sie zum grossen Schaden derselben entbehren musste.«[127]

Falsch, falsch, alles falsch! August Zang ließ Skodas Denkschrift von einem seiner Redakteure auf hundertsiebenundfünfzig Zeilen vernichten. Der Mediziner und seine Mitstreiter hätten sich mit ihrer »Loyalitäts-Adresse [...] in compromittirender Weise auf ein Terrain gewagt, welches ihnen ganz und gar terra incognita ist«[128]. Sogar Skodas Kompetenz als Arzt wurde in Zweifel gezogen.

Unterdessen hatte die Bevölkerung der Kurstadt Baden mitbekommen, dass ihr Suess aus Kostengründen einen schmucklosen Aquädukt vor die herausgeputzten Villen donnern wollte. Dadurch werde die Umgebung entstellt, schimpften deren Besitzer; »man verlangte zum mindesten architektonischen Schmuck«. Worauf ihnen einer der mit der Hochquellenleitung befassten Ingenieure erklärte, »es gebe hier nur einen einzigen Baustil, der hieße Adam, nämlich nackt und kräftig«[129]. Damit ließ man sich in Baden nicht abspeisen. Als Entschädigung für das verschandelte Stadtpanorama forderten Bewohner, dass wenigstens »die Oberfläche dieses Aquädukts als Promenadeweg«[130] gestaltet werde. Das wolle man gerne umsetzen, hieß es aus Wien, allerdings auf Kosten der Kurstadt. Damit hatte sich die Angelegenheit erledigt.

Als schließlich der Mai 1866 anbrach, der Monat der Wasserentscheidung, zeichnete sich ein weiteres Problem ab. Die Rivalität zwischen Österreich und Preußen, den mächtigsten Reichen im Deutschen Bund, eskalierte. Die Habsburger und die Hohenzollern schenkten sich nichts in der Auseinandersetzung. Eine österreichische Zeitung schrieb, dass sich die Wiener im Moment nur mit zwei Fragen beschäftigten: ob es die Wasserleitung und ob es Krieg mit Preußen geben werde.

Aus Sorge, der Konflikt zwischen den beiden Großmächten könnte als Vorwand genutzt werden, die Abstimmung über die Hochquellen abermals zu verschieben, mahnte ein Kommentator:

»Jenen, welche eine Vertagung […] mit der gegenwärtigen Ungunst der Zeit motiviren, möchten wir erwidern, daß die Pflicht der Stadtvertretung in der Sorge für die Gesundheit und Wohlfahrt der Stadt bestehe, und daß diese Pflicht auch nicht durch den Krieg aufgehoben wird.«[131] Das große Werk sei zu vollenden, bevor die Cholera ihren nächsten »Schreckenszug durch Europa« halten werde.

Dass am 25. Mai etwas Besonderes vorging in Wien, erkannte man allein an der hohen Zahl der Equipagen, die am Rathaus vorfuhren. Die Journalisten machten sich schmal auf den Bänken, damit die zahlreichen Besucher noch Platz hatten. Auch viele Frauen waren darunter. Die Reporter freuten sich, dass die Veranstaltung ausnahmsweise nicht so männerlastig war wie sonst. Aber kaum trat Eduard Suess ans Referentenpult, wurde er gestört.

»Beantrage Vertagung!« rief Herr Steudel, die Kriegsgefahr, die unzuverlässigen Hochquellen, die horrenden Kosten, der Gemeinderat wisse.

»Ja wol, unbedingte Vertagung!«[132], sekundierte Herr Much.

»Was will man denn vertagen?«, erwiderte Suess. »Will man die Verbesserung der Gesundheit vertagen?«[133]

Nachdem Steudels Antrag abgelehnt worden war, hob der Geologe mehrere Wasserflaschen auf das Pult. Wer das Publikum überzeugen wollte, musste ihm die Tatsachen drastisch demonstrieren, das hatte sich der Geologe womöglich von Gemeinderat Wertheim abgeschaut, dem Kassenfabrikanten mit dem Faible für die große Show.

In der linken Flasche befand sich Wasser oder Schnaps, jedenfalls eine absolut klare Flüssigkeit. Der Inhalt der zweiten war so trüb, dass man nicht mehr durchschauen konnte, verdünnte Milch vielleicht, die Flocken gebildet hatte. Auf der grün-grauen Flüssigkeit in der dritten Flasche trieben Splitter, die gegen die Glaswand klirrten.

Beim Inhalt aller drei Flaschen handle es sich um behördliche Wasserproben, die vor fünf Jahren verschiedenen Gewässern entnommen und versiegelt worden waren, erklärte

Suess. Das klare Wasser entstamme einer Alpenquelle, unverändert rein, auch nach so langer Zeit. Die zweite Probe komme aus einer tiefer gelegenen Quelle, »weshalb organische Bestandteile« darin herumschwämmen. Der Inhalt der dritten Flasche habe sich durch seine »Beimengsel« als so ätzend erwiesen, dass innen sogar das Glas gesplittert sei. »Diese Flasche enthält Wasser aus den Quellbezügen der Fischa-Dagnitz.«[134] Stille, Staunen, nicht einmal Herr Much hatte noch Lust auf Einwände. Nach der eindrucksvollen Demonstration ließ sich die überragende Qualität des Alpenwassers zwar nicht mehr in Zweifel ziehen, die Qualifikation des unverständliche Phrasen dreschenden Oberingenieurs Karl Junker aber sehr wohl. Die Amerikaner sollten das Projekt sicherheitshalber noch einmal genauestens prüfen, forderte Steudel. Die Amerikaner? Was verstanden denn die vom Aufbau der Alpen? Suess war verblüfft und wohl auch etwas verzweifelt. Das Wesentliche geriet schon wieder aus dem Blick.

Nun ja, sagte ein anderer, die Amerikaner hätten die meiste Ahnung von der Materie, weil sie am meisten Wasser verbrauchten. »Kein amerikanischer Arbeiter geht in die Arbeit, ehe er unter die Douche getreten.« Niemand könne behaupten, »daß die nordamerikanische [...] Reinlichkeit hier zu Hause sei, so sehr wünschenswerth es wäre«[135].

Der in den vergangenen Monaten entflammte Streit über das Hochquellenprojekt sei ihm unbegreiflich, meinte nun ein Befürworter, zumal sich der Gemeinderat nach der Exkursion zum Kaiserbrunnen beinahe einmütig dazu bekannt hatte. Er frage sich ernsthaft, ob die Abstimmung damals unter dem Eindruck des »bei dieser Gelegenheit geflossenen Champagners« erfolgt sei.

Schon flogen wieder Beleidigungen hin und her, die Stunden verstrichen. Ein Ende des Wortgefechts war nicht in Sicht. Siebenunddreißig Redner hatten sich noch vormerken lassen. Laut Statuten mussten alle gehört werden, bevor über die Hochquellenleitung abgestimmt werden durfte. An diesem Tag würde keine Entscheidung mehr fallen, dafür war er zu kurz. Erschöpft verließen die Kombattanten spätabends den Saal.

Das Publikum auf der Galerie hatte sich mehr versprochen und murrte.

Tags darauf entwickelte sich die Debatte zum Zermürbungskampf. Vierzig Redner hatten sich diesmal angemeldet. Wieder gab es kein Ergebnis. Aus Tagen wurden schließlich Wochen, nie zuvor hatte der Wiener Gemeinderat einen Beschluss länger hinausgezögert. Eines Abends bekam Eduard Suess unerwarteten Besuch. Der fremde Gast zitterte vor Aufregung. »›Er sei‹, sagte er, ›meiner Ablehnung seiner Botschaft sicher.‹ Dabei zog er eine Brieftasche heraus.«[136] Gegen seinen Willen sei er gezwungen worden, dem Geologen vierundsechzigtausend Gulden unter der Bedingung anzubieten, dass er sein Engagement für die Hochquellen sofort aufgebe. Empört über diesen Bestechungsversuch, drängte Suess in den kommenden Tagen energisch auf das Ende der ermüdenden Diskussionen – erfolglos.

Während im Rathaus weiter gestritten wurde, veränderte sich draußen die Welt. Österreich rüstete auf, Preußen rüstete auf, der Kaiser schob Kontingente hin und her, errichtete eine Drohkulisse, die den Gegner im Norden leider nicht einschüchterte, sondern aufstachelte. Auch in Stilfragen wollten die österreichischen Truppen Eindruck machen:

»Die Monturs-Anstalten arbeiteten Tag und Nacht und erreichten so viel, die Armee zu der vielleicht best-bekleideten zu machen«[137], schrieb Theodor Fontane, der sich Jahre vor seinen literarischen Erfolgen einen Namen als Kriegschronist machte.

Anlass für den Konflikt zwischen den beiden Großmächten war vorgeblich das Gezerre um Schleswig-Holstein, das nach dem deutsch-dänischen Krieg 1864 jeweils zur Hälfte an Preußen und Österreich gefallen war. Tatsächlich ging es darum, wer im Deutschen Bund das Sagen hatte. Deshalb provozierte man einander so lange, bis der Waffengang unvermeidlich wurde, obwohl beide Seiten beteuerten, sie hätten eigentlich gar keine Lust darauf. Dem widersprachen die Fakten.

Ende Mai nahm Ludwig von Benedek sein letztes Abendessen in Wien vor dem Krieg ein. Im Restaurant des Nordbahnhofs wurde er von Damen der Gesellschaft umschwärmt und mit Blumenbouquets beglückt. Ihn, den Sohn eines Arztes, einen Mann bürgerlicher Herkunft, hatten Kaiser und Volk ausersehen, die Preußen zu »zerbröckeln«, wie es in österreichischen Zeitungen hieß. Als er tags darauf mit dem Postzug in der mährischen Stadt Olmütz eintraf, dem Hauptquartier der Nordarmee, gerieten die Journalisten ins Schwärmen, als wandelte der Heiland persönlich durch die krummen Gassen. »Alles eilte ihm nach, Alles rief, schrie, jubelte ihm zu. Die Soldaten liefen um die Ecken, um ihm zuvorzukommen und ihm nochmals salutiren zu können«[138], schrieb die *Neue Freie Presse*.

Benedek residierte im Palais des Erzbischofs. Der Feldherr selbst wirkte mitunter unangenehm berührt, wenn sich die Menge um ihn scharte. Er wollte sich doch gar nicht brüsten, er wollte doch nur den beschaulichen Akazienhain vor seinem Fenster betrachten und nach dem Mittagessen ins *Café Hirsch*. Eigentlich wollte er nicht einmal Feldherr der Nordarmee sein, er war hineingedrängt worden in diese Rolle. Seine vielen gewonnenen Schlachten hatten ihn dafür empfohlen.

Kaltherzig sei er, ein Hammer, der auf den Feind niederging. War er das? Eher nicht, allenfalls aus Pflichtgefühl, nicht weil ihn sein Instinkt dazu drängte. Das jedenfalls legten die Briefe an seine Frau nahe, die er in diesen Tagen schrieb.

Die Wasserdebatte im Gemeinderat drehte sich längst im Kreis. Ein Wiener Wirt hatte einige Abgeordnete davon überzeugt, dem Kaiserbrunnen abzuschwören. Donauwasser lasse sich viel besser mit Wein mischen, das sei nun einmal erwiesen.[139] Nach zweieinhalb Wochen hatte auch Eduard Suess seine Argumente so oft aufgewärmt, dass sie kaum noch jemanden dazu bewogen, die eigene Position zu überdenken.

»Unter den Pro-Rednern befand als letzter auch ich mich«, schrieb Cajetan Felder, er sei umso mehr verpflichtet gewesen, mit aller Energie aufzutreten, »als der Referent Professor Sueß sich bedauerlicherweise unwohl fühlte und bei umflorter Stimme sein außerordentliches Rednertalent nicht in vollem Maße zur Geltung bringen konnte.«[140]

Die Berichterstattung über den Sitzungsmarathon war inzwischen umzingelt von Artikeln über die nahende Schlacht gegen die Preußen. »Ihr sucht den Krieg – ihr übermüth'gen Wichte – Ihr sollt ihn finden, weil ihr ihn gewollt«[141], säbelrasselte die Wiener Satirezeitschrift *Kikeriki* ganz unironisch.

Die *Neue Freie Presse* schrieb: »Das ganze Land bebt und zittert vor Ungeduld, es kann den Beginn des Kampfes nicht erwarten.«[142] Im Rathaus zitterte sich der Gemeinderat dem Finale der Hochquellendebatte entgegen.

Am Tag der Entscheidung, dem 19. Juni, standen die Gemeinderäte in Gruppen zusammen und diskutierten energisch, wie üblich. Vielleicht ließ sich der eine oder andere im letzten Moment ja noch ins eigene Lager ziehen. Auf Antrag der Kaiserbrunnen-Gegner sollte namentlich abgestimmt werden. Sie erhofften sich davon einen Vorteil, weil niemand, der sich deklarieren musste, allen Ernstes wegen einer Wasserleitung für kommunale Schulden in Höhe von vierzehn Millionen Gulden stimmen werde.

Dann trat Bürgermeister Zelinka ans Referentenpult. Endlich wurde es still, sogar Herr Much schwieg, nicht weil ihm die Lust auf Wortgefechte vergangen war, aber selbst er musste einräumen, dass alle Argumente ausgetauscht, dreifach gewendet und zerpflückt worden waren. Nun ging es nur noch darum, ob sich eine Mehrheit für die Hochquellen finden würde.

»Herr Abel?«, fragte Zelinka.

»Ja!«

»Herr Bachmayer?«

»Nein!«

Zwei weiteren Stimmen für das Projekt folgten zwei dagegen. Noch war alles offen, mehr als hundert Gemeinderäte saßen im Saal, nur Geduld. In der ersten Reihe schwitzten Cajetan Felder und Eduard Suess vermutlich dennoch um die Wette. Nun folgten vier Unterstützer und zwei Gegner. Zu spät kam Suess auf die Idee, jedes Ja mit einem Strich in seinem Notizbuch zu verzeichnen, um den Überblick zu behalten. Jetzt versuchte er sich an die zurückliegenden zu erinnern, während er Zelinkas Worten folgte, kam durcheinander und ärgerte sich. Nach acht Minuten hatte er das Gefühl, dass die Befürworter überwogen, nach zwölf sah er sich dem Triumph ganz nah. Dann votierte der Leskier Franz mit Nein, der Löblich Franz schloss sich ihm an und dann auch noch der Mareda Franz.

Auf welche Seite schlug sich der Mayer Carl? Leider auf die falsche. Der Mayer Carl Ernst hingegen unterstützte das Projekt. Und Herr Much? »Nein!« Was sonst?

Die Hitze staute sich unter dem Jackett des Geologen. Am Rücken, unter den Armen, an den Schläfen, überall floss das Wasser aus ihm heraus wie aus dem Kaiserbrunnen. Dafür trocknete er innerlich aus, seine Zunge schabte über den Gaumen.

Ungefähr zur gleichen Zeit galoppierte ein Windisch-Graetz-Dragoner die nordböhmische Grenze entlang, entdeckte ein Wirtshaus und kehrte dort ein. Da der Krieg noch auf sich warten ließ, hatte er es nicht eilig. Dass die Schenke von Deutschen betrieben wurde wie auch viele andere Lokale in Böhmens Norden, sagte ihm zu. Die Wirtsleute hatten sich auf Branntwein spezialisiert, was ihm noch besser gefiel. Er genehmigte sich das eine oder andere Glas, bis ihn eine preußische Patrouille aufscheuchte. Der Dragoner stillte versehentlich auf der falschen Seite der Grenze seinen Durst. Er wollte fliehen, doch das Pferd »warf seinen Reiter ab, der auf diese Weise in Gefangenschaft gerieth«[143]. Es gab Dutzende ähnlicher Episoden, die von der Presse dankbar aufgegriffen wurden, um die Österreicher auf den nahenden Waffengang einzustimmen.

Hatte Cajetan Felder die Stimmen der Fürsprecher mitgezählt? Jedenfalls lächelte er versonnen, dabei war Zelinka erst beim Buchstaben S. Schnürer, Schrank, Schuch, Schwarz: »Nein!« Was gab es denn da zu lachen? Suess wunderte sich, machte aber nun ebenfalls ein halbwegs freundliches Gesicht. Vielleicht half es. Dann rief der Bürgermeister drei Hochquellenunterstützer in Folge auf. Es half! Bei jedem weiteren Nein versuchte Suess wegzuhören, nahm nur noch die Zustimmung wahr, und die wuchs gegen Ende beträchtlich. Herr Wertheim donnerte sein »Ja!« in die Runde, als stimmte er für drei ab.

Das Finale war dann weniger glorreich, Zeiger, Zezulak, Zwilling: »Nein!« Aber einer fehlte ja noch, der Bürgermeister. Andreas Zelinka ließ sich Zeit, wie es seine Art war, betrachtete die Tabelle mit den Ergebnissen, seufzte und sagte schließlich: »Ja!« Zelinka, der Freund des Donauwasssers, hatte sich auf die Seite der Hochquellen geschlagen!

Vielleicht wollte er einfach zu den Gewinnern gehören, denn mit fünfundsechzig zu fünfundvierzig Stimmen war das Projekt angenommen worden.

Beifall erhob sich, so laut, dass man das Klatschen der Gegner gar nicht vermisste. »Nach diesem Ergebnis schloß Bürgermeister Zelinka die denkwürdige Sitzung mit folgenden merkwürdigen Worten«, erinnerte sich Felder. »›Meine Herren! Ich gratuliere Ihnen zu dem Beschlusse, noch nicht zur Ausführung; denn bis dahin hat es noch längere Zeit […]‹« Der Vizebürgermeister interpretierte diese Gratulation auf seine Weise. Zelinka habe sicher gedacht: »›Kommt Zeit, kommt Rat!‹ Er war überzeugt, daß sich bald kategorisch das Bedürfnis nach reichlichem Nutzwasser geltend machen und es dann doch zu einer Donauwasserleitung kommen werde.«[144] Damit lag der Bürgermeister falsch. Was die »längere Zeit« betraf, die bis zur Ausführung noch verstreichen sollte, behielt er allerdings Recht.

Nicht allein der Krieg gegen Preußen verzögerte das Vorhaben. Nachdem es die gesellschaftliche Debatte über Jahre geprägt hatte, verschoben sich die Prioritäten. Anderes wurde wichtiger, zugleich wuchs die Ungeduld mit den Hochquellenverantwortlichen, weil das versprochene Wasser so lange auf sich warten ließ. Doch der erste Rückschlag nach der Entscheidung im Rathaus beruhte auf einem Missverständnis.

Der Kaiser hatte der Stadt Wien etwas geschenkt, was ihm eigentlich nicht gehörte oder worüber er zumindest nicht frei verfügen konnte. Der Kaiserbrunnen stand nämlich unter der Verwaltung des Finanzministeriums, und so kam es, dass sich Seine Majestät zwar als großherziger Spender in Szene setzen konnte, die Bedingungen für die Wohltat allerdings an anderer Stelle festgelegt wurden. Schon bei der ersten Audienz in der Hochquellenangelegenheit hatte Felder den Monarchen dezent auf das Problem hingewiesen. »›Nun‹, erwiderte Se. Majestät lächelnd, ›diese Schwierigkeit wird sich sehr leicht überwinden lassen.‹«[145] Seitdem waren zwei Jahre vergangen, doch das Ministerium hatte seine Forderungen noch immer nicht mitgeteilt.

Während Cajetan Felder die weiteren Schritte erwog, hatte Suess vor dem Krieg noch schnell etwas zu erledigen. Der Süden! Der Vesuv! Er kam nur bis Graz. »Bei einem kurzen Ausfluge in die steirischen Berge wollte man mich am Plabutsch bei Graz wegen der Karten, die ich bei mir führte, als preußischen Spion verhaften.«[146] Er kehrte umgehend nach Wien zurück.

Kaum daheim, wurde es in Böhmen unschön. Die Preußen hatten ohne Umstände das Königreich Sachsen durchquert, das zu Österreichs Verbündeten zählte. Nun überschritten sie die Grenze der Monarchie. Von Benedeks Truppen war nichts zu sehen. Wo blieben die denn? Obwohl der Feldherr sieben Armeecorps und fünf Kavalleriedivisionen in Böhmen und Mähren stationiert hatte, insgesamt etwa zweihundertvierzigtausend Mann, gewann mancher Beobachter den Eindruck, die ganze Nordarmee wäre plötzlich verschwunden.

Schließlich traf Österreichs Vorhut ein und wurde in mehreren Gefechten besiegt. Kaum waren Benedeks Kontingente aufgetaucht, befanden sie sich schon auf dem Rückzug. Abrupt endeten die verfrühten Siegesfanfaren in den österreichischen Blättern, wichen zunächst einem nachdenklichen Ton, schließlich einem zerknirschten, am Ende einem selbstkritischen. Es sehe ganz danach aus, als seien Österreichs Truppen »nicht in der beantragten Stärke, nicht zur rechten Zeit, nicht am rechten Orte dem Feinde gegenüber concentrirt gewesen«[147].

Die technische Überlegenheit der Preußen kam noch hinzu. Die österreichische Infanterie war im Umgang mit dem Bajonett geschult, damit fühlte sie sich hinreichend gewappnet. Die preußische Armee hingegen bot das Zündnadelgewehr auf, jene gefürchtete Waffe, die sechs Schuss in der Minute erlaubte, weil sie von hinten mit Munition bestückt wurde und nicht umständlich durch die Mündung wie die Vorderlader der Österreicher.

Bevor die kaiserlichen Truppen ihr Geschick an der Stichwaffe demonstrieren konnten, fielen sie im Kugelhagel.

Allein dem Zündnadelgewehr die Schuld an der Schwäche der Benedek-Armee zuzuschreiben, wäre aber zu einfach, warnte ein Kriegsreporter: »Was ich bisher von den Preußen gesehen und gehört, ist, […] daß sie uns bis jetzt wenigstens zum größten Theil aus unsern Stellungen, ob günstig oder ungünstig, nicht hinausgeschossen, sondern hinausmanövrirt haben.«[148]

Der Krieg war erst ein paar Tage alt, und Österreich wankte schon bedenklich. Wenngleich in Wien viele hofften, Benedek werde den Feind noch zurückwerfen, nur Geduld, hatte der Feldherr selbst alle Zuversicht verloren. »Bitte Eure Majestät dringend, um jeden Preis den Frieden zu schließen«, telegrafierte er dem Kaiser. »Katastrophe der Armee unvermeidlich.«[149] Man könne doch keinen Frieden schließen, wenn es noch gar keine vernünftige Schlacht gegeben habe, hieß es aus Wien.

Also führte Benedek seine Truppen am 3. Juli bei Königgrätz in die Schlacht. Die Landschaft warf Falten wie eine schlecht sitzende Uniform, deren Saum in die Elbe hing.

Dort, im Osten, standen die Österreicher auf erhöhtem Terrain, die Preußen rückten von Westen vor. Es regnete, das passte zu Benedeks Stimmung. Die Katastrophe hatte er erahnt, dass er der Monarchie eine der schmachvollsten Niederlagen aller Zeiten bescheren sollte, kam aber auch für ihn überraschend. Danach telegrafierte er:

> »Nach mehr als fünfstündigem brillanten Kampfe der ganzen Armee […] gelang es dem Feinde, sich unbemerkt in Chlum festzusetzen. […] Plötzlich von dort aus in Flanke und Rücken beschossen, wankten die nächsten Truppen, allmählich griff an vielen Punkten eine unaufhaltsame Panik um sich, und alle

Anstrengungen, dem Rückzuge Einhalt zu thun, waren vergebens.«[150]

Die Verluste seien noch nicht zu überblicken, aber in jedem Fall beträchtlich, fügte Benedek hinzu. Wie beträchtlich sie tatsächlich waren, sollte sich bald zeigen: Österreich und Sachsen verzeichneten mehr als fünfeinhalbtausend Tote und siebeneinhalbtausend Verwundete. Auf preußischer Seite starben etwa zweitausend Soldaten, fast siebentausend wurden verwundet.

In den ersten Stunden nach der verheerenden Schlacht war die Niederlage für die Wiener noch abstrakt, noch fehlte ihnen ein Indiz für die Dimension der Demütigung. Das änderte sich über Nacht, als die ersten Züge mit Verwundeten eintrafen.

Erst Dutzende, bald Hunderte Schwerverletzte kamen am Nordbahnhof an. Dort, wo Kommandant Benedek vor sechs Wochen mit Pomp und Blumenbouquets verabschiedet worden war, stauten sich nun die Versehrten. Es waren so viele, dass Sanitäter noch damit beschäftigt waren, die Patienten des einen Zuges auf die Krankenhäuser zu verteilen, während schon der nächste eintraf. Deshalb richtete man ein Behelfslazarett vor dem Bahnhofsgebäude ein. »Heute [...] sind bereits alle in Wien vorbereiteten Räumlichkeiten für verwundete Officiere nicht nur vollauf belegt, sondern diese mußten auch in verschiedenen Hotels untergebracht werden«[151], schrieb ein Reporter.

Die preußischen Forderungen, das ahnte Franz Joseph, würden enorm sein. Er machte umfangreiche Zugeständnisse, erklärte sich bereit, zwanzig Millionen Taler zu bezahlen. Venetien werde man allerdings definitiv nicht herausrücken, nur weil Bismarck darauf bestand. Darauf erhob allerdings Italien Anspruch, das mit den Preußen verbündet war.

Letztlich gab es für Österreich einen Friedensvertrag, aber kein Venetien mehr. Und Franz Joseph mahnte Kaiserin Elisabeth, sich bloß nicht nach neuen Immobilien umzuschauen. Fortan werde bei Hof gespart. Die Kriegskosten brachten nicht nur ihn in Verlegenheit, ganz Österreich litt. »Die Auszahlung sämtlicher staatlicher Gehalte und Pensionen war durch die Stadt zu besorgen«[152], klagte Eduard Suess. Wie sollte jemals das »große Friedenswerk« entstehen, wie er die Hochquellenleitung bezeichnete, wenn die Kriegsfolgen alle Mittel aufzehrten?

Zunächst musste die Niederlage verarbeitet werden. Es gab aber auch etwas Neues, worauf sich die Hoffnungen richteten: die Pariser Weltausstellung, die im Frühjahr 1867 eröffnet werden sollte. Manchen Ministern und Großindustriellen erschien es ungemein reizvoll, dass am Horizont dieser dunklen Zeit ein zartes Licht glomm.

Das österreichische Weltausstellungskomitee, das sich bald formiert hatte, ließ zunächst einen offiziellen Appell verbreiten: Es sei eine »unabweisbare Notwendigkeit« und eine »patriotische Pflicht«, in Paris präsent zu sein. Mit patriotischem Pflichtgefühl hatte Österreich zuletzt zwar keine guten Erfahrungen gemacht, dennoch kam langsam Schwung in die Sache. Das *Sonntags-Blatt für alle Stände* erinnerte daran, dass das Land trotz verlorenem Krieg durchaus etwas zu bieten habe, den Banater Weizen zum Beispiel, dessen Mehl sogar im britischen Königshaus geschätzt werde, ferner die herrlichen Textilien.[153] Selbst diejenigen, die Österreichs Teilnahme an der Pariser Weltausstellung besonders energisch befürworteten, waren sich wegen der prekären Finanzlage aber einig, nur eine kleine Auswahl der heimischen Produktion in Frankreich zu zeigen.

Das änderte sich sieben Tage nach dem mühsam errungenen Friedensvertrag, und wieder einmal war Preußen schuld: »Die preußische Regierung hat in Paris erklären lassen, daß sie alle von Oesterreich auf der Weltausstellung unbenützten Räume belegen und für eine glanzvolle Ausstellung des norddeutschen Bundes Sorge tragen werde«[154], berichteten die Zeitungen am 30. September. Kaum war der Feind aus dem Land, wollte er schon wieder heimisches Territorium erobern! Umgehend rief man die Industriellen zu »erhöhter Thätigkeit« und »zahlreicher Betheiligung« auf. Österreich würde seine Räume in Paris bis in den letzten Winkel mit Maschinen, Kunstwerken und Rohstoffen füllen. Große Objekte waren besonders willkommen, Baumstämme zum Beispiel oder imposante Särge. Schon dreieinhalb Wochen später hieß es, man habe die neu gemeldeten Ausstellungsstücke noch einmal durchgezählt: Der dem »österreichischen Kaiserstaat gewidmete Raum ist schon zum größten Theile okkupirt«[155].

Die meisten Österreicher allerdings waren des neuerlichen Wettrüstens müde. Teils litten sie noch, teils verdrängten sie schon, selten zuvor waren die Wiener Theater derart ausgelastet wie im Herbst nach dem Deutschen Krieg. Auch der Kaiser verfolgte die Rivalität zwischen heimischen und preußischen Ausstellungsmachern eher beiläufig. Er hatte in diesem Jahr genug Ärger gehabt, der glücklose Benedek, der arrogante Bismarck – es reichte.

John Snow: Der britische Arzt (1813–1858) war ein Pionier der epidemiologischen Erforschung der Cholera

11

CHOLERA: DIE RÜCKKEHR

London und München, 1854

Nur eine Nacht trennte Hoffnung von Todesangst, ein paar dunkle Stunden, in denen Londons Stadtteil Soho seine Unschuld verlor. Am nächsten Vormittag sah man Menschen panisch ihre Koffer packen und in benachbarte Viertel fliehen. Andere ließen alles zurück, um ihr Leben zu retten, ein Exodus der Verzweifelten, keines ihrer Gebete war erhört worden.

Die Cholera schlich schon seit Monaten durch das englische Königreich, hatte sich zunächst in Küstenstädten eingenistet, war dann weiter in die Hauptstadt gezogen. Zunächst war sie wählerisch, tötete nicht wie im Rausch. Die Bevölkerung ertrug die Plage wie schon während der ersten Epidemie in den Dreißigerjahren, wie schon im Jahr 1849, als die Seuche im Zuge ihres zweiten Weltumlaufs die Stadt neuerlich heimgesucht hatte. Je länger sie blieb, desto größer wurde die Zuversicht, dass sie bald wieder verschwand.

Die Katastrophe, die am 31. August 1854 über Soho hereinbrach, war ohne Vergleich. Im Umkreis weniger Straßen waren über Nacht fast sechzig Menschen gestorben, auf einen Schlag. Einen Tag später zählte man schon mehr als zweihundert Tote und mehr als dreihundert am Morgen danach. Es fehlte an Fuhrwerken, um die Leichen einzeln aus dem Viertel zu transportieren, deshalb wurden sie auf den wenigen verfügbaren Pferdekarren gestapelt. Die fürchterlichste Choleraattacke, die das englische Königreich jemals erlebt hatte, wie Zeitzeugen sagten, schlug mehr als die Hälfte der Bewohner in die Flucht, sonst wären die Verluste noch größer gewesen.

Henry Whitehead blieb. Der junge Vikar, aufgewachsen in der Hafenstadt Ramsgate an der Ostküste, lebte seit drei Jahren in Soho, zugeteilt der Pfarre St. Luke's an der Berwick Street. Sie lag mitten im Katastrophengebiet. Whitehead hatte die meisten Opfer gekannt und spendete nun den Hinterbliebenen Trost, versorgte sie mit Almosen, versicherte ihnen, dass Gebete trotz allem noch halfen.

Nach zehn Tagen erlosch die Seuche, und der Geistliche verschaffte sich einen Überblick, ordnete die Todesfälle den Wohnhäusern zu, fasste das Unglück an der Berwick Street in Zahlen, vielleicht um auf diese Weise das Grauen zu bewältigen.

Auch die Behörden untersuchten die Tragödie und kamen zu dem unbefriedigenden Ergebnis, der Ausbruch hätte durch alles Mögliche ausgelöst werden können. Dass sich das »Choleragift« in der Luft befand, schien besonders plausibel.

Whitehead teilte diese Meinung. Skeptisch las er deshalb die Studie eines Londoner Arztes, der das Ereignis ebenfalls untersucht hatte. Ein gewisser John Snow behauptete allen Ernstes, die Cholera breite sich über das Trinkwasser aus.[156]

Weil sie das Verdauungssystem angreife, müsse der Erreger geschluckt werden. Snows Hypothese widersprach der Theorie, der ominöse Choleraerreger werde eingeatmet. Weder Behörden noch das wissenschaftliche Establishment nahmen den Arzt ernst. Henry Whitehead hingegen setzte sich trotz seiner Ressentiments mit der Studie auseinander.

John Snow, 1813 in der nordenglischen Stadt York geboren, war in ärmlichen Verhältnissen aufgewachsen. Er entstammte einer Bergarbeiterfamilie. Die Lebensbedingungen der Benachteiligten zu verbessern, wurde zu seiner Aufgabe. Nach einer Apothekerlehre wechselte er zum Medizinstudium nach Oxford, beschäftigte sich danach mit Anästhesie, entwickelte Beatmungsgeräte, brachte sich bald in wissenschaftliche Diskussionen ein. Seine wahre Berufung aber fand er in der Frühphase der zweiten Cholerapandemie in den späten Vierzigerjahren.

Während die meisten Ärzte neue Therapien gegen die Krankheit erprobten und als nutzlos wieder verwarfen, widmete er sich den Bedingungen, unter denen sie entstand. Wenngleich er den Erreger nicht aufspüren konnte, war er schon früh überzeugt, er werde durch verunreinigtes Wasser übertragen.

Snow wohnte am Piccadilly Circus, als die Cholera 1854 in Soho einfiel. Der Seuchenherd lag nur zehn Gehminuten von seiner Wohnung entfernt – seine Chance, endlich Beweise für seine Theorie zu finden. »Die Sterblichkeit dürfte auf diesem eng umgrenzten Gebiet so hoch gewesen sein wie nur bei den schlimmsten Katastrophen in der Geschichte des Landes, nicht geringer als während der Pest; und es geschah viel schneller, die meisten Opfer starben binnen Stunden«[157], schrieb Snow.

Während die Seuche noch wütete, befragte er deren Angehörige, um die letzten Stunden ihrer Lieben möglichst präzise zu rekonstruieren, eine Pionierleistung der epidemiologischen Feldforschung. Bald zeichnete sich eine Gemeinsamkeit ab: Fast alle hatten vor ihrem Tod vom Brunnen in der Broad Street getrunken. Gleich um die Ecke befand sich Henry Whiteheads Pfarre.

Noch ein anderer forschte im selben Jahr nach den Ursachen der Seuche, der bayerische Chemiker und Mediziner Max Pettenkofer. Sie hatte 1854 auch München heimgesucht, ausgerechnet im Jahr der Industrieausstellung oder vielleicht gerade deshalb. Fremde waren in die Stadt geströmt, hatten die Cholera mutmaßlich eingeschleppt, in jedem Fall aber verbreitet, von Osten nach Westen, kaum eine Straße war vor ihr sicher. Pettenkofer resümierte: »So hat den Bewohnern der Stadt München die letzte Cholera-Epidemie weit mehr Schaden zugefügt, als ihnen die Industrie-Ausstellung selbst im günstigsten Falle Nutzen gebracht hätte.«[158]

Nun, nachdem die Toten beerdigt waren, wollte der Arzt die Dinge retrospektiv sortieren und erkunden, wo die vielen Gäste und Ausstellungsmitarbeiter abgestiegen, wo die Seuchenherde entstanden waren. Anders als Snow achtete Pettenkofer vor allem auf die Wohnverhältnisse, auf die Lage der Kloaken und deren Abstand zu den Häusern, kurz, auf den Dreck und den Gestank, den die Münchner produzierten.

Seit Jahren dachte er darüber nach, wie die Gesundheit der Bevölkerung zu fördern sei. Lange bevor allgemeine Hygiene in Wiens Öffentlichkeit wenigstens eine Nebenrolle spielte, hatte er Sauberkeit in München schon als wichtigste

Voraussetzung für das Wohlergehen erkannt. Anders als John Snow in London genoss er das Vertrauen der Behörden, wurde von Ministerien unterstützt. Pettenkofer hatte etwas zu melden in Bayern.

Trotzdem lag noch vieles im Argen. Wenn sich der Wissenschaftler in München umsah, bezweifelte er den regelmäßigen Abtransport der Fäkalien, der eigentlich vorgeschrieben war. Er überschlug, dass »nicht der zehnte Theil auf Wägen und durch die Bäche fortgeführt«[159] werde. Um zu veranschaulichen, was das bedeutete, hatte er einen drastischen Vergleich parat: Das Quantum an »Verwesungsstoffen«, die durch zurückgebliebene Exkremente in die Erde gelangten, entspreche etwa fünfzigtausend Leichen jährlich. Nichts fürchtete der Mediziner mehr als Verwesung und Fäulnis.

Der Gestank, den offene Kanäle und faulender Abfall in gedrängten Wohnverhältnissen verbreiteten, stumpfte Pettenkofers Sinne nicht ab, sondern sensibilisierte sie. Selbst Wohlriechendes empfand der Experte mitunter als riskant:

»Wir können einen ganzen Abend auf das angenehmste in einem Salon verbringen, ohne uns nur einmal daraus zu entfernen, der auf das reichlichste mit duftenden Blumen ausgestattet ist – aber es ist lebensgefährlich in einem Zimmer, wo viele Blumen sind, zu schlafen.«[160]

Wer schon Blumenduft als Bedrohung empfand, für den waren Verwesungsgerüche eine olfaktorische Todesschwadron. So verdienstvoll Pettenkofers Engagement für mehr Hygiene war: Was die Cholera betraf, brachte ihn der Glauben an die Schädlichkeit der Ausdünstungen auf die falsche Spur. Dabei hatte er die Quelle korrekt identifiziert: Kranke würden das Choleragift durch ihre Ausscheidungen verbreiten. Im Zuge der Verwesung trete es hervor, als Miasma,

»gasförmige Schädlichkeit«, die aus den belasteten Böden in die Häuser stieg.

»Ich stelle mir den Verlauf dieses Prozesses im Boden vor wie den Verlauf der Gährung eines großen Fasses voll Most«[161], schrieb er. Letztlich bestimmten laut Pettenkofer die Bodenverhältnisse über die Intensität der Seuche, die in durchfeuchteter Erde ungleich höher war als auf Felsengrund. Er ging davon aus, dass sich die meisten im Schlaf vergifteten, wenn die Widerstandskraft am geringsten sei. Offen blieb, wie der eingeatmete Erreger über den Umweg der Lunge den Darm angriff. Unklar war außerdem, ob derjenige, der die Seuche verbreitete, tatsächlich infiziert sein musste oder ob es genügte, wenn er aus einem verseuchten Ort kam.

Einig war er sich mit John Snow allein darin, dass Menschen die Plage verschleppten. Sie werde weder durch atmosphärische Störungen hervorgebracht noch durch Winde übertragen. Pettenkofers Theorie war zwar ein bisschen wackelig, und sie löste nicht alle Rätsel. Definitiv dürfte sie aber manchen Münchner veranlasst haben, endlich die überlaufende Kloake hinter dem Haus zu leeren.

Unterdessen markierte John Snow in London die Todesfälle jedes Wohnhauses in der Nähe der Broad Street mit schwarzen Punkten auf einer Stadtkarte. Die Ballung um den Standort der Pumpe war frappierend. Der Arzt ließ sie am 8. September sperren, worauf die Todesrate abrupt sank. So behauptete es zumindest die Legende, die dieses Ereignis im frühen zwanzigsten Jahrhundert zum Schlüsselmoment in der Choleraforschung stilisierte. Tatsächlich hatte die Seuche schon fünf Tage vorher ihren Höhepunkt überschritten, war fast verschwunden, als die Pumpe geschlossen wurde.

Deshalb blieb die Fachwelt skeptisch. Dabei hatte Snow nicht nur Hunderte Bewohner befragt, er hatte auch sämtliche Fakten, die seiner Überzeugung zu widersprechen schienen, gewissenhaft geprüft. Dass etwa kein einziger der siebzig Angestellten einer nah am Brunnen gelegenen Brauerei erkrankte, während ringsum die Toten aus den Häusern getragen wurden, erschien ihm unlogisch. Bis man ihm versicherte, dass die Herren grundsätzlich kein Wasser tranken, stattdessen Bier konsumierten, das am Arbeitsplatz ja reichlich vorhanden war.[162] Fast alle, die in der Nachbarschaft des Broad-Street-Brunnens überlebten, hatten auf dessen Wasser verzichtet.

Anders als die an Snow zweifelnden Londoner Naturwissenschaftler beschloss Henry Whitehead, die Theorie des Arztes zu prüfen. Er interviewte dieselben Leute. Bei kleinsten Ungenauigkeiten erinnerte der Geistliche seine Gesprächspartner an die große Bedeutung wissenschaftlicher Präzision. Sie mögen bei ihren Berichten bitte ganz akkurat sein.[163]

Nachdem er alles kontrolliert hatte, musste Henry Whitehead einräumen, dass die Cholera in Soho tatsächlich auf den verseuchten Brunnen in der Broad Street zurückging. Er fand sogar heraus, wie der Keim ins Trinkwasser gelangt war: Eine Trauernde hatte die Windeln ihrer an der Krankheit verstorbenen Tochter in der Kloake nahe der Pumpe entsorgt. Von dort musste der Erreger durchgesickert sein.

Im Sinne der Klarheit sei es nötig, »die Überzeugung auszusprechen, die ich langsam und, wie ich hinzufügen muss, widerstrebend, akzeptiert habe, nämlich dass der Gebrauch dieses Wassers mit dem Ausbruch eng zusammenhängt«[164].

Besonders überzeugend fand er den Fall der Witwe eines Zündkapselfabrikanten, die im nördlich der Stadt gelegenen

Hampstead, damals noch ein Vorort, gestorben war, das einzige Opfer in der Gegend. Deren Sohn teilte Whitehead mit, die Dame habe das Wasser des Broad-Street-Brunnens besonders geschätzt. Deshalb war es regelmäßig in großen Flaschen nach Hampstead geliefert worden.

Der Vikar veröffentlichte seine Erkenntnisse schließlich unter dem Titel »Mr. Whiteheads Report über seine Spezialuntersuchung der Broad Street« in einem Kompendium über die Cholera von 1854. Er war der Erste, der John Snows Befunde durch eigene Feldforschung öffentlich bestätigte. Weder der städtische Gesundheitsausschuss noch andere Ärzte machten sich diese Mühe.

Fortan sah man die beiden oft gemeinsam an den Ufern der Themse. Sie wollten nachvollziehen, wie verseuchtes Flusswasser die Cholera während der Epidemie in anderen Stadtteilen verbreitet hatte.

John Snow starb 1858 mit fünfundvierzig Jahren, lange bevor seine bahnbrechende Entdeckung in England und Europa die Anerkennung fand, die sie verdiente.

Pettenkofers Theorie hingegen wurde schon unmittelbar nach ihrer Veröffentlichung in wissenschaftlichen Kreisen gepriesen, mitunter auch angezweifelt, jedenfalls europaweit zur Kenntnis genommen. Josef Skoda etwa äußerte Bedenken:

> »Gegen die Annahme, dass das Cholera-Agens eine Gasart sei, sprechen sowol directe negative Untersuchungen der Atmosphäre, als hauptsächlich die Verbreitungsweise der Cholera, denn es ist undenkbar, dass bei obiger Annahme nur einzelne und nicht alle Individuen erkranken sollten, die sich dieser Luftart aussetzen.«[165]

Eine von Dr. John Snow gezeichnete Karte. Sie zeigt Cholerafälle während der Epidemie in London 1854, die sich bei einer Wasserpumpe an der Broad Street häufen.

Dass Pettenkofers Studie die Debatte beherrschte, obwohl der bayerische Wissenschaftler mit seiner Miasmentheorie danebenlag, während John Snow anfänglich nicht einmal in seiner Heimatstadt ernst genommen wurde, zählte zu jenen Ungerechtigkeiten, wie sie auf allen Gebieten der Wissenschaft zu allen Zeiten vorkommen.

Die Beharrlichkeit, mit der Pettenkofer über die Jahre gegen immer mehr Zweifler für seine Anschauung eintrat, schmälerte jedoch keineswegs seine enormen Verdienste als Hygieniker.

Er bescherte München eine moderne Kanalisation, initiierte zehn Jahre nach der Eröffnung der Wiener Hochquellenleitung auch in München eine Wasserversorgung aus den Bergen. Sein Engagement für öffentliche Gesundheitspflege führte schließlich dazu, dass Hygiene 1862 als Nominalfach an der Münchner Universität etabliert wurde, zu einer Zeit, als noch etliche Wiener Gemeinderäte mit Genuss aus der Donau tranken.

In London ließ Henry Whitehead nicht locker, um John Snows Thesen endlich Aufmerksamkeit zu verschaffen. Er veröffentlichte Beiträge in Fachzeitschriften, sprach mit Experten, immer und immer wieder, bis ihn eines Tages John Netten Radcliffe von der Gesundheitsbehörde kontaktierte. Ob er ihn denn bei einer weiteren Cholerastudie unterstützen wolle.

Natürlich wollte Whitehead. Die Ergebnisse bewiesen Snows Trinkwassertheorie in allen Punkten. Nun war es also amtlich. Der Vikar hatte sein Ziel erreicht.

Den Erfolg seiner Studie beanspruchte Radcliffe nicht für sich, er ließ Snow den Vortritt: »Die Doktrin, die heute in der Medizin allgemein anerkannt ist, wurde ursprünglich vom verstorbenen Dr. Snow propagiert«[166], schrieb er fünf Jahre später. Whitehead rechnete ihm das hoch an, schließlich hatte Snow vergeblich auf die Anerkennung seiner Ergebnisse gewartet.

Bevor der Vikar Mitte der Siebzigerjahre von London aufs Land übersiedelte, wo er eine andere Pfarre leiten sollte, veranstalteten seine Freunde ein großes Abschiedsfest. In seiner Tischrede erinnerte Whitehead noch einmal an John Snow. »›Sie und ich‹, sagte er mir ›werden den Tag vielleicht nicht mehr erleben, und mein Name könnte vergessen sein, wenn er anbricht, aber die Zeit wird kommen, wenn große Choleraausbrüche der Vergangenheit angehören; und es ist das Wissen um die Art ihrer Verbreitung, die der Seuche ein Ende setzen wird.‹«[167] Am nächsten Tag zog Whitehead ins Grüne. Mit der Cholera beschäftigte er sich nie wieder.

PHOENIX
SAAR u. RUHRORT
KRUPP ESSEN a. RUHR
PHOENIX
FRED KRUPP ESSEN

BRESLAU
Societe

Die Krupp'sche Riesenkanone auf der Pariser Weltausstellung, 1867

12

WUNSCHTRÄUME

Paris, 1867

So sah es also aus, wenn sich die ganze Welt an einem Ort drängte. Ein Durcheinander, eine groteske Ballung von Gebäuden in allen Stadien des Unfertigen beherrschte das Pariser Marsfeld am Ufer der Seine. Dampfhämmer donnerten lose Teile in Verankerungen, kolossale Statuen wurden aufgerichtet. Hunderte Arbeiter sägten und kleisterten, hobelten und meißelten. Der Lärm der Maschinen mischte sich mit den Rufen der Männer zu einer bizarren Symphonie des Fortschritts.

Felder beobachtete das Werden der Pariser Schau vom anderen Seine-Ufer aus. Mehr als fünfzigtausend Aussteller würden hier schon in wenigen Tagen, vom 1. April an, zweiunddreißig Länder repräsentieren und auf einer Länge von siebenhundertachtzig Metern um Ruhm, vor allem aber um neue Kundschaft aus allen Erdteilen wetteifern. Selbstverständlich war diese Weltausstellung, die vierte, zugleich auch die größte der Geschichte. Felder überquerte den Pont d'Iéna, der direkt zum Hauptportal führte.

Er war erst am Vorabend mit dem Kurierzug in Paris eingetroffen. Die Bahnfahrt hatte ihm fast fünfzig Stunden seines Lebens geraubt. Der Fortschritt ließ noch auf sich warten, erst für Mitte Mai waren Schnellzüge angekündigt, die in sagenhaftem Tempo von Wien in die französische Metropole rasen sollten. »Die Dauer der Reise mit dem von Wien um 8 Uhr 45 Min. früh nach Paris abgehenden Schnellzug beträgt nur 36 Stunden 5 Min.«[168], verhieß die *Wiener Zeitung*. Das war so sensationell, dass manche noch zweifelten, ob das großspurige Versprechen jemals eingelöst wurde. »In Bezug auf Paß- und Zollförmlichkeit sind die anerkennenswerthesten Erleichterungen bewilligt.«[169] Nie zuvor hatte ein Mensch die Distanz zwischen Wien und Paris schneller zurückgelegt.

Hinter dem Haupteingang ragte ein englischer Leuchtturm auf, immerhin fast vollendet und genau an der Stelle errichtet, an der bei der übernächsten Pariser Weltausstellung zweiundzwanzig Jahre später ein noch viel größerer, ein nie da gewesener Turm aus Eisenfachwerk wachsen und zum Wahrzeichen der Metropole werden sollte. Rechts lag der Kaiserpavillon, dahinter befanden sich orientalische Paläste, ein chinesisches Teehaus mit spitzem Dach, Springbrunnen mit lieblichen Statuen. All diese Bauwerke kauerten im Schatten eines wahren Architekturmonstrums, des Ausstellungspalasts. Es handelte sich um ein gigantisches Oval. Ein Haus des neunzehnten Jahrhunderts ohne Ecken und rechte Winkel? Eigentlich unvorstellbar. Die Konstruktion machte den Eindruck, als hätte Goliath ein halb gelutschtes Bonbon mitten in die Ausstellung gespuckt.

Die Schau in dem Gebäude wurde nach dem Tortensystem organisiert: Jedes Land erhielt ein Stück, außen breit, zur Mitte hin, wo sich ein Garten befand, immer schmaler. Als Gastgeber hatte sich Frankreich beinahe die Hälfte der

Torte einverleibt. Preußen musste mit einem Zehntel vorliebnehmen.

Großbritannien bekam etwas mehr, Österreich ein bisschen weniger. Die Vereinigten Staaten wurden mit einer Kinderportion abgespeist.

Voller Stolz hatten die Franzosen diesen Kurvenkoloss gebaut, um danach festzustellen, dass er trotzdem noch zu klein war für die Fülle der Ausstellungsobjekte aus aller Welt. Also wurde auch der Park, der ihn umgab, dem Wettstreit der Kulturen gewidmet. Wer wollte, konnte hier unter freiem Himmel mit landestypischer Architektur prahlen.

Cajetan Felder erschien das alles zu großspurig. Auch deshalb machte er später nie ein Geheimnis daraus, dass er »Weltausstellungen schon damals für einen Großschwindel hielt«[170]. Dennoch begab er sich sogar schon zehn Tage vor der Eröffnung in das Chaos auf dem Marsfeld und eilte an dem Ausstellungspalast vorbei ans andere Ende, nicht aus Interesse, sondern weil er musste.

Die meisten Länder, die sich Flächen für ihre Freiluftauftritte gesichert hatten, errichteten dort etwas möglichst Herrschaftliches, Architektur, die den jeweiligen Regenten oder Göttern schmeicheln sollte, Schlösser, Tempel, Kirchen. Russland war eine Ausnahme. Auf dem Pariser Terrain des Zaren wurde stattdessen ein Stall gebaut. Dort residierten immerhin die Pferde des Herrschers. Nur die österreichische Kommission hatte keine Lust, mit ihrem architektonischen Blickfang dem Kaiser zu huldigen, aber ein imposantes Bauwerk sollte es schon sein. Also stellte man den Franzosen einen Bierpalast in die Weltausstellung. Und nur eine einzige Brauerei kam infrage, um die Ehre des österreichischen Biers in Paris zu verteidigen, die beste und berühmteste natürlich: Der Dreher aus Klein-Schwechat sollte die französische Metropole erfreuen.

Herr Deiglmayr, der die Brauerei leitete, hatte die Idee gut gefunden, der Schwager des verstorbenen Dreher noch besser, und so hatten sie den testamentarisch zum Generalbevollmächtigten bestimmten Cajetan Felder gedrängt, diese Chance zu ergreifen. »Nach reiflicher Abwägung des Pro und Contra entschloß ich mich, in Anbetracht, daß damals ein wahres Weltausstellungsfieber herrschte, in Gottes Namen in den äußerst sauren Apfel zu beißen«[171], erinnerte er sich.

Nun musste er das Lokal vor der Eröffnung inspizieren. Es war viel größer als gedacht, ein zweigeschossiges Anwesen aus Holz mit Satteldach und mondänem Portikus. Um das Gebäude scharten sich ein Tiroler und ein oberösterreichisches Häuschen, außerdem eine böhmische Glasschleifhütte und ein *Irrencottage*, allerdings ohne Patienten. Wie Beiboote des großen Brauereivergnügungsdampfers wirkten diese Bauten.

Fünf Stufen führten hinauf in den Dreher'schen Bierhimmel. Arbeiter hobelten Dielen, polierten Zapfhähne, verschraubten Vorhangstangen. Felder stellte zwar fest, dass das Haus »bei jedem Schritt in den Fugen krachte«, aber immerhin sah es eindrucksvoll aus, und die französischen Behörden hatten den hingepfuschten Bretterpalast nach ihrer Inspektion genehmigt. Eingebettet in den Maschinenlärm der Umgebung wirkte der Krach der Dielen auch gar nicht so gefährlich.

»Ah, der Herr Doktor!«

Herr Deiglmayr hatte Felder entdeckt und wirkte unendlich erleichtert. Noch bevor er dem Vizebürgermeister sämtliche Unterlagen aushändigte, hatte er ihm schon die ganze Last der Verantwortung zugeschoben.

»Wann kommt denn das Personal nach Paris?«, fragte Felder.

»Übermorgen sollte es so weit sein.«

Für den Restaurantbetrieb war ein aufstrebender Wiener Delikatessenhändler engagiert worden, der später als Hotelier zur Legende wurde. Beim Dreher in Paris präsentierte sich Eduard Sacher erstmals auf internationaler Bühne; mit Kaiserfleisch an Heiduckenkraut, Paprika-Lämmernen, Hirnschoberl, Beuschl und Topfenpalatschinken neben Standards wie gekochten Würsteln.[172]

In diesem Augenblick wurde es draußen still. Nur noch Drehers Etablissement lärmte unter den Schritten der Tischler und Dekorateure. Als Felder aus dem Fenster schaute, sah er die Arbeiter anderer Länder zum Hauptportal eilen.

Ein Österreicher, der sich schon ein paar Wochen länger in Paris aufhielt, der Schriftsteller und Journalist Michael Klapp, wusste, was los war. Seine Majestät Napoleon III. war eingetroffen, um den Fortschritt zu besichtigen. »Kaiser Napoleon war keine Rarität auf dem Marsfelde«, berichtete er.

»Der Erfolg des großen Schauspiels, das er aller Welt bieten wollte, lag ihm sehr am Herzen.«[173] Der französische Kaiser defilierte durch das Spalier der Arbeiter zum Ausstellungspalast. An diesem Tag schien er keinen Wert auf den Jubel zu legen, den man ihm pflichtschuldig entgegenbrachte. Es gab noch nichts zu feiern, nur zu erledigen und zu vollenden, was er verfügt hatte.

Michael Klapp zählte zu den wenigen österreichischen Journalisten, die Auftritten europäischer und orientalischer Herrscher auf dem Marsfeld in ihren Artikeln mit Ironie begegneten. Über Napoleon III. beim Baustellenbesuch schrieb er: »Und da trat er nun selbst in das große gigantische Chaos, das das Palais auf dem Marsfelde damals bedeutete, mit seinem Machtwort ein, Licht gebiethend, Licht schaffend.«[174]

Felder stand auf dem Festbalkon des Dreher-Chalets. Von dort aus hatte er freie Sicht auf den Kaiser, als der wenig später die Ausstellungshalle auf der Rückseite verließ und zur wartenden Kutsche ging. Eben noch so energisch, wirkte Seine Majestät nun abgekämpft, als hätte er – hau ruck – eine der neuartigen Maschinen in der Industriehalle persönlich an Ort und Stelle gewuchtet. Dass sämtliche Gewerke enorm im Verzug waren, deprimierte ihn.

Hoch über Felder, an einer Stange, die den Giebel weit überragte, blähte sich die Landesfahne im Frühlingswind. Sie sollte in den kommenden Wochen zum weithin sichtbaren Emblem werden für Österreichs ganzen Stolz, das Dreher-Bier, und für noch etwas anderes, das für die Beliebtheit der Wiener Gaststätte auf dem Marsfeld genauso wichtig wurde. Davon ahnte Cajetan Felder allerdings noch nichts. Österreich war auf dem besten Weg, sich bei der Weltausstellung mit einem Skandal zu verewigen.

Die Pariser Veranstaltung kam zu früh für die Österreicher. Kaum acht Monate nach dem verlorenen Krieg war das zurechtgestutzte Kaiserreich noch damit beschäftigt, sich an die neuen Landesgrenzen zu gewöhnen; Venedig weg, Padua weg, und damit die ganze Sonnenseite der Monarchie. Man durchtauchte gerade die Trotzphase, die Überlegenheit der gegnerischen Armee zwar anerkennend, aber schon wieder sticheInd, schon wieder um keinen Scherz verlegen, der auf

Kosten der Preußen ging. Während nicht nur Wiens Satirezeitschriften so ungeniert über Bismarck und Wilhelm I. herzogen wie vor dem Waffengang, wurde beim Oberdöblinger Faschingszug ein »Vorderlader-Preußen-Vertilgungswerk«[175] als besondere Attraktion präsentiert. Die internationale Bühne jedoch, wie sie die Pariser Weltausstellung bot, erschien der Bevölkerung nicht sonderlich verlockend.

Mit Sorge hatte das offizielle Österreich vernommen, dass England Zehntausende Arbeiter nach Paris entsenden würde, um dem Auftritt des Landes den nötigen Rückhalt zu geben. Auch andere Staaten schickten heimisches Publikum nach Frankreich, lockten es mit Vergünstigungen, damit es dem eigenen Ausstellungsbeitrag applaudierte. Beunruhigt rief die österreichische Handelskammer die Arbeiterverbände auf, gefälligst Claqueure nach Paris zu schaffen. Doch die Begeisterung hielt sich in Grenzen. Die Zeitung *Die Debatte* vermeldete:

> »Der Gesammteindruck dieser Berathung kann, wenngleich kein ungünstiger, so doch durchaus kein erfreulicher genannt werden. Nicht weniger als drei Genossenschaftsvorstände erklärten […], ganz gegen die Beschickung der Ausstellung durch Arbeiter zu sein, weil sie den Nutzen […] nicht einsehen.«[176]

Ein Einpeitscher musste her, der die Sehnsucht nach neuen Großtaten weckte. Nur einer kam dafür infrage: Der Unternehmer, Reklameprofi und Gemeinderat Franz Wertheim sollte es richten. Umgehend organisierte er in seiner Fabrik eine pompöse Ausstellung seiner Werkzeuge und Kassen, um das Publikum für die Pariser Schau und natürlich für seine dort präsentierten Sensationen zu begeistern. Wertheim wusste, dass er vor allem die Journalisten hofieren musste, schließlich mehrten sie sein Prestige. Auch diesmal taten sie ihm den Gefallen. Das Unternehmen werde »auf der nächsten Pariser Ausstellung auf wahrhaft glänzende Weise« vertreten sein. Das ließ sich noch überbieten: »Eine Ausstellung ohne Wertheim'sche Kassen ist heutzutage eine Unmöglichkeit«[177], schrieb das *Neue Fremden-Blatt*.

Der Unternehmer genoss seine Show, erzählte Geschichten über Geschichten, etwa die von den neuen zerlegbaren Tresoren, deren Einzelteile auf Kamelrücken bis zu den Palästen der Scheichs gelangten. Wertheim, ein Pionier der modernen Vermarktung, hatte als einer der Ersten erkannt, dass jedes gute Produkt eine noch bessere Legende brauchte, um selbst diejenigen zum Kauf zu animieren, die gar nichts damit anfangen konnten. So etablierte er den Lustkauf in der Metallwarenbranche. »Die ausgestellten vierzehn Kassen sind in der That das vollendetste, das in diesem Fache noch jemals hervorgebracht worden sein mag.«[178] Den Lesern musste sich der Eindruck aufdrängen, allein Wertheim sei einen Ausflug nach Frankreich wert.

Cajetan Felder hatte in den Tagen vor seiner Abreise nach Paris zwar bemerkt, wie sich die Stimmung langsam gedreht, die Bevölkerung ein überschaubares Interesse für die Weltausstellung entwickelt hatte. Dass sich aber schon wenige Tage nach der Eröffnung halb Wien und außerdem halb Moskau um Wertheims Stand im Pariser Ausstellungspalast drängten, kam überraschend. Der Fabrikant hatte sein Revier in der Maschinenhalle plakativ markiert, wie Michael Klapp in einem seiner Zeitungsartikel feststellte. Er befand sich auf der Galerie der Halle, drei Meter über dem Erdboden, und blickte auf die Maschinen hinab. »Da überfällt uns gleich wieder eine derb gemalte Reklame, die uns von unten, dem Maschinenraume aus mit ihren grellen Lichtern empfängt, – die Darstellung einer mitten in einem Brande sich unversehrt erhaltenen, eisernen Kassa im großen Style.«[179] Der Kampf mit dem Feuer sei »weniger herz- als augenzerreißend von dem Wertheimischen Hof-, Haus- und Historienmaler« dargestellt worden. Niemand sonst schien sich an der Geschmacklosigkeit zu stören. Spannung lag in der Luft, Wienerisches und Russisches überlagerten das Dröhnen, Stampfen und Pfeifen der ringsum arrangierten Geräte.

Die Maschinenhalle bildete den äußeren Ring des Ausstellungspalasts, eine riesige Konstruktion, die dank der raffiniert angeordneten Metallrippen dennoch elegant wirkte. Ausdrücklich lobten viele Journale das Bauwerk, verzichteten aber darauf, den Namen ihres Schöpfers zu nennen: Gustave Eiffel.

Den musste man damals noch nicht kennen.

Neugierig näherte sich Felder der Menschentraube vor Wertheims Bühne. Er besuchte das Ausstellungsoval zum ersten Mal, denn bisher hatte Drehers Bierhalle seine ganze Aufmerksamkeit erfordert. Von Anfang an sei sie gut besucht, der Zuspruch so groß gewesen, dass »wiederholt das vorrätige Bier bis aufs letzte Faß ausgetrunken wurde und schleunigst nach Schwechat um Succurs telegraphiert werden mußte«.[180] Und der Herr Sacher erledigte seine Aufgaben in der Küche vorbildlich.

Es gab auch Rückschläge, aber nur kleine. Unmittelbar vor der Eröffnung war ausgerechnet ein französischer Advokat durch den knarrenden Boden gebrochen und in den Bierkeller gestürzt. »Glücklicherweise trug er nur Hautabschürfungen davon und da er ein anständiger Mann war, begnügte er sich mit einer Entschädigung von einigen tausend Francs«[181], schrieb Felder.

Inzwischen hatte er sich durch das Gedränge so weit nach vorne geschoben, dass er endlich den Maestro erblickte. Wertheim lächelte ins Publikum, während er lässig eine seiner Sensen schärfte. Neben ihm stand ein russischer Werkzeugfabrikant, ebenfalls mit einer Sense ausgestattet, die, wie Wertheim nun verkündete, aus den berühmten Werken der zentralrussischen Stadt Tula stammte. Vor den beiden ruhte eine Eisenplatte auf zwei Holzblöcken. Nun begriff Felder, was die sonderbare Versuchsanordnung zu bedeuten hatte: Ein Sensenduell stand bevor, um die Überlegenheit des österreichischen Fabrikats zu demonstrieren. Wertheim holte aus, und »siehe da! – schon mit dem ersten geführten Schlage war die Eisenplatte durchhauen, während mehrere Sensen aus Tula sich vor derselben Platte krümmten und bogen«[182]. Österreich triumphierte! Mit einem einzigen Hieb hatte das Land das russische Zarenreich düpiert.

Später erfuhr Felder, dass der Sieg gar nichts mit der Qualität der heimischen Sensen zu tun gehabt hatte. Um eine weitere Heldenlegende zu produzieren, war Wertheim ins Risiko gegangen.

> »Er erzählte mir wiederholt, […] wie viele saure Stunden er in der Überzeugung, daß der Erfolg nur von der geschickten Handhabung der Sense abhänge, in abseits gelegenen Lokalen mit geheimen Hiebversuchen zugebracht habe.«[183]

Die Russen zogen sich zerknirscht auf ihr Ausstellungsterrain zurück, während die Österreicher zu Drehers Bierhalle aufbrachen, um Wertheims Leistung zu feiern.

Auf dem Weg dorthin musste Felder mehrfach den berüchtigten »rollenden Fauteuils« ausweichen, die über die Promenaden des Marsfelds donnerten, dass der Kies aufspritzte. Sie waren ein besonderer Service für die Müden und Bequemen, die sich für ein paar Centimes durch die Weltausstellung kutschieren ließen. Und sie waren der Schrecken der Flaneure.

Die Menge schob Cajetan Felder am orientalischen Palast des tunesischen Herrschers vorbei und am neapolitanischen Erfrischungspavillon, wo die Getränke zum Entzücken der Gäste mit einer kleinen Lokomotive an den Tresen transportiert wurden. Als Felder endlich den österreichischen Teil des Parks erreicht hatte, wurde er plötzlich von einem gedrungenen Russen in schwarzem Kaftan und karmesinroter Unterjacke ins Gebüsch gedrängt. Aus dem Weg, im Namen des Zaren! Und schon defilierten die herrschaftlichen Rösser vorbei, stattlich, gewiss, aber auch ein wenig missvergnügt. Sie hatten die russische Ecke des Marsfelds verlassen und machten sich nun auf dem Territorium der Monarchie breit, möglicherweise ein Akt der Vergeltung für die Niederlage an der Sense. Zurück in Drehers Lokal genehmigte sich Felder ein Bier. Als er danach aus dem Fenster schaute, waren die Rösser des Zaren verschwunden.

Nur frühmorgens, wenn Paris noch von den Sensationen des vergangenen Tages träumte, blieb Felder Zeit, an etwas anderes als an das Untergärige aus Klein-Schwechat zu denken. Er logierte zentral im *Grand Hotel* neben dem Tuilerien-

Park, kannte die Annehmlichkeiten das Hauses aber nur vom Hörensagen. Wegen Überfüllung hatte man ihn in einer Dachkammer einquartiert.[184] Der Blick aus dem Fenster auf die noch dunkle Stadt entspannte ihn trotzdem.

Unten auf der Straße schepperte ein Milchwagen vorbei und gleich darauf noch ein zweiter. Während der Weltausstellung hatten sie es besonders eilig, denn kaum war die letzte Kanne ausgeliefert, wurden die klapprigen Karren hurtig umgerüstet. Sie hatten »ihre Milch verkauft und da, wo diese gestanden, standen nun vier kleine Rohrstühle ohne Lehne [...], alle besetzt, und draußen hing ein Täfelchen mit der stolzen Aufschrift ›Exposition‹.«[185] Die stets überfüllten Pferdeomnibusse bescherten den Milchmännern einen lukrativen Nebenverdienst.

Felder schlug die Mappe mit seinem Manuskript auf. Der Direktor der kaiserlich-königlichen Hof- und Staatsdruckerei hatte ihm seine Schmetterlingsstudie vor der Abreise nach Paris zur allerletzten Begutachtung ausgehändigt. Ungern, denn der Band hätte längst gedruckt werden, ja eigentlich schon in den Regalen der Leserschaft stehen müssen. Acht Jahre war Österreichs Weltumrundung mit der *Novara* nun her, und noch immer gab es nichts über die vorgefundenen Schmetterlinge zu lesen. Die Monarchie warte auf die Erkenntnisse des Herrn Experten.

Felder hatte die Zeit gefehlt, sie fehlte ihm auch jetzt. Eigentlich sollte er sich längst um die Ausschreibung für den Bau der Wasserleitung kümmern. Allerdings wollte das Finanzministerium den Kaiserbrunnen noch immer nicht herausrücken. Seit Jahresbeginn hatten er und Suess schon fünfmal die Eigentumsübertragung eingefordert. Mit noch mehr

Nachdruck konnte man nicht drängen. So lange er auf die erlösende Nachricht aus Wien warten musste, gab er seinem Schmetterlingswerk den letzten Schliff, bevor er in der Bierhalle gebraucht wurde.

Die Beschäftigung mit den Insekten fühlte sich an wie eine Rückkehr auf vertrautes Terrain. Er konnte sich nicht einmal mehr daran erinnern, wann er zuletzt im Garten seines Weidlinger Refugiums mit dem Netz auf die Pirsch gegangen war.

Traurig war das und beunruhigend. Um sich als Vizebürgermeister den Nöten der Gesellschaft widmen zu können, musste er die Schmetterlinge vernachlässigen.

Insgeheim beneidete er wohl Eduard Suess um dessen Errungenschaften in der Erdwissenschaft. Denn dieser Forscher verstand es, seiner Leidenschaft zum Wohle aller nachzugehen.

Seinem Wissen über Gesteinsschichten würden die Wiener bald erstklassiges Wasser verdanken. Andererseits machte allein die zartgrüne Binde auf den Vorderflügeln des Leptocircus mehr her als alle Steinbrocken, die ihm Suess in den vergangenen Jahren begeistert präsentiert hatte, fand Felder. Der Reiz anorganischer Materie erschloss sich ihm nicht.

Womöglich barg auch die Schmetterlingsforschung einen vergleichbaren Nutzen für die Menschheit, nur hatte er ihn noch nicht entdeckt. Eine Gesellschaft, die sich dank des Flügelschlags eines Zitronenfalters zum Besseren entwickelte – war das denkbar? Fürs Erste blieb die Beschäftigung mit den Insekten für ihn eine »Geisteserfrischung, auf dass der Sinn für das Höhere nicht untergehe unter den lähmenden Formen des nüchternen alltäglichen Berufes«[186].

Nachdem er das erste Viertel seiner Studie überflogen, die korrekte lateinische Schreibweise der Arten und Unterarten ein letztes Mal überprüft und sich wieder einmal in den prachtvollen Illustrationen verloren hatte, bekam er Durst. Er schenkte sich Wasser ein, nippte, schluckte und dachte angestrengt an den graziösen Leptocircus in Südostasiens Wildnis, um sich vom ekelhaften Nachgeschmack abzulenken.

Offenbar hatte man ihm in seiner Dachkammer Wasser aus der Seine hingestellt, obwohl die Suiten darunter doch gewiss schon an die neue Leitung angeschlossen waren. Vor allem morgens, auf nüchternen Magen, drängten die fauligen Nuancen penetrant in den Vordergrund.

Felder schlüpfte in den Gehrock und trat hinaus auf die Straße. Inzwischen glomm das Morgenrot über den Dächern. So lange die Boulevards noch auf den Verkehr warteten, gefiel ihm die französische Metropole am besten. Dann konnte er am ehesten nachvollziehen, was sich der Präfekt der Stadt dabei gedacht hatte, als er das alte Paris von der Landkarte tilgte und ein neues schuf. Diese Weite, diese Eleganz der schnurgeraden Straßen ließ nichts mehr von der unerhörten Brutalität erahnen, mit der Baron Haussmann hier aufgeräumt, das verwinkelte mittelalterliche Straßenbild zertrümmert und an dessen Stelle imposante Bürgerhäuser errichtet hatte, jedes für sich ein Palast.

Tendenziell eher dem Alten nachtrauernd als dem Neuen gegenüber aufgeschlossen, war man in Wien schockiert über den Berserker von Paris und unterstellte Haussmann »Demolierungswut«. Als kurz vor der Weltausstellung weitere vierzig Häuser auf einen Streich aus dem Stadtbild entfernt werden sollten, hieß es in der *Neuen Freien Presse*: »Es sind dichtbevölkerte, wohlerhaltene, zum Theile neue Häuser von hoher Ertragsfähigkeit, die verschwinden, nicht um anderen, schöneren Häusern Raum zu geben, sondern um aus einem großen Platze einen noch viel größeren zu machen.«[187] Ästhetik um ihrer selbst willen war den meisten Berichterstattern, übrigens auch denen anderer Länder, suspekt, wenngleich sie einräumten, dass die französische Hauptstadt nun genau so aussah, wie sie sich eine moderne Metropole vorstellten.

Inzwischen hatte Paris seine Morgentoilette erledigt und drängte ins Freie. »An allen Ecken Kaffeehäuser, welche ihre drei-, vierfachen Stuhlreihen weit hinaus auf die breiten Trottoirs geschoben haben. Kellner mit lackirten Schuhen und weißen Schürzen; […] alles blumengeschmückt, vergoldet, bespiegelt«[188], schrieb der deutsche Journalist Robert Geißler. Möglicherweise saß er ja ganz in der Nähe, als Cajetan Felder an diesem Vormittag in einem Straßencafé einkehrte, wo es Wasser ohne Beigeschmack gab.

Haussmann hatte damit begonnen, saubere Quellen von außerhalb in die Stadt leiten zu lassen. Zunächst war die Dhuis angezapft worden, ein Fluss, allerdings ein sehr klarer, der sich östlich von Paris durch idyllische Natur schlängelte.

Das Pensum reichte nicht aus, um die ganze Stadt zu versorgen, aber Leitungen zu anderen Flussquellen waren schon in Arbeit oder zumindest in Planung.

Zwischen luxuriösen Kaleschen und etwas weniger feinen Remisewagen rumpelte in diesem Moment ein Brotkarren den Boulevard entlang, vorne der Bäcker, der zog. Er beförderte kein Gebäck, sondern zwei Hocker, einer frei, auf dem anderen saß ein Inder. Seinen roten Turban trug der Herr mit einer solchen Noblesse, als hätte er vier Paradepferde vorgespannt.

Ein von Hand beschriftetes Blechschild klapperte an der Seite gegen das Wagenrad. Felder ließ ein paar Münzen auf den Tisch fallen. Weil es in den Tagen der Weltausstellung an verfügbaren Kutschen mangelte, eilte er wohl diesem Gefährt hinterher. Eins, zwei, drei saß auch er oben und ließ sich zum Marsfeld chauffieren.

Etwas stimmte nicht mit dem Personal, das Herr Deiglmayr für die Bierhalle verpflichtet hatte. Während in der bayerischen Gastwirtschaft auf dem Marsfeld neben den Damen im Dirndl auch ein paar Herren in Lederhosen Weißwurst servierten und im französischen Weltausstellungsrestaurant ausschließlich akkurat frisierte Garçons im Frack die Gäste bedienten, schwärmten beim Dreher nur Wienerinnen zu den Bierbänken aus. Das allerdings war nicht das Problem, ganz im Gegenteil, schließlich waren die Kellnerinnen auffallend hübsch und charmant. Da vor allem Männer das Untergärige schätzten, war Deiglmayrs Personalpolitik sogar ziemlich raffiniert.

Trotzdem hatte Felder ein ungutes Gefühl. Natürlich war ihm aufgefallen, dass zum Beispiel das Annerl aus der Leopoldstadt gerne länger als nötig bei den Gästen herumstand. Je mehr Tage vergingen, desto lieber machten die Damen an den Tischen Pause. Er war bei den Bayern gewesen und bei den Franzosen, ja sogar im chinesischen Teehaus, um herauszufinden, ob das womöglich auf dem Marsfeld in Mode war. Nirgendwo hielt sich das Personal so lange bei den Gästen auf.

Dann entdeckte er eines Morgens einen Artikel im *Le Figaro*, der ihn schockierte. Man schrieb dort über Dreher, was grundsätzlich willkommen war. Es ging aber nicht um das wohlschmeckende Bier oder um die Spezialitäten des Herrn Sacher, sondern um die Frage, ob man die österreichische Nationaltracht tatsächlich so tief dekolletiert trage, wie es Drehers Kellnerinnen glauben machen wollten.

Man darf annehmen, dass Felder die verfängliche Tracht unverzüglich umschneidern ließ. Doch je züchtiger die Kleidung, desto freizügiger wurde plötzlich alles andere. »So gab es zum Beispiel einen in Wien stadtbekannten Bankierssohn, der zu allen Tageszeiten irgendeine Biernymphe auf dem Schoß hatte und sich ganz ungeniert mit ihr unterhielt«[189], empörte sich Felder.

Als der Prinz von Wales die Weltausstellung besuchte, wählte er zwar der Form halber ein Etablissement, das einen tadellosen Ruf genoss, allerdings eines, das ihm einen Ausblick auf Drehers Biernymphen bot. Michael Klapp schilderte seinen Lesern den englischen Thronfolger beim Mittagsmahl:

> »Er saß in dem Hause der österreichischen Commission im Parke, zunächst des Dreher'schen Biertempels und wurde auf gut Wienerisch bewirthet. Er trank wacker vom Schwechater Göttertrank und aß Wiener ›Backhändel‹ und ›Hauptl-Salat‹. […] Kellner im schwarzen Frack trugen vor ihm das Essen auf und der Prinz hätte sich gewiß viel lieber von einigen Angehörigen des Dreher'schen Bier-Harems […] bedienen lassen.«[190]

Dem Thronfolger solche Hintergedanken zu unterstellen, war unerhört. Die Andeutung, beim Dreher würden noch ganz andere Gelüste befriedigt als nur kulinarische, musste Felder bekümmern. Nicht genug, dass der stolze Name des seligen Bierkaisers in Verruf geriet, wenn die Kellnerinnen auf eigene Rechnung Dinge verkauften, die gar nicht auf der Karte standen. Man hatte in Paris die Monarchie zu repräsentieren!

Dabei hätte Felder ahnen können, was auf ihn zukommen würde. Schon vor seiner Abreise hatte manche Zeitung einen herben Verlust beklagt: »Wiens Tanzsäle und Vergnügungs-Etablissements haben einige ihrer schönsten Zierden verloren.« Der Dreher brauche die Damen in Paris, wo sie in verschiedenen Trachten des Kaiserreichs Bier servieren würden. »Irma wird als Ungarin, Mizl als Tirolerin, Margareth als Steirerin auftreten. Alle aber werden hoffentlich für die österreichische Exposition Reklame machen.«[191]

Drehers Kellnerinnen machten nicht nur Reklame für Österreich, sondern auch mächtig Eindruck in eigener Sache. Kein anderes Lokal auf dem Marsfeld war so beliebt, bald aber auch ziemlich berüchtigt. Entsetzt stellte Cajetan Felder fest: »Der Skandal wurde von Tag zu Tag größer und das Dreher'sche Lokal drohte in den Ruf eines Bordells zu gelangen.«[192] Als dann auch noch in einigen preußischen Zeitungen von den »Wiener Schnecken« die Rede war, jenen »für verschiedene Geschmacksrichtungen assortirten«[193] Damen, die nach zahlungskräftigen Herren Ausschau hielten, griff er zu einem »herrischen Mittel«: Er spendierte den »schönsten Zierden« Zugfahrkarten und schickte sie noch am selben Tag zurück nach Wien.

Fortan las man nicht mehr viel über Drehers Zweigstelle in Paris, wenngleich das Schwechater Bier weiterhin besonders gut schmeckte und in Strömen floss. Dem Wiener Vizebürgermeister kam es vor allem darauf an, dass er Drehers Ehre und letztlich natürlich die seines Landes erfolgreich verteidigt hatte.

Es wurde also ein bisschen stiller um die Bierhalle und auch um den Wertheim Franz, denn dessen Sensentriumph über die Russen lag nun auch schon ein paar Wochen zurück. Dennoch gab es für die meisten österreichischen Besucher und Aussteller kaum einen Zweifel, wer den Länderwettbewerb dominierte. Allerdings sah sich fast jedes Land als Sieger, wodurch das Gleichgewicht der Kräfte gewahrt blieb. Im Europa des späten neunzehnten Jahrhunderts war das keine Kleinigkeit. So kehrte die Tausend-Pfund-Kanone, die der preußische Hersteller Krupp zur Ausstellung geschleppt hatte, um den Rest der Welt das Fürchten zu lehren, schon drei Jahre später nach Paris zurück, dann allerdings geladen. Natürlich hatte Frankreich keine Chance im deutsch-französischen Krieg.

Noch aber sonnte sich Paris im eigenen Glanz, Preußens Prachtgeschütz schwieg, und die internationalen Besucher vertrugen sich. Sie strömten so zahlreich zum Marsfeld, dass die Tageseinnahmen alle Erwartungen übertrafen. Man staunte über ausgestopfte Löwen, Gorillas und hydraulische Aufzüge eines Amerikaners namens Otis. Bewundert wurde auch ein künstliches »Gebiss, das zum Kauen befähigte« und eine neuartige Stecknadelmaschine. Einigen englischen Gräfinnen gelang das Kunststück, auf dem Marsfeld zu prunken, obwohl sie gar nicht vor Ort waren. Sie hatten ihre Hausjuweliere beauftragt, die herrschaftlichen Geschmeide aus der Privatkollektion in Paris zu präsentieren. So ersparten sie sich die strapaziöse Reise und bewiesen dort trotzdem ihren erlesenen Geschmack.

Nur der Cercle International machte den Veranstaltern Sorgen. Es handelte sich um ein Palais am Rand des Ausstellungsgeländes, in dem zu Konzertmusik diniert und nebenbei das kostbare Dekor bewundert werden sollte. Leider hatte der Designer auf ganzer Linie versagt, beklagten die Pariser Zeitungen und etliche Gäste. Es sei schon fast eine Kunst, aus den kostbarsten Tapisserien und Stoffen eine solche Scheußlichkeit zu fabrizieren. Der kleinlaute Ausstattungskünstler rechtfertigte sich damit, dass die Wucht der vielfältigen Eindrücke aus dem Orient und Europa auf dem Marsfeld seinen ästhetischen Kompass gestört habe. Und wer rettete das Etablissement vor der peinlichen Pleite? Ein Österreicher, der Ende Mai mit Violine und Orchester anreiste.

Zunächst musste sich Johann Strauss aber um etwas anderes kümmern. Fürstin Pauline von Metternich hatte zum großen Ball geladen. Die Ehefrau des österreichischen Botschafters Richard Klemens von Metternich, Sohn des legendären Staatsmanns Clemens Wenzel von Metternich, der beim Wiener Kongress die Fäden gezogen hatte, wollte ein einzigartiges Spektakel ausrichten. Damit es aus dem Reigen der Weltausstellungsfeste herausragte, benötigte sie den Walzerkönig. Die mehr als zweitausend Gäste, darunter das französische Kaiserpaar, das belgische Königspaar, der Herzog von Edinburgh und der österreichische Ziegelfabrikant Heinrich Drasche, sollten sich in eine Märchenwelt versetzt fühlen. Als die Festgesellschaft am Abend des 28. Mai vor dem Botschaftsgebäude an der Rue de Grenelle in Saint-Germain eintraf, war davon allerdings noch nicht viel zu sehen. Gewiss, die Fürstin hatte die Salons mit hübschen Blumen dekoriert, aber von einem Ball, der zum Highlight der Saison werden sollte, hatte man mehr erwartet. Dann allerdings ließ die Gastgeberin die Vorhänge zum Garten öffnen und ihre Gäste verstummten.

Selbst die verwöhntesten Ballroutiniers überwältigte der Anblick: Zwischen Blumenbeeten, romantischen Grotten und Wasserkaskaden war eigens für die Veranstaltung ein Tanzsaal errichtet worden, aus Spiegelglas und Paneelen, die man mit Seidenstoffen bespannt hatte. Die zauberhafte Landschaft, taghell illuminiert, spiegelte sich in den wandhohen Scheiben. Alles verschwamm, alles verschmolz zu einem Freiluftkunstwerk, wie es einst allenfalls im Schlosspark von Versailles erschaffen worden war.

Schon drängten die Gäste in das herrliche neue Gartengebäude, das Fürstin Metternich im Louis-seize-Stil eingerichtet hatte.[194] Der eigentliche Star des Abends erwartete die Gäste auf einer Bühne vor der rechten Saalwand. Gesäumt von Fächerpalmen hatte sich dort Johann Strauss mit seinem Orchester postiert.

Zunächst wurde die Pflicht erledigt. Den Auftakt machte eine Quadrille, bei der die Majestäten sittsam über das Parkett schritten, anschließend gab es noch zwei, drei weitere französische Tänze, aus Höflichkeit. Danach aber, es ging schon auf Mitternacht zu, legte Strauss los, gab den Ballgästen das, wofür er eigentlich engagiert worden war und worauf wohl auch die meisten nach den eher steifbeinigen französischen Tänzen insgeheim gehofft hatten: Wiener Melodien, Polkas, Walzer, Strauss bot das volle Programm. Das Parkett füllte sich. Die Zeit verflog.

Nach Mitternacht bekamen die Majestäten Hunger und zogen sich zum Souper zurück. Keines der im Kreis wirbelnden Tanzpaare vermisste sie. Gesättigt kehrten die Hoheiten zurück. Nun war es aber wirklich schon sehr spät für derart ausgelassene Tanzvergnügungen. Niemand nahm Notiz von ihren tadelnden Blicken. Bald war der Hochadel die Ignoranz der anderen Gäste leid und verabschiedete sich. Doch Strauss war nicht zu bremsen. »Lichter Morgen« sei es gewesen, als sie das Fest verließen, berichteten die Journalisten. Und auf dem Parkett? Noch immer kein Ende in Sicht.

In den Tagen danach feierte auch die französische Presse den Wiener Walzerkönig. Eine Woche lang sei der Ball bei den Metternichs Stadtgespräch gewesen. Und die Wiener Reporter schwärmten, Strauss habe »den Oesterreichern wahrhafte Satisfaction« gegeben. Fortan musizierte er einen Monat lang zweimal täglich im Cercle International auf dem Marsfeld vor ausverkauftem Haus.

Niemand achtete mehr auf die fragwürdige Raumausstattung in dem Gebäude, wenn er auftrat. Alle wollten den Mann sehen, der selbst den feierwütigen Parisern beim Botschaftsball gezeigt hatte, wie man es richtig krachen ließ. Was für ein fescher Wiener, was für liebliche Melodien! Die Damen in den Logen erhoben sich und bewegten ihre Hüften und Beine im Takt, ein kollektives Wippen edler Stoffe, verträumte Blicke, beunruhigte Ehegatten.

»Und dennoch, – wir sehen diesen talentvollen, geschickten Componisten auf bedenklichem Weg«[195], monierte allein Eduard Hanslick, einer der einflussreichsten österreichischen Musikkritiker der Zeit. Zu viel Pathos habe sich in die Walzer eingeschlichen. Er wolle in dieser Tanzmusik keine »von Posaunen herausgestoßene klägliche Accordenfolge hören«, schrieb Hanslick, so etwas passe höchstens zu einem blutigen Opernfinale. Dass man dazu auch ganz unblutig tanzen konnte, bewies hingegen das Publikum in Europas Ballsälen.

Selbstverständlich war die Musik des Komponisten nicht mehr mit den Werken seines Vaters vergleichbar. Das zeigte

Johann Strauss Sohn. Auf der Weltausstellung gab sein Wiener Walzer den Takt vor.

allein die Orchestergröße: Wurde ursprünglich im Terzett oder Quartett aufgespielt, trat Johann Strauss junior in Paris mit sechzig Mann auf. Reicher instrumentiert, komplexer und natürlich auch spektakulärer waren die Werke. Doch nur dank laufender Veränderungen hielt sich der Walzer seit einem halben Jahrhundert ganz oben auf der Hitliste der Tanzmusik. Auch in Paris hatte Strauss etwas Neues im Angebot, eine Komposition, die erst vorigen Winter mit dem Wiener Männergesangsverein uraufgeführt worden war. Das Werk hatte auf Anhieb so gut gefallen, dass es bei der Premiere wiederholt werden musste. In Paris präsentierte Strauss erstmals die Orchesterfassung. Bislang war *An der schönen blauen Donau* eine musikalische Kostbarkeit, an der sich ganz Wien erfreute. Nach den Auftritten in Paris wurde der Walzer zum internationalen Hit.

Österreich hatte vollumfänglich abgeliefert in Frankreich: Drehers Bierhalle, der Sensentriumphator Franz Wertheim und nun auch noch der Walzerkönig! Fehlte nur noch der Kaiser, um das grandiose Abschneiden des Landes auf dem Marsfeld zu beglaubigen. Doch Seine Majestät ließ auf sich warten. Im Sommer wäre der Ausflug nach Paris unschicklich gewesen, denn im Juni war Franz Josephs jüngerer Bruder, Kaiser Maximilian von Mexiko, standrechtlich erschossen worden. Im Zuge des Ausgleichs musste Seine Majestät außerdem etliche Rechte an Ungarn abtreten und die Doppelmonarchie gestatten, um seine Regentschaft zu sichern. Alles in allem war es für die Machtansprüche eines Monarchen keine gute Zeit.

Obendrein fand die Weltausstellung ausgerechnet im Land der Revoluzzer statt, die vor noch nicht einmal hundert Jahren mit ihrem blutigen Umsturz Angst und Schrecken verbreitet hatten unter Europas Herrschern, auch unter seinen Vorfahren. Franz Josephs Familie hatte sogar einen Verlust erlitten. Seine Urgroßtante Marie-Antoinette war den Aufwieglern zum Opfer gefallen.

Ende Oktober brach Seine Majestät trotzdem auf. Nachdem schon fast alle anderen Regenten vor Ort gewesen waren, geboten es die Etikette und wohl auch sein Stolz, sich ebenfalls blicken zu lassen in Paris. Der Kaiser seufzte. Seine Reise dauerte Tage. Wer ihn um seinen luxuriösen Hofzug beneidete, der vergaß, dass die Fahrt trotz der Samtkissen und Goldbordüren in den Waggons ungemein ermüdend war. Denn nicht nur die Wiener, auch die Untertanen entlang der Bahnstrecke hatten das Recht, Seiner Majestät zu huldigen, wenn er in ihre Gegend kam.

Kaum hatte er es sich also behaglich gemacht, kaum war er beim Blick auf das recht monotone Wald-und-Wiesen-Einerlei vor dem Fenster zur Ruhe gekommen, quietschten die Bremsen. Der Zug hielt in Salzburg. Was sich dort abspielte, war nichts für schwache Nerven. »Auf dem Bahnhofe waren der Gemeinderath mit dem Bürgermeister an der Spitze, die Liedertafel, die Schützengesellschaft, der Turnverein, der Veteranenverein und die Feuerwehr mit flatternden Fahnen aufgestellt und erwarteten nebst tausenden von Menschen die Ankunft Sr. Majestät«[196], protokollierte die *Wiener Zeitung*. Die ganze Stadt stand am Gleis, schmetterte die Volkshymne, signalisierte dem hohen Gast, dass sein Aufenthalt etwas länger dauern könnte. Der Monarch stieg aus, dankte und ließ sich von allen Seiten betrachten. Er dinierte in der Stadt, gab den Menschen das Gefühl, er goutiere das ganze Theater ungemein, und setzte schließlich die Fahrt fort, nur um in München neuerlich enthusiastisch empfangen zu werden. Wenngleich die Stadt außerhalb seines Reichs lag, ließ er sich den großen Bahnhof gefallen. Der Bayernkönig Ludwig II. gehörte zur Verwandtschaft.

Nach weiteren ermüdenden Stationen traf Franz Joseph drei Tage später endlich in Paris ein. Ausgeruht war er nicht, wohl aber froh darüber, endlich seine Landsleute beglückwünschen zu können, die sich nach allem, was er gehört und gelesen hatte, auf dem Marsfeld exzellent schlugen. Trotz der ärgerlichen Königgrätz-Hypothek repräsentierten sie Österreich von seiner besten Seite.

Der Kaiser stieg aus dem Zug, die französische Militärmusikkapelle schmetterte die österreichische Volkshymne, doppelt so laut wie die Salzburger Musikanten, dafür nicht halb so charmant. Schon war Napoleon III. zur Stelle, um seinen Gast willkommen zu heißen. Bei der Kutschfahrt zum Élysée-Palast jubelten die Franzosen dem Gast aus Österreich zu, was der zufrieden registrierte. Sympathie für einen fremden Monarchen war im Land der Revolution keine Selbstverständlichkeit, zumal die Franzosen ja sogar ihrem eigenen Regenten das Leben schwer machten.

Kaiserin Elisabeth war daheim geblieben, sie hatte sich unwohl gefühlt. In seinen ersten Briefen aus Paris drückte Franz Joseph mehrfach sein Bedauern darüber aus. Wenn er nicht gerade Soldaten begutachten oder sich bejubeln lassen konnte, hielt sich seine Begeisterung zunächst in Grenzen. Manches fand er sogar ausgesprochen unpassend: »Morgen ist Jagd, wodurch wieder ein Tag verloren geht, den man nützlicher verwenden könnte.«[197] Auch die österreichischen Zeitungen waren sich einig, dass man ihrem Monarchen, dem rund um Wien die herrlichsten Jagdreviere der Welt zur Verfügung standen, doch bitte in Frankreich damit verschonen sollte. Es gab Wichtigeres, zum Beispiel den Besuch auf dem Marsfeld. »Gestern war ich von 9–12 in der Ausstellung. Ich habe die österreichische Abtheilung ganz durchgemacht und war sehr befriedigt«[198], schrieb der Kaiser nach seinem ersten Rundgang.

Krupps Höllengeschoss in der Ausstellungshalle würdigte er demonstrativ keines Blickes, was in der österreichischen Presse wohlwollend zur Kenntnis genommen wurde.

Stattdessen bewunderte der Kaiser die heimischen Erzeugnisse, unterhielt sich ausführlich mit den Herstellern, die ihn unverzüglich dreimal hochleben ließen. Er machte mächtig Eindruck. »Ich bin stolz auf Österreich«, sagte er zum Abschied, so laut, dass ihn auch die Preußen hörten, die am Rand der Österreich-Abteilung herumstanden.

Der Chronist der *Neuen Freien Presse* aus Wien war entzückt über die trefflichen Worte des Kaisers. »›Ich bin stolz auf Oesterreich!‹ Wie sollte er es nicht? Unter dem furchtbar erschütternden Eindrucke des vorjährigen Krieges war es, wo die österreichischen Industriellen sich rüsten mußten zum Wettkampf auf dem Marsfelde. [...] Diese Mission haben für Oesterreich die österreichischen Aussteller in Paris erfüllt«[199], schrieb der Journalist. Das Land habe bewiesen, dass es »den Vergleich mit anderen Nationen nicht fürchten« müsse. Wenn sich Seine Majestät wieder etwas einbildete auf seine Heimat, dann brauchte niemand mehr vermeintlich weiter fortgeschrittene Staaten zu beneiden. Dann war Österreich wieder dort, wo es hingehörte, in der Mitte des Kontinents, nicht nur geografisch.

Zufrieden spazierte Franz Joseph nun durch den Park vor dem Ausstellungsgebäude und genoss den Pariser Sonnenschein. »In der Wiener Bäckerei kosteten der Kaiser und sein Gefolge frische Brödchen, die man gerade für sie gebacken hatte, und dann begab sich die ganze Gesellschaft zu Dreher, um dort Wiener Würstchen zu essen und einen Schoppen stehend zu vertilgen.«[200] Weil die ›Wiener Nymphen‹ längst daheim waren, konnten auch die höchsten Herrschaften wieder im Schwechater Bierpalast einkehren, ohne um ihren Ruf fürchten zu müssen. Cajetan Felder wird wohl ebenfalls zur Stelle gewesen sein, aber welcher Journalist nahm schon von einem Vizebürgermeister Notiz, wenn der Kaiser im Vordergrund ein Krügerl leerte.

Der Tag der Jagd brach an, und der Kaiser wollte noch immer nicht hin. Doch nachdem er aufgesattelt hatte, erwies sich der unliebsame Termin als ausgesprochen charmant. »Das Wetter war magnifique«, und seine Ausbeute konnte sich sehen lassen: »Es wurden über 1700 Stücke erlegt, von denen ich 419 schoß und zwar Rehe, Hasen, Kaninchen, Fasanen, Rephühner«, schrieb Seine Majestät an die Gattin. »Zu letzt konnte ich kaum mehr schiessen.«[201] Seine Laune wurde immer besser.

Ob er die Madeleines für sie besorgt habe, fragte Elisabeth. Sie liebte das französische Backwerk sehr. Freilich habe er die Madeleines besorgt, nur leider unterwegs vergessen, erwiderte Franz Joseph. Er werde ihr stattdessen Pariser Zuckerl mitbringen.

Doch zunächst verlängerte er seinen Aufenthalt um ein paar Tage, die französische Kaiserin wolle ihn so gerne um sich haben. Dann zog er kurze Hosen an und fuhr hinaus zu ihrem Landsitz in Saint-Claud westlich von Paris. Seine Majestät machte sich locker. Anschließend kehrte er zurück zum Marsfeld und arbeitete sich systematisch einmal quer durch die Ausstellung. Er legte eine Kaffeepause im tunesischen Palast ein, rauchte türkischen Tabak, trieb sich über Stunden in den Prachtbauten fremder Länder herum, kehrte mutmaßlich auch noch einmal beim Dreher ein, damit die Landsleute nicht beleidigt waren.

Fortan besuchte er die Weltausstellung täglich, mit wachsender Begeisterung, und wenn er Elisabeth gegenüber charmant sein wollte, dann klang das so: »Hürchen habe ich recht viele und recht hübsche gesehen. Ich denke aber nur an Dich, mein Engel, Du kannst ruhig sein.«[202] Diesem Liebesbekenntnis hatte er ein ebenso extravagantes Geschenk per Zug vorausgeschickt. Darüber verriet er zwar nichts in seinen Briefen, sonst wäre es ja keine Überraschung mehr gewesen, aber dem aufmerksamen Reporter der Zeitung *Die Debatte* war die Aktion nicht entgangen: »Freitag, nach der Rückkehr von der Jagd in St. Germain, ließ der Kaiser von Oesterreich an die Kaiserin Elisabeth in Wien einen Korb mit Wildpret absenden, das er erlegt.«[203] Diese Aufmerksamkeit illustriere das »innige Familienleben« der Majestäten. In ihrer Antwort ließ die Kaiserin wissen, sie fühle sich nach wie vor sehr unwohl.

Er hingegen amüsierte sich prächtig: »Man kann nur immerfort staunen über alles Großartige, Schöne und Nützliche, was man sieht. Es ist wie ein Traum.«[204] Franz Joseph wurde hofiert und bewundert. Der französische Herrscher, dessen Verwandtschaft und die Österreich-Delegation auf dem Marsfeld umschmeichelten ihn. Ergriffen waren auch die Gardekürassiere, die ihm bei der Jagd das Wild zugetrieben hatten, nach der kaiserlichen Glanzleistung in den Wäldern von Saint-Germain.

Selbst die vielen Opernbesuche an der Seite Napoleons III. ließ Franz Joseph anstandslos über sich ergehen. Im Halbdunkel des Zuschauerraums schlafe er ganz exquisit, teilte er Elisabeth mit. Dafür stand er in aller Früh auf, erledigte seine Korrespondenz, empfing den Priester zum Privatgottesdienst in seinen Gemächern und war schon wieder unterwegs, Louvre, Versailles, zack, zack.

Allmählich gingen dem französischen Hof die Sehenswürdigkeiten aus, die man dem hohen Gast noch präsentieren konnte. Baron Haussmann hatte die rettende Idee: Nachdem Franz Joseph zu ebener Erde schon alles besichtigt hatte, wollte er mit ihm einen Ausflug in die neue Kanalisation unternehmen. Konnte man dem Kaiser von Österreich einen solchen Gestank zumuten? Und ob: »Nach dem déjeuner besichtigte ich unter Führung des berühmten Préfet de Paris Hausmann (sic) die unterirdischen Unrathskanäle, in denen man in kleinen Waggons auf einer Eisenbahn und in Schiffen im Unratherfüllten Wasser fahrt. Ein höchst interessantes Werk.«[205]

Derart inspiriert stellte er schon bald eine Veränderung an sich fest: Er sei hier in Gesellschaft sehr freundlich, ja geradezu liebenswert. *Aimable!* Er bevorzugte den französischen Ausdruck. Schade nur, dass er ausgerechnet in der Fremde zur Hochform auflief und nicht daheim in Wien.

So stolz die Donaumonarchie auf ihren Kaiser und die österreichische Delegation auf dem Marsfeld zu Recht sein konnte, die größte Ehre gebührte den französischen Gastgebern. Österreich war ein Land unter vielen auf dem Marsfeld, wenn auch ein inzwischen wieder sehr respektables. Frankreich aber gehörte der Triumph, den Wettstreit der Völker vorzüglich orchestriert zu haben. Obendrein hatte Napoleon III. schon fast drei Millionen Francs mit der Veranstaltung eingenommen.

Solch einen Geldregen konnte auch Österreich gut gebrauchen, solch einen Triumph ebenfalls. Womöglich sollte die Doppelmonarchie fortan nicht mehr kleinlaut in Deckung gehen, wenn der Preuße die Muskeln spannte, sondern umso größer denken. Durfte man also wagen, von einer Weltausstellung in Wien zu träumen? Vor ein paar Monaten hatte viele Europäer die Nachricht irritiert, die Vereinigten Staaten von Nordamerika wollten die nächste Weltausstellung in New York ausrichten. Zugegeben, das Land hatte Courage und bot in Paris durchaus Gefälliges, sogar Brauchbares. Dass es Amerika, dieses republikanische Erbe schlecht gemanagter Kolonien, allen Ernstes mit Europa aufnehmen wollte, war dennoch anmaßend. Österreich hingegen als Organisator einer Völkerschau, das hätte Charme!

Franz Joseph I., der die Regenten aller Erdteile empfing – er wäre gewiss so *aimable* wie nie. Als Gastgeber dürfte er die Kanonen des Herrn Krupp zwar nicht ignorieren, aber letztlich war das unerheblich. Preußen wäre dann ja nur ein Teilnehmer unter vielen, der österreichische Kaiser hingegen der Impresario der Welt.

Das Wasserschloss des Kaiserbrunnens nach dem Bau der Hochquellenleitung. Nach einer Skizze von Robert Zander, Leipzig 1874

13

GEGEN DIE ZEIT

Wien, 1867–1872

Österreichs Haushalt war zerrüttet, aber der Herr Sektionschef im Finanzministerium strahlte eine Selbstsicherheit aus, als wüsste der Kaiserstaat nicht, wohin mit dem vielen Geld, das er nicht besaß. Franz Karl Becke nahm es nicht so genau mit den Verbindlichkeiten, ihn interessierte das kurzfristige Resultat. Und das sah blendend aus, wenn man sich in Form waghalsiger Deals verschuldete. Plötzlich war wieder Geld vorhanden, und wenn es immer noch nicht reichte, dann ließ Becke einfach mehr Banknoten drucken. Die enorme Zinslast war für den Moment sekundär.

Becke ließ es wieder schimmern in den öffentlichen Kassen, auch wenn die Kreditmodalitäten das Land noch über Jahrzehnte belasten sollten. Wer in Österreichs eben noch siechender Finanzbranche plötzlich so viel Glamour zu verbreiten vermochte, der empfahl sich für Höheres. Becke wurde Finanzminister und dachte fortan in noch gewaltigeren Dimensionen. So großzügig er die Eisenbahn subventionierte, so kleinmütig knauserte er bei Angelegenheiten, die nicht unmittelbar sein Prestige mehrten. Als Wiens Tischler einmal wegen ihrer prekären Lage staatliche Unterstützung erbaten, wies er sie ab. Da könnte ja jeder kommen! Auch der Wiener Gemeinderat gehörte für ihn zu den unangenehmen Bittstellern. Seit Monaten belästigte ihn die Kommune mit dem Ansuchen um Überlassung des Kaiserbrunnens. Erst im November 1867 bequemte sich Becke, ein Angebot zu unterbreiten. Es war eine Provokation.

Die Kommune möge zunächst die Betriebe in halb Niederösterreich für eventuelle Wassereinbußen durch die Ableitung der Quelle entschädigen, forderte er. Ferner sei auch ein Fluss umzuleiten, damit die Militärakademie in Wiener Neustadt immer reichlich Wasser hatte. Allein dadurch wäre das Vierzehn-Millionen-Gulden-Budget fast aufgebraucht.

Geschlossen opponierten die Medien gegen Becke. Dessen Vertrag, der vierzehn Paragrafen umfasste, »überbürdet die Commune mit schwer erfüllbaren Opfern und Verbindlichkeiten, […] um nur zum Eigenthumsrecht auf den Kaiserbrunnen zu gelangen«[206], hieß es. Der Journalist und Schriftsteller Anton Langer schrieb: »Wenn diese bureaukratischen Einwendungen fortdauern, so kann vielleicht der Enkel unseres Kronprinzen im Jahre 1965 das Wasser trinken, das sein Urgroßvater den Wienern im Jahre 1865 geschenkt hat.«[207] Auch *Die Presse* empfand das neue Hindernis als Anmaßung des Finanzministers, der offenbar ausgerechnet bei diesem bedeutenden Kommunalprojekt zur Einsicht gelangt war, reale Werte um keinen Preis herzugeben, wenn sich der Staat schon in nie gekannter Höhe verschuldete.

Die Läuterung der ehemaligen Anti-Kaiserbrunnen-Zeitung hing nicht etwa mit einem plötzlichen Sinneswandel des Herausgebers August Zang zusammen. Vielmehr hatte der Unternehmer das Blatt 1867 verkauft, um fortan als Bankier der von ihm gegründeten k.k. privilegierten Vereinsbank vorzustehen.

Cajetan Felder und Eduard Suess waren so empört über Beckes vergiftete Schenkung, dass sie beschlossen, den Finanzminister im großen Stil zu verpetzen. Nicht nur an fünf Minister verschickten sie Beschwerdebriefe, auch beim Kaiser beklagten sie sich: Herzlichen Dank auch für den Kaiserbrunnen!

Man müsse die Gabe leider ablehnen. Was sei denn das für ein Geschenk, wenn der Beschenkte Kosten und Risiken in unabsehbarer Höhe zu tragen hätte?

Nun hieß es warten, was in Wiener Wasserangelegenheiten zwar nichts Neues war, dennoch fühlte es sich diesmal anders an. Schließlich hatte man nichts erbeten, sondern etwas zurückgewiesen. Würde man der Kommune Undank vorwerfen und die Schenkung zurücknehmen? Es wurde Weihnachten, und es wurde Neujahr, es wurde sogar schon Frühling, als das Finanzministerium endlich antwortete und dem Gemeinderat ein akzeptables Angebot machte. Gestrichen waren die überzogenen Forderungen, dafür wurden den Wienern sogar noch zusätzliche Flächen um den Kaiserbrunnen zugestanden.

Nun machte nur noch einer Ärger, der Herr Waissnix aus Reichenau, dessen Rollgerstenfabrik die Wasserkraft der Hochquellen nutzte. Ohne Kaiserbrunnen werde der Pegel des Flusses Schwarza ein klein wenig sinken und der Provinzpatriarch meinte, ein Anrecht auf den üblichen Wasserstand zu haben. Vor Gericht ließ Cajetan Felder klären, dass das nicht der Fall war, worauf endlich mit der Grundeinlösung entlang der Trasse begonnen werden konnte.

Oberingenieur Karl Junker definierte die Etappen der Umsetzung. Damit die Leitung schneller fertig wurde, sollten die Bauarbeiten gleichzeitig auf der ganzen Strecke beginnen. Die Vollendung erwartete die Kommune binnen vier Jahren. Im April 1869 lancierte sie einen europaweiten Wettbewerb, um einen Bauunternehmer zu finden. Die Vorgaben waren bis ins Kleinste ausformuliert, das Budget für jeden Arbeitsschritt bis auf die zweite Stelle hinter dem Komma berechnet. Jeder, der sich ein solches Jahrhundertwerk zutraute, sollte von Beginn an wissen, woran er war.

Umgekehrt wollte die Stadt Wien mit der gewissenhaften Ausschreibung richtig professionell wirken, damit sich auch die renommiertesten Firmen um den Auftrag bewarben. Möglicherweise fanden die namhaften Betriebe derart pedantische Vorgaben aber eher lästig. Am Ende sollte jedenfalls jemand den Zuschlag erhalten, mit dem keiner rechnete – weil niemand in Wien den Namen jemals gehört hatte.

Der Vortrag über neue französische Bucheinbände war keine Offenbarung. Doch viele der anwesenden Wiener Unternehmer bekamen das Referat ohnehin nicht mehr mit, weil sie schon zuvor bei den langatmigen Ausführungen über eine ostasiatische Expedition eingedöst waren. Was hatten denn derart abseitige Themen bei einer Wochensitzung des heimischen Gewerbevereins zu suchen? Einem gestandenen Bierbrauer oder einem Galanteriewarenfabrikanten aus Hietzing waren die neuen Pariser Buchmoden ziemlich gleichgültig, und Ostasien befand sich zu weit weg, um Interesse zu wecken.

Dann aber betrat Franz Wertheim das Podium des Vereinslokals an der Himmelpfortgasse. Es war noch nicht lange her, da hatte er gemeinsam mit den anderen Hochquellenbefürwortern über allen Starrsinn und alle Intrigen triumphiert. Nun war der Weg frei für das Projekt. Mit dem Rest, also mit der Erbauung, sollten sich Felder, Suess und die Herren Ingenieure beschäftigen. Wertheim war ein begnadeter Visionär, und als solcher ahnte er wohl, dass ihn das Klein-Klein der Umsetzung ziemlich langweilen würde.

Deshalb peilte er schon das nächste große Ziel an, wieder war es ein verwegener Plan, einer, der die Wiener begeistern oder erschüttern, in jedem Fall fesseln würde. Außerdem wusste er den Kaiser auf seiner Seite. Dem würde das Spektakel gefallen: Eine neue Weltausstellung musste her, weder in London noch in Paris und erst recht nicht in Amerika. Nein, diesmal sollte Österreich keine Nebenrolle spielen. Der Kaiserstaat werde seinerseits die Welt nach Wien einladen. »Es mag wohl Manchem sonderbar vorkommen, wie man es wagen kann, schon jetzt an eine solche Ausstellung zu denken«[208], bemerkte Wertheim in jener denkwürdigen Sitzung des Gewerbevereins am 3. April 1868, schließlich lag die Pariser Ausstellung kaum ein Jahr zurück. Aber dort habe Österreich schließlich einen außerordentlichen Erfolg erzielt, trotz des vorausgegangenen Krieges und trotz des unzulänglichen Pariser Marsfelds. »Man stelle sich [...] vor, wie nothdürftig und kümmerlich im Park zu Paris die künstlich dahin verpflanzten Bäume dastanden, und wie dagegen unser Prater mit seinen prächtigen Riesenbäumen, mit seinen herrlich ungekünstelten Anlagen imponiren würde!«[209]

Nun döste niemand mehr im Saal, die französischen Buchbinder waren vergessen, die Ostasienexpedition sowieso, jeder dachte nur noch an den Prater, Österreichs Weltbühne der Zukunft. »Wir werden da nicht 3000 österreichische

Aussteller, sondern vielleicht 10 000 finden«, rief Wertheim. Jetzt hatte er sein Publikum genau dort, wo er einst den Sultan von Konstantinopel gehabt hatte, bevor seine Tresore im Osmanischen Reich zum Standard geworden waren, »und meine Herren! wenn die Sache mit Energie und Geschick behandelt wird, so werden und müssen wir dem civilisirten Europa gegenüber den Rang, der uns auf industriellem Gebiete gebührt, sicher behaupten.«[210]

Angespornt vom spontanen Beifall, von den begehrlichen Blicken, die noch mehr, mehr, mehr verlangten, hatte sich Wertheim in einen Rausch hineingeredet. Aber was behauptete er denn da? Die Pariser hatten bei ihrer Weltausstellung einen Prunk entfaltet, den ein paar Riesenbäume im Prater niemals aufwiegen konnten. Gleichviel, der Wille zählte und die Entschlossenheit, und 1868 stand Österreich wirtschaftlich schon viel besser da als noch vor einem Jahr.

Nun ging es endlich aufwärts, der Aktienhandel florierte, und die Modernisierung der Eisenbahn, der Ausbau des Schienennetzes hatten der heimischen Wirtschaft neue Kundenkreise erschlossen. Die Nachfrage stieg, nicht weil österreichische Produkte höherwertig, sondern weil sie billiger waren als englische oder französische. Die Arbeitskraft kostete weniger, ein entscheidender Wettbewerbsvorteil.

Heimische Unternehmer pumpten die bisher vom kleinen und mittelgroßen Gewerbe dominierte Reichshauptstadt zu einem ernst zu nehmenden Industriestandort auf. Plötzlich war richtig viel Geld vorhanden, um den Fortschritt zu finanzieren. Denn der eben noch unterentwickelte, auf die Finanzierung des Staates abonnierte Bankensektor hatte die auf Großkredite angewiesenen Fabrikanten als Kundschaft entdeckt. Die Zahl der Wiener Geldinstitute wuchs im

Gleichschritt mit der Industrie. Allein von 1868 bis 1870 wurden neunzehn Banken gegründet, im darauffolgenden Jahr ein weiteres Dutzend und 1872 noch einmal neunundzwanzig.[211]

Auch die liberale Mehrheit im Gemeinderat setzte darauf, dass der Markt die Dinge optimal regelte, und begrenzte die Sozialausgaben auf ein Minimum. Private Investoren würden die wachsende Wohnungsnot schon bald lindern. Leider war das nicht der Fall. Doch die sagenhaften Renditen an der Börse überstrahlten die Mängel des entfesselten Kapitalismus.

Wirtschaftsjournalisten drängten ihre Leser zur Spekulation. Nie zuvor konnte man in Österreich durch Nichtstun solche Profite erzielen. Die Reserviertheit beim Aktienhandel sei noch zu groß, klagten manche Zeitungen, man müsse ins Risiko gehen, sonst versäume man das Beste. »Welch ungläubiges Gemüth wagt es noch an Wundern zu zweifeln?«, fragte etwa die *Morgen-Post* die unverbesserlichen Börsenpessimisten. Ja, die gab es noch, trotz aller Euphorie.

Entsetzt reagierte die Kirche. Angespornt durch den Aufschwung, inspiriert durch die Erfolge bei der Pariser Weltausstellung hatte sich Wien in ein Zockerparadies verwandelt. Anstatt auf himmlische Erlösung zu hoffen, kultivierte die Bevölkerung ihren irdischen Garten Eden im Börsenumfeld.

Das ging den Bischöfen zu weit. »Öffentliche Sünder« nannten sie die Journalisten, die zur Spekulation aufriefen, und befahlen ihnen, »schleunigst alle liberalen Gedanken aus dem Kopfe zu schütteln, da wir sonst unfehlbar den schon sichtbaren Krallen des Teufels verfallen«[212].

Lachhaft erschien das den meisten, selten war es vielen Wienern besser ergangen, ganz ohne Gottes Zutun. Und auf dem Wellenkamm des Booms rauschte Wertheims Vision von der Wiener Weltausstellung durch das Land. Der Kaiserstaat träumte davon, er traute sie sich zu, also wollte er sie auch haben wie den schnellen Aktiengewinn.

Kaum acht Monate später, am 21. November 1868, fiel ein Schatten auf das glückselige Wien. Noch bevor die Redaktionen ihre Titelseiten freigeräumt hatten, um darüber zu berichten, wusste die Bevölkerung Bescheid. Die Nachricht verbreitete sich binnen Stunden von Straße zu Straße, von Gasthaus zu Gasthaus. Sie erschütterte die Unternehmer und ihre Angestellten gleichermaßen, sogar die Ärmsten der Armen waren untröstlich. Bürgermeister Zelinka war tot! Von einer Lungenentzündung hatte er sich nicht mehr erholt, der Mann, der mit seiner Gemütlichkeit die Wiener Herzen erobert hatte, der den Bedürftigen gab und trotz seines Doktortitels nie herabblickte auf die weniger Gebildeten. Plötzlich erschien auch alles, was ihm einst als Schwäche ausgelegt worden war, besonders lobenswert. Der selige Bürgermeister wuchs über sich hinaus.

Obwohl die Wahl seines Nachfolgers noch bevorstand, ahnte man längst, wer Zelinka beerben würde. Der Mann, den Eduard Suess schon bei seinem ersten Besuch im Gemeinderat als wichtigste Persönlichkeit des Gremiums erkannt hatte: Cajetan Felder würde künftig der Reichshauptstadt vorstehen. Doch ausgerechnet jetzt schien alles vergessen zu sein, was er in Zelinkas Schlagschatten bisher für die Wiener geleistet hatte.

Sein Engagement für eine saubere, dank der Hochquellenleitung gegen Seuchen gewappnete Stadt spielte plötzlich keine Rolle mehr. Je huldvoller Zelinkas Leistungen in den weitschweifigen Reportagen über die Modalitäten der Aufbahrung und der anschließenden Beerdigung gewürdigt wurden, desto kritischer setzte sich die Presse mit Felder auseinander.

Es war, als fürchtete sich Wien vor einer Epoche, in der kein Zelinka mehr Cajetan Felders Vorwärtsdrang bremste und dessen Entschlossenheit abfederte. Dennoch wussten die meisten insgeheim, dass es keinen Besseren gab, um die Residenzstadt in die Zukunft zu führen. Also wurde Felder Bürgermeister, wenngleich »er nur zu gern geneigt ist, etwas über die Schnur zu hauen«[213].

Mit der Lässigkeit war es nun vorbei im Rathaus, das hatten die Gemeinderäte seufzend akzeptiert, aber sie würden Felder genauestens kontrollieren. Zu Zelinkas Zeiten konnte er bequem am Bürgermeister vorbei die Initiative ergreifen. Offiziell gab es ja jemanden, der in der Hierarchie über ihm stand und darauf aufpasste, dass Herzensgüte und Bequemlichkeit nicht zu kurz kamen. Nun, als Bürgermeister, musste sich Felder an einem Vorgänger messen lassen, dem die Wiener inzwischen fast schon Heiligenstatus zugesprochen hatten.

Der selige Zelinka war beliebter und mächtiger, als es der lebende je gewesen war, und man würde sein Erbe gegen alle Übergriffe des Nachfolgers verteidigen.

Äußerst kleinlich waren daher die Gemeinderäte, als die Angebote für den Bau der Hochquellenleitung eintrafen. Insgesamt waren es neun, nicht nur aus Österreich, auch aus Paris und London. Die meisten Anbieter hatten Konsortien gebildet, um das Projekt mit geballter Kraft voranzutreiben. Niemand allerdings war bereit, das Bauwerk zu den Bedingungen der Kommune zu errichten. Manche verlangten

Budgetaufschläge von vierzig Prozent, die meisten nahmen mit rund zwanzig Prozent vorlieb. Zu viel, viel zu viel! Dass die Gemeinderäte dem ungemütlichen Felder mehr als die veranschlagten vierzehn Millionen Gulden bewilligen würden, war illusorisch.

Auf einen englischen Bauunternehmer italienischer Herkunft namens Antonio Gabrielli fiel deshalb die Wahl, nicht unbedingt aus Überzeugung, sondern weil er dem Gemeinderat das günstigste Angebot unterbreitet hatte. Einen Aufschlag von zwölfeinhalb Prozent hatte er sich erbeten. Das wollte man sich gerade noch leisten, denn für weniger war in ganz Europa keine Wasserleitung solcher Dimensionen zu haben. Dann musste eben bei den Nebenkosten und Grundeinlösungen gespart werden. Aber konnte man Gabrielli vertrauen? Die meisten anderen Anbieter hatten sich schließlich nicht ohne Grund zu Konsortien zusammengefunden. Gabrielli hingegen, der bisher für die englische Admiralität einige Dockanlagen entworfen hatte, traute sich die gewaltige Aufgabe ganz alleine zu. Das war riskant.

Obwohl ihn der vom Gemeinderat abgesteckte Finanzrahmen dazu zwang, den italienischen Engländer zu engagieren, ahnte Felder, dass dessen Scheitern allein auf ihn zurückfiele. Seine Zweifel wuchsen noch nach der ersten Begegnung mit dem Unternehmer, »ein sonderbarer Kauz, gebrochen deutsch, englisch und französisch durcheinander redend, dem man seinem Äußeren nach kaum die Eignung zu einem gewaltigen Impresario angesehen hätte.«[214] Allerdings sagte Gabrielli der Kommune zu, neben dem Bauwerk auf eigene Kosten noch einen imposanten Hochstrahlbrunnen in der Stadt zu errichten, für hunderttausend Gulden. Trotz berechtigter Zweifel kam man ins Geschäft, Felder unterschrieb den Vertrag im Namen der Residenzstadt und hoffte das Beste. Vielleicht betete er auch dafür.

Endlich, gut sechs Jahre nachdem Eduard Suess die Idee aufgebracht hatte, ging es los. Am 6. Dezember 1869 erschütterte gegen Mittag ein Donner das Höllental, obwohl nichts auf ein Gewitter hindeutete. Ein hartes, gleißendes Winterblau überspannte die Berge, als die erste Sprengladung für den Wasserstollen am Kaiserbrunnen gezündet wurde.

Gemessen an der Bedeutung des Ereignisses hätte man mehr Publikum erwartet – und mehr Jubel. Weder Gemeinderäte noch Oberingenieur Karl Junker waren gekommen, nicht einmal der Bürgermeister oder Eduard Suess. Die Botschaft vom geglückten Beginn des Jahrhundertwerks erreichte Wien per Telegramm. Felder verlas den Einzeiler vor dem Gemeinderat, sagte: »Der Bau unserer Wasserleitung hat sonach thatsächlich begonnen«, und ging zur Tagesordnung über.

Nur ein paar italienische Arbeiter waren beim Kaiserbrunnen am Werk, angeleitet von Ingenieuren aus der dritten Reihe. Die Sprengung hatte einen stattlichen Brocken aus dem Berg gerissen, Quellwasser wusch die Wunde. Vielleicht war es dieses Szenario, das Felder und Suess unangemessen gefunden hatten für einen großen Festakt zur Eröffnung der Bauarbeiten. Wenn man schon den Kaiser und die üblichen Honoratioren einlud, dann sollten sie etwas Erbauliches erleben. Seiner Majestät vorzuführen, wie man ein Loch in sein Jagdrevier sprengte, hätte hingegen eher destruktiv gewirkt.

Deshalb verlegte man den offiziellen Beginn der Bauarbeiten auf das nächste Frühjahr, wenn auf dem Wiener Rosenhügel das Wasserreservoir in Angriff genommen werden sollte. Außerdem konnte man dann auf mildere Temperaturen zählen, was der Feier gleich ein ganz anderes Flair verlieh.

Der Stollenbau am Kaiserbrunnen vollzog sich also, ohne dass die Wiener viel davon mitbekamen. Nur der Reporter der *Morgen-Post* hatte sich in die Berge begeben, um nachzusehen, was dort vorging. Obwohl man in der Residenzstadt so wenig darüber erfuhr, war einiges los auf der Baustelle, notierte er überrascht: »Seit einigen Tagen merkt man von einer Waldeinsamkeit in dieser Gegend nichts.«[215] Angelockt von den Donnerschlägen der Detonationen, boten kräftige junge Männer aus der Gegend ihre Dienste an. Polentalieferanten, die mitbekommen hatten, dass Gabrielli vor allem italienische Arbeiter verpflichtet hatte, verteilten Kostproben und hofften auf glänzende Geschäfte, sobald weitere Kontingente hungriger Italiener eintreffen würden.

Es gab viel zu tun. Zunächst sollten Arbeiterbaracken, eine Feldschmiede und ein Pulverturm errichtet werden. An die Explosionen mussten sich die Einwohner der Gegend in den nächsten Wochen und Monaten gewöhnen. Mehrere Männer mit Gewehren fielen dem Reporter auf. Sie patrouillierten am Ufer der Schwarza, in die sich der Kaiserbrunnen ergoss, und beobachteten die Aktivitäten dort argwöhnisch. Weder gehörten sie zum Trupp der Bauarbeiter, noch verteilten sie Polenta. Und sie jubelten auch nicht, nachdem der erste Sprengsatz detoniert war.

> »Die größte Sorge haben die Flußwächter des Baron Rothschild, welcher den Fischfang in der Schwarza gepachtet hat und auf seine Forellen sehr eifersüchtig ist. Diese Wächter halten Jedem

ihre feldschlangenartigen Gewehrläufe unter die Nase, der sich mit den Augen allzulange in die Fluthen der Schwarza vertieft.«[216]

An diesem Tag war die Sorge des Barons unbegründet. Zur Feier des Baubeginns wurde die Belegschaft beim Schnepf am Kaiserbrunnen bewirtet. Nach Speckknödelsuppe, Rindfleisch mit Kohl und Schweinebraten hatte niemand mehr Appetit auf Forellen. Die Bilanz des Tages: ein Loch im Berg, ein italienischer Arbeiter tschechischer Herkunft, den ein durch die Luft wirbelnder Felssplitter leicht an der Hand verletzt hatte, hungrige Forellenwächter, die keine Speckknödel abbekamen, ansonsten aber große Zufriedenheit und volle Mägen.

Als fünf Monate später der Bau der Wasserleitung an deren anderem Ende in Angriff genommen wurde, gab es zwar weder Rindfleisch noch Schweinebraten, nicht einmal eine kleine Forelle, dafür erschien der Kaiser. Der Wiener Rosenhügel, eigentlich eine steinige Brache, präsentierte sich so geschniegelt wie ein Dreierhusar in Paradeuniform. Fahnen wehten im Wind, Reisiggirlanden fassten den Schauplatz ein, in dessen Mitte das mit Wappen geschmückte Festzelt aufragte. Möbliert war es mit einem reich dekorierten Tisch, darauf wartete ein Spaten aus Ebenholz und Silber auf Seine Majestät.

Fahnenstangen markierten die Richtung der künftigen Wassertrasse zum Kaiserbrunnen und die der Rohre, die in die Stadt hinabführen sollten, damit sich Franz Joseph das gewaltige Bauwerk besser vorstellen konnte. Der Gemeinderat war beinahe vollzählig, daneben Bürgermeister Cajetan Felder, sämtliche Ingenieure, natürlich auch Eduard

Suess und Baumeister Gabrielli. Das weitaus größte Kontingent stellten die italienischen Arbeiter, mehr als zweihundert hatte man zum Rosenhügel abkommandiert. Auf Kosten der Kommune waren sie in blaue Tracht gekleidet und mit schicken Strohhüten versehen worden.

Nachdem einigen Ingenieuren beim zünftigen Festessen am Kaiserbrunnen unangenehm aufgefallen war, dass die Italiener schäbige Jacken und Hosen trugen und noch dazu barfuß am Tisch saßen, war umgehend Meldung nach Wien gemacht worden. Deshalb hatte die Kommune vor dem Rosenhügel-Fest beschlossen, in die Adjustierung der Arbeiter zu investieren. Nun sahen sie allerdings so gut aus, dass man sie für Ehrengäste halten konnte. Also wurde jeder von ihnen mit einer Schaufel ausgestattet, die er bei der Ankunft des Kaisers wie ein Gewehr zu schultern hatte, damit keine Missverständnisse aufkamen: hier die Arbeiter, dort die Honoratioren, und dazwischen wurde pünktlich um zwölf Uhr mittags Seine Majestät mit Hochrufen begrüßt.

Obwohl sich der Gemeinderat eine solche Mühe gegeben hatte, blieb Franz Joseph nur relativ kurz. Gerade einmal eine halbe Stunde hatte er übrig, um sich feiern zu lassen, eine Rede zu halten und die Arbeit an der Leitung mit dem ersten Spatenstich offiziell zu eröffnen. Er wünschte allen Beteiligten recht viel Glück, erhoffte die »segensreichsten Wirkungen des Unternehmens«, sagte noch, wie sehr ihm Wiens Wohlfahrt am Herzen liege, dann war er weg.

Gabrielli blickte auf den Silberspaten. Der Kaiser hatte ihm das kostbare Grabwerkzeug nach getaner Arbeit in die Hand gedrückt. Vor den Füßen des Bauunternehmers lag der winzige, von Seiner Majestät aus dem Untergrund gehebelte Erdbrocken. Ob ihm der Segen des Kaisers half, das große

Werk binnen vier Jahren zu vollenden, würde sich zeigen. Dem Wiener Gemeinderat hatte er seine fehlende Erfahrung mit einem derart großen Projekt zwar nicht verschwiegen, aber mehrfach betont, das spiele gar keine Rolle. Er war auf den Auftrag angewiesen. Natürlich wusste er, dass er sich damit ganz schön viel zumutete, womöglich zu viel.

So begeistert die Mitglieder des Gewerbevereins auf Franz Wertheims Aufruf zu einer Wiener Weltausstellung reagierten, so verzückt die österreichischen Zeitungen davon schwärmten, ein paar Monate später erschien die Sache nicht mehr ganz so verlockend. Es gab ernsthafte Bedenken. Vielleicht war ein solches Projekt doch zu verwegen. Womöglich würde man sich vor aller Welt blamieren. Eventuell sollte man erst versuchen, eine kleinere Ausstellung zu organisieren, eine Art Generalprobe.

Natürlich nicht! »Eine allgemeine österreichische Ausstellung würde nicht mehr zünden; es ist das eine Halbheit, für die ich nicht stimmen kann«, entgegnete Wertheim entschlossen. In London und Paris werde schon an künftigen Weltausstellungen gearbeitet, und Österreich dürfe nicht zulassen, dass andere Staaten voraneilten.[217]

Daher richtete der Gewerbeverein einen Antrag an das Handelsministerium, das die Organisation eines solchen Großereignisses zu verantworten hatte. Dort fand man die Idee zwar sehr charmant, unternahm aber erst einmal nichts. Als dann auch Washington offiziell in das Rennen um die nächste Weltausstellung einstieg, schob Wertheim einen Dringlichkeitsappell nach. So kam es, dass in letzter Instanz der Kaiser eine Wiener Weltausstellung im Jahr 1873 anordnete, einen Monat nachdem er auf dem Rosenhügel en passant den ersten Spatenstich für die Wasserleitung verrichtet hatte.

Sechs Millionen Gulden waren für die internationale Schau veranschlagt worden, die Hälfte davon durch Garantiefonds österreichischer Unternehmer gedeckt. Ein schlanker Preis für ein Weltereignis, zumal die Einnahmen während der Veranstaltung die Ausgaben weit übertreffen würden. Dachte man.

Nahezu gleichzeitig setzte Franz Joseph in Wien also die beiden ambitioniertesten Projekte des neunzehnten Jahrhunderts neben Ringstraße und Stadterweiterung in Gang. Sie hätten nicht gegensätzlicher sein können: Das eine wurde von der Kommune vorangetrieben und finanziert, das andere vom Staat, das eine war auf Jahrhunderte angelegt, das andere auf sechs Monate, das eine würde ein existenzielles Bedürfnis der Wiener erfüllen, das andere sollte die Welt begeistern und die heimische Wirtschaft fördern. Das eine verhieß Gesundheit, das andere Glamour. Eine Gemeinsamkeit gab es allerdings: Weder die Kommune noch der Kaiserstaat hatten jemals etwas Vergleichbares in Angriff genommen. Den Wienern standen zwei kolossale Premieren bevor, von denen im Jahr 1870 noch niemand wusste, ob sie glücken würden.

Franz Wertheim jedenfalls hatte getan, was er konnte. Wie schon bei der Wasserleitung war er energisch für »etwas Großartiges« eingetreten, und nun, tja, sollten andere den Plan umsetzen. Als Kassenfabrikant hatte er nicht genug Tagesfreizeit, um nebenher eine Weltausstellung zu organisieren. Das musste ein Beamter erledigen, auf bestimmte

Zeit für das Projekt abgestellt und anschließend belobigt und mit einem weiteren Titel versehen, wie es üblich war. Wie schön, dass sowohl er und der Gewerbeverein als auch der Kaiser schon jemanden im Auge hatten. Der ideale Kandidat für den Posten des Generaldirektors der Weltausstellung arbeitete im österreichischen Generalkonsulat in Paris.

Kaum ein Österreicher, nicht einmal Wertheim, hatte mehr Erfahrungen mit Weltausstellungen als Wilhelm von Schwarz-Senborn, der Chemie studiert, dann aber im Staatsdienst eine sagenhafte Karriere hingelegt hatte. Vom Beamten im Handelsministerium brachte er es zum Generalkonsul in London, bevor er Österreich in Paris repräsentierte.

Schon bei der ersten Weltausstellung 1851 in London verantwortete er den Österreichbeitrag, und von da an bei allen weiteren, stets zur vollen Zufriedenheit des Kaisers. Nur bei der Pariser Schau 1867 war er nicht im Einsatz und hatte prompt Etliches zu bemängeln. Während das Ereignis weltweit gepriesen wurde, nörgelte Schwarz-Senborn über Missmanagement und Chaos. Das ovale Ausstellungsgebäude verglich er mit einem hässlichen Gastank.

Wer eignete sich besser zum Generaldirektor der Wiener Weltausstellung als jemand, der meinte, das Pariser Spektakel wäre noch ausbaufähig gewesen? Schwarz-Senborns Ambitionen würden Wien zur prachtvollsten Schau aller Zeiten verhelfen.

Seine Berufung hatte einen weiteren Vorteil. Dank seiner Auslandserfahrung wusste er, was die Welt über den Kaiserstaat dachte, und konnte das Image durch die Ausstellung gezielt korrigieren.

Schwarz-Senborns Einschätzung, dass man die Österreicher vielerorts noch für ein »halbes Barbarenvolk«[218] hielt, alarmierte die Verantwortlichen in Wien und bestätigte sie in der Überzeugung, er sei der einzig Richtige für diese Aufgabe. Ohne Zweifel war der Mann kompetent und ein echter Patriot. Er förderte den Nachwuchs mit großzügigen Spenden, ermöglichte ihm dadurch eine bessere Ausbildung. Österreichs Ruhm im Ausland zu mehren, war ihm eine Herzensangelegenheit. Leider überschätzte er seine Fähigkeiten.

Der Posten des Generaldirektors war einerseits eine enorme Bürde, deshalb zierte er sich zunächst, andererseits bot er ihm die Chance, sein Heimatland endlich in Eigenregie auf eine höhere Entwicklungsstufe zu heben. Er sagte zu, aber verhandelte hart. Am Ende erhielt er sämtliche Vollmachten und, als besondere Prämie, den ersehnten Titel eines Geheimrats.

Im Januar 1871 zog das Handelsministerium eine Zwischenbilanz: Die Wiener Weltausstellung war gesichert, der ideale Generaldirektor unter Vertrag. Darüber hinaus hatte man allerdings nicht viel unternommen. Achtundzwanzig Monate blieben noch bis zur Eröffnung am 1. Mai 1873, und im Prater, wo das Fest auf einer Fläche fünfmal so groß wie das Pariser Marsfeld stattfinden sollte, sah man nur eine Winterlandschaft und hörte ein paar einsame Flaneure durch den überfrorenen Schnee knirschen. Der Generaldirektor weilte noch in Paris.

Man wollte ihm gegenüber keinesfalls besorgt oder gar provinziell wirken, fragte dann aber vorsichtshalber doch mal nach, ob denn die Sache nicht allmählich in Angriff zu nehmen sei. Mehr als genug Zeit, beschwichtigte Schwarz-Senborn. In den Monaten bis zur Eröffnung könnte er zehn Weltausstellungen organisieren, wenn er wollte, aber es genügte ja eine einzige.[219] Seine Antwort deutete an, dass er die Wiener, wenn nicht für provinziell, so doch für kleinlich hielt. Außerdem habe er die Pläne längst fertig im Kopf.

Keinen Wettstreit der neuesten Maschinen, keine vergleichende Präsentation des internationalen Fortschritts strebte er an. Stattdessen wollte er vor allem das Einzigartige der Kulturen, das Landestypische, zeigen. Außerdem plante er, die bei Weltausstellungen bislang vernachlässigten Staaten des Orients und des Fernen Ostens aufzuwerten. Übrigens werde er erst in ein paar Monaten nach Wien kommen. Preußens Krieg gegen Frankreich mache die Anreise im Moment unmöglich.

Bis zu seinem Eintreffen im Frühjahr beschränkte sich die Weltausstellungsaktivität also darauf, dass man auf den Generaldirektor wartete. Nun waren es noch knapp zwei Jahre bis zur Eröffnung, und auch in den Monaten danach passierte im Prater nicht viel. Nur die Baumkronen färbten sich herbstlich.

Dass die Bevölkerung dem Generaldirektor zunächst trotzdem mehrheitlich wohlgesonnen war, entsprach dem Zeitgeist. Der kraftvolle Wirtschaftsaufschwung nach 1866 hatte die Wiener abrupt aus der Nachkriegstristesse gerissen. Viele vergaßen alle Vorsicht und unterschätzten Risiken chronisch. Kleinanleger sahen sich schon in prachtvollen Equipagen durch Wien kutschieren, während sie noch auf ihr ganz persönliches Börsenwunder warteten. Plötzlich schien alles möglich.

Gleich nach seiner Ankunft in Wien hatte Schwarz-Senborn zwar den Prater besichtigt, dort aber nichts unternommen. Es gab ein Problem: Er hatte noch einmal nachgerechnet und festgestellt, dass die budgetierten sechs Millionen

Gulden für die Ausstellung doch nicht ausreichen würden. Deshalb reiste er im Sommer erst einmal durch die Monarchie, um sich weitere Unterstützer zu sichern. Hocherfreut sei der Herr Generaldirektor aus Budapest wieder abgereist, meldete eine Zeitung. Tags darauf musste sich das Blatt korrigieren: Der Herr Generaldirektor sei doch nicht erfreut gewesen, denn die Ungarn betrachteten die Weltausstellung als rein österreichische Angelegenheit und verweigerten daher jede Hilfe.

Nicht einmal Schwarz-Senborns Auftritt im Wiener Gemeinderat, bei dem er die Kommune zu mehr Engagement aufrief, brachte den gewünschten Erfolg. Immerhin hatte er inzwischen sein Büro im Palais Klein nahe dem Ausstellungsplatz eingerichtet. Der Prater war nun sein Herrschaftsgebiet, das er absolutistisch zu regieren gedachte.

Wie auch in anderen Städten gab es in Wien herrliche Skandale. Die verheiratete Gräfin, die sich einen Dragonerfeschak anlachte, der verwitwete Baron, der im Separee unter einer Hofopernballerina angetroffen wurde, die exzentrische Schauspielerin Josefine Gallmeyer, die auf Bällen mit allen verfügbaren Herren Walzer tanzte, nur nicht mit dem, den sie zu heiraten beabsichtigt hatte; über solche Geschichten wurde wahlweise gescherzt oder gestritten. In jedem Fall verliehen sie selbst den formellsten Anlässen einen Hauch von Pikanterie.

Der jüngste Skandal aber, der die Residenzstadt erschütterte, amüsierte niemanden, schließlich haftete die ganze Bevölkerung dafür. Entsprechend groß war die Wut. Nicht nur, dass Herr Gabrielli seine Referenzen sehr nebulös dargestellt hatte, nicht nur, dass er kein gestandener Wiener war, die Zeitungen hatten nun außerdem vermeldet, der Mann sei ein Bankrotteur, und zwar ein doppelter: Zweimal war er mit seinen Unternehmungen schon pleitegegangen. Und so einem hatte der Herr Bürgermeister die Millionen für die Wasserleitung anvertraut, Geld, das noch die Enkelkinder würden zurückzahlen müssen.

Ein Missverständnis, dachte Cajetan Felder, schließlich hatte er sich bei Gabriellis Londoner Hausbank vorab nach dessen Geschäftsgebaren erkundigt. Vom doppelten Bankrott war keine Rede gewesen. Sofort fragte er noch einmal nach.

Ja freilich sei Herr Gabrielli ein Bankrotteur, sagten sie nun, allerdings ein unschuldiger. Einmal hätte ihn die desolate Wirtschaftslage in den Ruin getrieben, das zweite Mal ein säumiger Schuldner. Aber bauen könne er, sehr gut sogar, versicherte man dem Bürgermeister. Manche Wiener Zeitung erklärte daraufhin das Hochquellenprojekt für gescheitert.

»Statt nämlich einen Bau-Unternehmer zu engagiren, engagirte die Kommune in der Person des Herrn Antonio Gabrielli einen ganz gewöhnlichen Spekulanten«[220], hieß es.

Der Engländer arbeitete weiter, trotz der massiven Vorwürfe blieb ihm nichts anderes übrig. Es gab kein Zurück, denn anders als Schwarz-Senborn drüben im Prater, der erst einmal in jedem Winkel der Monarchie den Weltausstellungszauber beschwor, hatte Gabrielli das Bauwerk längst in Angriff genommen. Inzwischen war nicht nur der Wasserstollen am Kaiserbrunnen vollendet, er hatte außerdem den Leitungskanal durch das Höllental sprengen lassen, die Stixensteiner Quelle erschlossen und mit dem Bau der Aquädukte begonnen.

Neben etwa dreitausend Italienern hatte er auch die Genietruppen engagiert. Sie gehörten zu den wenigen Experten, die schon Erfahrung mit dem neuen Sprengstoff aus Schweden gesammelt hatten, der zu einem verhältnismäßig geringen Preis die stattlichsten Detonationen ermöglichte. Dreieinhalb Jahre später sollte das explosive Material auch auf der Wiener Weltausstellung präsentiert werden. Zeitungen warnten sicherheitshalber, das sogenannte Dynamit eines gewissen Alfred Nobel sei nicht zum Verzehr geeignet.

Während die Leitungskanäle in der Alpenregion ausgemauert wurden, wuchsen die Aquädukte empor. In manchen Wochen waren bis zu sechstausend Arbeiter damit beschäftigt, die steinernen Pfeiler zu errichten und mit Bögen zu verbinden, über die der Leitungskanal führen würde.

Das Bauwerk in Baden war mit einer Länge von mehr als siebenhundertachtzig Metern und einer Höhe von fast dreißig das eindrucksvollste. Die Bögen spannten sich bis zu fünfzehn Meter weit zwischen den Pfeilern. Angesichts der beachtlichen Dimensionen, die sich schon während der Arbeiten abzeichneten, war der Konflikt mit dem Wiener Gemeinderat um das gestrichene Dekor bald vergessen.

Auf Louise, die Schwester des Lyrikers Joseph von Eichendorff, wirkte die Baustelle sogar heilsam. Sie hatte sich schon vor Jahrzehnten nach Baden zurückgezogen, wo sie an ihrer Einsamkeit litt, zugleich aber nur Hunde in ihrer Nähe duldete. Ein »Jammertal« sei die Erde, hatte sie ihrem Neffen Hermann einmal mitgeteilt. Ihr berühmter, 1857 verstorbener Bruder hatte in seinen letzten Jahren ungemein viel geschrieben, nur leider kaum Briefe an sie. Der mit ihr befreundete Adalbert Stifter wollte sie mehrfach aus dem Jammertal retten, ohne Erfolg.

Dann aber kamen die »Italiener von der Hochquelle« und vertrieben die Tristesse. »Baden ist jetzt durch die großartigen Wasserleitungsarbeiten, Sommer und Winter hindurch, unendlich belebt«, schwärmte die Dame in einem Brief an ihren Neffen. »Die Riesenarbeit, das Wasser von den Hochquellen bis nach Wien zu leiten, wird von 3000 Italienern geleistet, die theils hier, theils in der näheren und weiteren Umgebung, während des Sommers in eigens für sie errichteten Baracken kampieren. Ungefähr 100 Schritte von meinem Hause entfernt ist bereits ein thurmhoher Viadukt aufgemauert.« Am wohlsten fühlte sie sich in den Abendstunden, wenn die Arbeiter »in Chören, mit ihren hellen reinen Stimmen«[221] italienische Lieder sangen. Die Ziegelgewölbe im späten Licht, die Feierabendsänger aus dem Süden – Louise von Eichendorff wurde warm ums Herz.

Ihre Bewunderung drückten in diesen Monaten viele aus, auch in Leserbriefen, die darauf hindeuteten, dass sich die Autoren eingehend mit der Materie befasst und die Aquädukte mehrfach besucht hatten. Eine noch größere Genugtuung dürften Cajetan Felder und Eduard Suess empfunden haben, nachdem im Rathaus Post von Ingenieuren aus aller Welt eingegangen war, in der sie darum baten, die Baustelle besichtigen zu dürfen.

Erstaunlich, dass sich vor allem Experten aus dem angloamerikanischen Raum, der Heimat des technischen Fortschritts, derart dafür begeisterten. Denn in Wien gab es keine monströsen Dampfaggregate zu besichtigen, die Hochquellenleitung war geradezu naturalistisch. Nachdem die Techniker aus dem Ausland daheim gelernt hatten, die Zukunft müsse dampfen, dröhnen und zischen, sahen sie hier, wie man eine

Metropole des neunzehnten Jahrhunderts auf altrömische Weise mit Trinkwasser versorgen würde – dank einer Ingenieursleistung, die selbst die kleinste Maschine entbehrlich machte.

Sogar jene Wiener, die im Stillen weiterhin ihre Ressentiments kultivierten, mussten einräumen, dass das Projekt zügig voranschritt. Um das Werk pünktlich zu vollenden, wurde sogar an Sonntagen gearbeitet. »Aber nur der, welcher die unendlichen Schwierigkeiten kennen lernen, wer einen Blick hinter die Coulissen werfen und sehen konnte, was da Alles vorging, der muß den Männern, welche gekämpft und gelitten und endlich dennoch gesiegt hatten, seine Verehrung darbringen«[222], kommentierte das *Neue Fremden-Blatt*. Gemeint waren damit natürlich Felder und Suess.

Durch die exzellent ausgeführten Kanäle und Aquädukte hatte sich auch Gabrielli rehabilitiert. Die Wiener waren endlich zufrieden – mit den Hochquellenitalienern, mit dem, was Schwarz-Senborn im Prater zu veranstalten gedachte, mit den Renditen an der Börse und mit sich selbst natürlich auch.

Eduard Suess staunte, dass niemand mehr störte. Er hatte in dieser Phase mit größeren Schwierigkeiten gerechnet. »Alles lag aber in zuverlässigen Händen, die Gegner schwiegen endlich, und mit Freude verfolgte man den sichtlichen Fortschritt.«[223]

Wenige hingegen bemerkten die nahende Gefahr, noch weniger nahmen sie ernst. Denn die Zeitungen versteckten sämtliche Meldungen darüber auf den hinteren Seiten. Keiner sollte sich gestört fühlen. Die Cholera pirschte wieder durch Russland. Nur einige Dörfer habe die Seuche bisher erreicht, wie die Zeitungen versicherten. Viel traute man ihr diesmal nicht zu, sie werde wieder verschwinden, nur keine Sorge!

Die Medien hielten die Cholera klein, als ließe sie sich davon beeindrucken.

Doch je mehr Orte sie heimsuchte, desto mehr Aufmerksamkeit beanspruchte sie. Unter der verharmlosenden Überschrift »Verkehrsstörung« berichtete das *Oesterreichische Journal*, der »direkte Dienst« per Eisenbahn und Schiff nach Odessa sei wegen der Cholera unterbrochen.[224] Alles falsch, konterte tags darauf ein anderer Informant, Odessa sei seuchenfrei! Jeder wisse, dass »hier und in der Umgegend von Cholera gar keine Spur ist«[225]. Die Wiener konnten sich aussuchen, wem sie glaubten, im Zweifel lieber den Choleraleugnern.

Im Prater war zwar noch immer nicht viel los, aber der Generaldirektor hatte seine Pläne inzwischen in so vielen Sitzungen und Bürgerversammlungen geschildert, dass jeder wusste, welche Attraktion wo zu finden sein würde: Ein gigantischer, durch Querhallen gegliederter Industriepalast sollte sich parallel zur Hauptallee auf einer Länge von einem Kilometer erstrecken. Dahinter, zur Donau hin, verlief die Maschinenhalle. Das alles war so kolossal, dass Zeitungen als Vergleichsgröße die Anzahl von Ringstraßenpalästen nannten, die man auf der Fläche unterbringen könnte. Ein Dutzend hier, fünf dort, und in den Zwischenräumen der Querriegel brachte man auch noch ein paar unter.

Noch vor wenigen Jahren galten die Prachtbauten der bürgerlichen Familien Todesco, Ephrussi und Epstein als das

Maximum auf Erden erreichbarer Herrlichkeit. Nun wurden sie in Gedankenspielen wie Spielzeug hin und her geschoben, um die Ausmaße noch viel gewaltigerer Häuser zu veranschaulichen. Die Monstrosität des Industriepalasts war zugleich sein größter Mangel. Wer dereinst die Halle durchschritt, könnte sich darin ziemlich verloren fühlen. Eine weitere Sensation musste her, ein Zentrum, das zugleich zum Symbolbild der Weltausstellung taugte. Auf dem Grundriss wirkte das von Schwarz-Senborn geplante Highlight wie das Einschussloch in einem eckigen Ornament. Den größten Kuppelbau der Welt hatte er im Sinn, einhundertacht Meter im Durchmesser, mehr als die Kuppel des Petersdoms.

Die entsprechenden Skizzen des englischen Ingenieurs John Scott Russell fand er so verführerisch, dass er dessen Idee unbedingt nach Wien importieren wollte. Der geniale Brite hatte immerhin schon das größte Schiff der Welt konstruiert, die Great Eastern, die 1858 seitwärts zu Wasser gelassen werden musste, weil sie bei einem konventionellen Stapellauf mit dem Heck voran nicht in die Themse gepasst hätte.

Allerdings gab es sowohl ein technisches als auch ein ästhetisches Problem mit seinen Zeichnungen für den Kuppelbau. Russell hatte die Schwerkraft nicht bedacht. Außerdem handelte es sich um eine Eisenkonstruktion, und bloßliegendes Metall am Bau, dessen Schönheit Gustave Eiffel schon mit seiner Maschinenhalle bei der Pariser Weltausstellung beschworen hatte, galt in Wien zu dieser Zeit noch als Ausdruck des Halbfertigen. Die Fassaden der Ringstraße kokettierten mit der Baukunst der Renaissance und des Barocks. Die Architekten des Historismus hatten die stilistische Rückbesinnung für modern erklärt.

Deshalb engagierte Schwarz-Senborn einen ausgewiesenen Fachmann für Dekoratives, den Architekten Carl von Hasenauer, um die fortschrittlichste Weltausstellung der Geschichte historisch zu kostümieren. Die Innovation am Bau sollte sich nicht als solche zu erkennen geben. In Wien war die Zukunft ein Maskenball.

Hinter dem Industriepalast mit dem signifikanten Rundbau, der Rotunde, würde sich die vergleichsweise schlicht gestaltete Maschinenhalle über achthundert Meter spannen. Das war längst nicht alles. Es gab auch noch eine Kunsthalle und Hallen für Agrikultur, ferner den Kaiserpavillon, den man mit dem Besten ausstatten würde, das Österreichs Manufakturen zu bieten hatten, darunter einen Flügel der Klavierfabrik Bösendorfer. Die beteiligten Länder sollten um das zentrale Ensemble ihre Nationalpaläste bauen, auf eigene Kosten, verstand sich. Dank dieses Pavillonsystems würde die Wiener Weltausstellung einer Stadt in der Stadt gleichen, großzügig subventioniert von den Staaten aller Kontinente.

So weit die Theorie, aber der Ausstellungsplatz selbst war im Herbst 1871, anderthalb Jahre vor der Eröffnung, noch nicht einmal eine richtige Baustelle.

Dann geschah etwas. Die Fundamente für die Rotunde wurden gelegt. Das war nicht viel, und doch galt es den Wienern als Signal. In einer Epoche, in der wirtschaftlicher Aufschwung und Expansion ein so hohes Tempo entwickelt hatten, dass man den Fahrtwind zu spüren meinte, war Bewegung die Chiffre für Erfolg. Auch der Kaiser zeigte sich zufrieden und lobte die Baustelle ausdrücklich.

Nur eines missfiel dem Generaldirektor: Jenseits des Ausstellungsplatzes, aber unmittelbar daran angrenzend, erhoben sich die windschiefen Hütten des Volkspraters, ein beliebtes Ausflugsziel der Wiener. Die Anmutung der Buden, die Zauberer, Wahrsager, Kegelbahnen, Schafe mit sechs Beinen und andere Seltsamkeiten bargen, würde man heute als Shabby-Chic bezeichnen. Für den Generaldirektor waren sie eine Zumutung. Also wurden sie auf dessen Anordnung über Nacht weggeputzt. Seine mit Schaufeln und Beilen ausgestatteten Truppen schlugen das meiste kurz und klein. Viele dort ansässige Kleinunternehmer verloren ihre Existenzgrundlage.

Dann ging es richtig los im Prater. Die Wiener sahen, wie die Pfeiler der Rotunde mit Eisenbahnschienen belastet wurden, um die Stabilität zu testen, und sie beobachteten den Bau der großen Prachtportale, die von allen vier Himmelsrichtungen auf das Gelände führten. Zunächst waren achtzehnhundert Arbeiter im Einsatz. Schon wenige Wochen später vermeldete das *Neue Fremden-Blatt*: »Auf dem Ausstellungsplatze sind jetzt viertausend Arbeiter beschäftigt, die sich jedoch durch die vorzügliche Anlage des Planes in keiner Weise gegenseitig beirren.«[226]

Auch ein siebzehnjähriger Wiener Gymnasiast namens Sigmund Freud beobachtete die Entwicklung. An einen seiner Freunde schrieb er: »Die Weltausstellungsarbeiten sind bereits sehr vorgeschritten. Die Rotunde wird schon völlig ausgemauert [...]. Die andern Trakte sind schon unter Dach und auch die Gartenanlagen machen ein freundliches Gesicht.«[227] Der ganze Prater vibrierte vor Energie, er glich nun einer kolossalen Maschine, die Wien vorwärtsschob in eine neue Zeit.

Nachdem das erste Rohr geplatzt war, dachte Cajetan Felder, die Bauarbeiter hätten es vor der Belastungsprüfung unvorsichtig in den Graben gesenkt und dadurch beschädigt. Dann brach das zweite noch auf dem Testgelände im Süden der Stadt. Womöglich hatte das Eisen beim Transport gelitten. Der Riss im dritten Rohr aber erschütterte den Bürgermeister. Die Mängel hatten System. Wien war in Gefahr.

Die Cholera hatte inzwischen St. Petersburg und Moskau verheert und war über das Baltikum bis nach Königsberg und schließlich an Galiziens Grenze vorgerückt. Damit gelangte sie in Schlagdistanz. Felder machte sich nichts vor. Ihm war bewusst, dass die Seuche »mit größter Wahrscheinlichkeit« auch Wien erreichen würde. Weil Österreichs Ärzte inzwischen mehrheitlich John Snows Meinung zuneigten, die Krankheit werde vor allem durch verunreinigtes Wasser übertragen, wusste er um die Bedeutung einer zeitgerecht vollendeten Leitung – auch wenn Pettenkofer in München weiterhin seine Miasmentheorie verfocht.

Doch nach den Rohrbrüchen schien die geplante Eröffnung im Sommer 1874 fraglich. Im Moment waren die Wiener vor allem auf ihre Hausbrunnen angewiesen. Deshalb hatte die Stadt eine stichprobenartige Untersuchung angeordnet, mit dem Ergebnis, dass kein einziger der vierhundert geprüften Brunnen unbedenkliches Wasser lieferte. Gleiches galt für die Donauleitung aus den Vierzigerjahren. In Erwartung der Hochquellen hatte die Kommune darauf verzichtet, Geld in die Reinigung der verschlammten Filter zu investieren. Wien besaß inzwischen zwar eine mondäne Ringstraße, prachtvolle neue Häuser, eine aufstrebende Industrie und demnächst sogar eine Weltausstellung. Hinter den glamourösen Kulissen war die Reichshauptstadt indessen mehr denn je eine Brutstätte für Seuchen aller Art.

Pannen hatte Felder beim Bau der Aquädukte und Leitungskanäle zwischen Kaiserbrunnen und Stadtgrenze erwartet; das schwierige Terrain, die Sprengungen, die gewaltigen Bauwerke, jede Etappe barg Risiken. Dass sich aber die Verlegung handelsüblicher Gusseisenrohre in den Straßen zum Skandal entwickeln würde, war ein Schock. Die Presse stürzte sich auf die »Röhren-Fatalitäten«, und die einstigen Gegner des Projekts erhoben wieder ihre Stimmen. Die Anti-Hochquellen-Reflexe funktionierten noch.

Zur Wahrheit gehörte auch, dass das Debakel eine für den Gemeinderat, Cajetan Felder und Eduard Suess wenig schmeichelhafte Vorgeschichte hatte: Weil sich die Kosten nach dem Gewicht des Eisens bemaßen, entschied man sich bei den Rohren für eine Wanddicke, die das kommunale Budget schonte. Mit der Produktion wurden die Prager Eisen-Industrie-Gesellschaft, die im böhmischen Kladno fertigte, die Neuberg-Mariazeller-Gewerkschaft und die belgische Gießerei Gambier & Comp. beauftragt. Eine Fabrik allein wäre mit der benötigten Stückzahl überfordert gewesen.

Antonio Gabrielli und der zum Oberingenieur des Wiener Leitungsnetzes berufene Carl Mihatsch intervenierten. Die bestellte Ware sei viel zu filigran, zumal man die Qualität des Eisens schwer einschätzen könne. Doch die vom Gemeinderat beauftragte Expertenkommission beschwichtigte die Verantwortlichen: Alles sei bestens.

»Als die Röhren endlich auf den Straßen aufgeschichtet waren, erschrak ich jedoch selbst über die […] auffällig dünnen Wände«[228], räumte Felder ein. Das zierliche Eisen lag schon unter etlichen Straßen, bevor die zu spät angeordneten Belastungstests die Katastrophe offenbarten: »Dieser Tage fand auf der Landstraße eine Röhrenprobe der neuen Wasserleitung statt. Der zu prüfende Röhrenstrang war ungefähr zwölfhundert Schritte lang, und wurde an dem einen Ende desselben Wasser eingepumpt, während die gemeinderäthliche Commission am andern Ende, um den Abfluß des Wassers zu beobachten, versammelt war. Doch eine Viertelstunde verrann, aber kein Wasser kam geronnen [...]. Ob die gemeinderäthliche Commission heute noch wartet, ist nicht bekannt«[229], spottete ein Journalist.

Eduard Suess wurde vorgeschickt, um die Kritiker zu besänftigen. Die Fragen, Vorwürfe und Reklamationen dürften eine Tortur gewesen sein: »In der gestrigen Abendsitzung des Gemeinderathes ward wieder einmal Professor Sueß durch fast drei Stunden an den Referententisch gefesselt.«[230] Unversöhnlich ging man danach auseinander anstatt gemeinsam ins Wirtshaus wie zu Zelinkas Zeiten.

Über die Sparsamkeit der Kommune beschwerte sich auch Oberingenieur Karl Junker. Auf Anordnung des Geologen Suess, Pumpen unter allen Umständen zu vermeiden, hatte er das Gefälle zwischen Kaiserbrunnen und Kaiserstadt derart ausgereizt, dass das Wasser, wie gewünscht, so druckvoll nach Wien rauschen würde, um selbst in hochgelegenen Stadtgebieten aus eigener Kraft in die oberen Stockwerke zu gelangen. Und nun schwächelten die Rohre schon bei den Tests.

Schlamperei! Wie immer, wenn ihm etwas missfiel, schrieb er einen Leserbrief, in dem er den Dilettantismus anprangerte. Der Herr Junker möge sich gefälligst beherrschen, entgegneten die inzwischen schwer genervten Journalisten.

Die Vorfreude nach Gabriellis ersten Erfolgen war einer allgemeinen Gereiztheit gewichen, nicht allein der unzulänglichen Rohre wegen. Spätestens nach der Bewilligung der vierzehn Millionen Gulden war die Leitung für die Wiener eine sündteure Selbstverständlichkeit geworden. Man blickte dem Bauwerk nicht mehr erwartungsvoll entgegen, beanstandete vielmehr, dass es noch nicht in Betrieb war. Die Wunschträume der Bevölkerung galten nun einem anderem Großprojekt, der Weltausstellung. Sie würde Wien in die Liga der wahrhaften Metropolen katapultieren. London, Paris, Wien – was für ein Dreiklang!

Unterdessen wurden die gebrechlichen Wasserrohre in aller Stille für einen Bruchteil ihres ursprünglichen Preises als Alteisen verkauft und robustere bestellt. Mit diesen Kosten hatte niemand gerechnet, sie überstiegen das Vierzehn-Millionen-Budget. Das Defizit wuchs mit jedem neuen Rohr. Die Wucht der herandrängenden Quellfluten würde so enorm sein, dass man außerdem zur Sicherheit ein unabhängiges Netzwerk mit geringerem Druck für die tiefliegenden Bezirke konzipierte. Noch höhere Ausgaben.

Dennoch plante Cajetan Felder weitere Investitionen. Selbst wenn Gabrielli die verlorene Zeit wettmachte und die Leitung im Sommer 1874 vollendete, war das inzwischen zu spät. Die Cholera würde sich nicht so lange gedulden.

Der Berg atmete, pustete Rauch in den gleißenden Himmel, eine Warnung, die Eduard Suess ignorierte. Ein Gipfel, der sich in funkendurchsetzte Schleier hüllte – so hatte er sich das vorgestellt. Dorthin wollte er, unbedingt. Der Geologe stand am Fuß des Vesuvs und blickte nach oben. Natürlich war der Berg längst nicht so erhaben wie ein anständiger

Alpengipfel, ihm fehlten die imposanten Klippen, das schroffe Naturell. Geradezu sanftmütig wirkte er mit seinen weit in die Ebene ausschwingenden Flanken, aber das täuschte. Er hatte mehr Temperament, war aufbrausender als alle Berge des Nordens.

Freunde wollten den großen Moment mit Suess teilen. Professor Kornhuber war mit von der Partie, Tiermediziner und Botaniker, besonders versiert in der Biologie der Flechten und Rostpilze. Auch Professor Gerhard vom Rath aus Bonn, eine Koryphäe auf dem Gebiet der Kristallografie, hatte sich angeschlossen. Man scherzte, dozierte, stieg aufwärts.

Suess geriet ins Schwärmen: »Der Spiegel der weiten Bucht, die ruhigen Schiffe, hinter ihnen der rauchende Vulkan, und in unbeschreiblichem Dufte Capri und Sorrent lagen vor uns. Das lichtvolle Bild zwang uns laute Rufe der Bewunderung ab.«[231] Endlich konnte sich der Geologe entspannen. Wegen des Röhrendesasters war er erstmals gezwungen gewesen, sich in eine Materie zu vertiefen, die abseits seiner Interessen lag. Gusseisenrohre! Bis ins Detail hatte er deren Fabrikation studiert, wusste nun, dass die Gießform nicht liegen durfte, wenn sie mit geschmolzenem Eisen befüllt wurde. Sie musste aufrecht stehen, während das Metall von unten nach oben gepresst wurde. Mit dieser Methode waren nicht einmal die beauftragten Gießereien vertraut gewesen. Er hatte sich das angelesen und mit Experten gesprochen. Dennoch war es nichts als flüchtiges Wissen. Kaum erfand jemand bessere Rohre, wäre es überholt. Die Wahrheit der Berge hingegen währte ewig.

Hitze schlug den Professoren entgegen, nicht die der Sonne, sondern die des Vulkans. Vor drei Monaten war eine neue Ausbruchstelle entstanden, ein gewaltiger Anblick.

Ergriffen bestaunten die Herren die glühende Wunde. Suess wagte sich weit vor, um in das pulsierende Herz des Berges zu blicken. Als er das Spektakel kurz darauf ein zweites Mal besichtigen wollte, spuckte ihm der Vesuv glühende Brocken entgegen, so viele, dass selbst er lieber in Deckung ging. Glücklich war er trotzdem.

In Wien geriet unterdessen Schwarz-Senborn in Bedrängnis, obwohl die Arbeiter auf dem Ausstellungsplatz ihr Bestes gaben. Der Industriepalast samt Rotunde, die Maschinenhalle, das Gebäude für die Kunst und der Kaiserpavillon rechts hinter dem Hauptportal wuchsen prachtvoll empor. Aber das Geld, das Geld, bereits im Herbst 1872 war alles weg. Der Generaldirektor hatte ja schon vor anderthalb Jahren angedeutet, dass es nicht reichen würde, als er Ungarn und den Wiener Gemeinderat um Unterstützung gebeten hatte. Seine Vision war einfach zu groß. Nun benötigte er dringend einen Nachschlag.

Das Handelsministerium, die Peinlichkeit einer halbfertigen Ausstellung vor Augen, ging darauf ein. Würden zwei Millionen reichen, drei vielleicht? Der Generaldirektor erbat sich noch einmal sechs, bekam sie und schmetterte zugleich den Plan des Ministeriums ab, ihm fortan einen Finanzkontrolleur an die Seite zu stellen.

Während sich die Kommune mühte, die Wasserleitung zu finanzieren, bekam Schwarz-Senborn Unsummen für ein flüchtiges Spektakel bewilligt. So schätzte jedenfalls Cajetan Felder die Weltausstellung ein. Dass sie sich als lohnende Investition in die Zukunft des österreichischen Handels und der Kulturszene erweisen würde, bezweifelte er. Außerdem war ihm der Generaldirektor unsympathisch.

Inzwischen hatte sich herumgesprochen, dass Schwarz-Senborn die Großveranstaltung keineswegs als Krönung seiner Karriere betrachtete, vielmehr als Mittel zum Zweck. Bürgermeister von Wien wollte er werden, und ein gelungenes Praterspektakel sollte ihm dazu verhelfen. Und Felder? Der wäre dann überflüssig.

Zu behaupten, dass er die Weltausstellung sabotierte, wäre übertrieben, aber leicht machte er es Schwarz-Senborn fortan nicht. Das Engagement der Kommune in der Sache hielt sich in engsten Grenzen: Ja, man werde Brücken über den Donaukanal errichten, damit die Gäste bequemer zum Ausstellungsplatz gelangten. Außerdem wurde das Netz der Pferdetramway ausgebaut. Doch selbst bei diesen städtischen Infrastrukturmaßnahmen sparte Felder nach Kräften.

Obwohl sie außerhalb des Praters lagen, deklarierte er etwa die Brücken als Ausstellungsobjekte, um Fracht- und Zollkosten zu senken. Nachdem ihm zugetragen worden war, dass der Generaldirektor seine Paläste ohne behördliche Überprüfung in die Landschaft stellte, dass er außerdem die Hausierer und die beliebten Wurstverkäufer auf dem Areal »aus Schönheitsrücksichten« verbannen wollte, griff er durch. Der »Generalgewaltige« mochte den Prater als sein Reich betrachten, dennoch galten dort weiterhin Wiener Gesetze.

Am meisten sorgte sich der Bürgermeister aber wegen der Cholera, die inzwischen nach Preußen und Galizien vorgedrungen war. »Wie drohende Wetterwolken steigt es auf im Norden, die Cholera rückt immer näher und ist die Form eine sehr gefährliche, in der diese furchtbare Geißel der Menschheit diesmal auftritt«[232], schrieb die *Morgen-Post*.

Um die Arbeiten an der Wasserleitung zu beschleunigen, verhandelte der Bürgermeister mit Gabrielli. Gegen eine Prämie von einer Million Gulden verpflichtete sich der Unternehmer, die Fertigstellung um fast ein Jahr vorzuziehen.[233] Nicht erst im Sommer 1874, sondern schon im Herbst 1873, noch während der Weltausstellung, sollte das Bauwerk eröffnet werden. Alles in allem beliefen sich die Mehrkosten nun auf etwas mehr als fünf Millionen Gulden. Woher das Geld kommen sollte, blieb vorerst offen.

Die Rotunde – zu ihrer Zeit der größte Kuppelbau der Welt
und Wahrzeichen der Wiener Weltausstellung 1873

14

DIE WELT IN WIEN

Wien, 1873

Wie im freien Fall stürzte die Stadt in das neue Jahr. Alles schien in Bewegung, in Veränderung begriffen. Das Tempo verwischte die Konturen der Zeit. Die diesjährige Ballsaison brach alle Rekorde, zumindest quantitativ. Nie zuvor hatte Karl Schwender mehr Gäste in die Tanzsäle seines westlich von Wien gelegenen »Kolosseums« gelockt. Eine Viertelmillion Menschen feierte dort allein in diesem Winter.[234] Der einst aus Württemberg zugewanderte Kellner war mit seinem 1852 eröffneten Etablissement nun endgültig zum mächtigsten Wiener Vergnügungsimpresario aufgestiegen.

Getanzt wurde außerdem im Dianasaal und im Sophiensaal, beides eigentlich Hallenbäder, die im Winter als Ballsäle firmierten, weil die Heizkosten für das Wasser in der kalten Jahreszeit zu hoch waren. Die Tanzfläche wurde über dem Schwimmbecken errichtet, das entleerte Bassin bewährte sich nun als Resonanzraum für die Musik. Die Akustik soll ausgezeichnet gewesen sein.

Beliebt waren außerdem die Blumensäle im herrschaftlichen Gebäude der Wiener Gartenbaugesellschaft an der Ringstraße, ebenso die Bälle im Theater an der Wien, auch der dunklen Korridore wegen, der sogenannten Seufzeralleen, in denen sich zu vorgerückter Stunde wer weiß was abspielte. Walzerklänge kitzelten bei manchen eben nicht nur die Tanzlust wach.

Was das Amüsement betraf, war Wien schon Monate vor der Weltausstellung so breit aufgestellt wie nie. Als wäre das nicht genug, richteten sich die Begehrlichkeiten auf weitere Prachtimmobilien, in denen man die Nächte durchtanzen wollte. Eine der ersten Adressen war die neue Hofoper. Ein Ball in einem Theatergebäude habe eben einen ganz besonderen Charme, hieß es im *Neuen Fremden-Blatt*. Gemeint war damit weder die prunkvolle Ausstattung noch die erstklassige Akustik. Als reizvoll empfand man vielmehr die Logen, in denen einen niemand beim »intimen Geplauder« störe, und »auf den Galerien kann sich die Intrigue der Beobachtung entziehen«[235]. Ein paar Jahre mussten sich die Ballenthusiasten noch gedulden, erst 1877 nahm mit der ersten Hofopernsoirée die Tradition des Wiener Opernballs ihren Anfang.

Allerdings wuchs in den frühen Siebzigerjahren auch die Zahl jener, die den ausufernden Ballbetrieb gar nicht mehr lustig fanden. Der *Sperl* zum Beispiel, wo sich Johann Strauss der Ältere einst um den Wiener Walzer verdient gemacht hatte, war zu einem Treffpunkt der Halbwelt herabgesunken. Vielen Herren aus besseren Kreisen missfiel das.

Kaum hatten sie eine aussichtsreiche Liebelei angebahnt, mussten sie feststellen, dass sie an eine Professionelle geraten waren. Und wenn die berüchtigte Fiaker-Milli eintraf, die ungemein verlockend gewesen sein soll, zudringliche Verehrer aber gern mit derben Sprüchen und gezielten Tritten abwehrte, ging unter den männlichen Gästen die Angst um.

Schon die Garderobe der Exzentrikerin wirkte einschüchternd: Sie betrat den Tanzsaal im Jockeykostüm, gestiefelt, gespornt und mit Reitgerte bewaffnet. Das hatte nichts mehr mit den lieblichen Ballfreuden von einst zu tun, nach denen sich mancher Kavalier nun zurücksehnte. Außerdem, beklagte der Wiener Schriftsteller Friedrich Schlögl, werde der Walzer im *Sperl* nur noch »schieberisch« getanzt.[236] Damit war alles gesagt.

Das Ursprüngliche und Authentische kam auch an anderer Stelle zu kurz. Immer mehr Banken schalteten in den Zeitungen immer mehr Anzeigen, in denen sie von Woche zu Woche höhere Zinsen verhießen. Wer in diesen Tagen den Wirtschaftsteil las, brauchte keinen Alkohol, um sich zu berauschen. Hier eine neue Anleihe für ein noch ziemlich nebulöses Großprojekt, dort die Ankündigung einer neuen Subskription, gemusterte Buchstaben, schlagzeilengroß. Die Art der Aufmachung solcher Inserate erinnerte an Zirkusreklame. Ob an der Börse, auf der Hochquellenbaustelle oder im Prater, überall musste es schnell gehen. Der Charme der Gemütlichkeit galt plötzlich als unzeitgemäß.

Relativ spät hatte man festgestellt, dass Wien den Gästen aus aller Welt nicht nur ein Spektakel, sondern möglichst auch ein angemessenes Quartier bieten sollte. Die vorhandenen Häuser waren unzulänglich, sie boten für zu viel Geld zu wenig Komfort. Von europäischen Standards war die Ausstattung so weit entfernt, dass man befürchtete, sich demnächst schämen zu müssen, wenn die Weltausstellungsgäste eincheckten. Was also tun?

Der Staat rieb sich mit der Finanzierung der Ausstellung auf, und die Kommune Wien zehrte von der Substanz. Dafür waren die Banken und Aktiengesellschaften derart aufgepumpt mit Kapital, dass es höchste Zeit war, in reale Werte zu investieren. Ein Hotel mit tausend Zimmern, direkt an der Ringstraße, das wäre doch was!

Wiens zweitgrößtes Gebäude hatte man im Sinn, gleich nach der Hofburg. Doch selbst für eine Stadt, die sich neuerdings für ihre Zuversicht feierte, war das zu ambitioniert. Stattdessen sollten schließlich mehrere kleinere Hotels errichtet werden, mit durchschnittlich zweihundertfünfzig Betten immer noch gewaltiger als alles, was in Wien jemals für den Fremdenverkehr geleistet worden war.

Das *Hotel Métropole* entstand nahe dem Donaukanal und entwickelte sich in der Folgezeit zu einem der renommiertesten Häuser. An der Ringstraße wurde die vormalige Residenz des Prinzen von Württemberg zum luxuriösen *Hotel Imperial* umgestaltet. Die Architekten Josef Gross und Heinrich Claus errichteten im Auftrag des *Aktienvereins Hotels und Badeanstalten* das *Britannia*, das mit Wannen aus echtem Carraramarmor renommierte, und nur wenige Schritte vom Prater entfernt das *Hotel Donau*.

Es bot laut Eigenwerbung »400 elegante mit allem Comfort der Neuzeit ausgestattete Zimmer«[237]. Ein Reporter wies darüber hinaus auf »äußerst elegante Restaurations- und Kaffeesäle«[238] hin. Die Luxusbleibe empfehle sich von selbst. Ausgestattet mit Aufzügen und Heißwasserheizung, erwies sie sich als moderner und zweckmäßiger als manches, das man drüben im Prater als Weltneuheit zu präsentieren gedachte.

Samt Einrichtung beliefen sich die Kosten des Refugiums auf zweieinhalb Millionen Gulden, berichtete die *Neue Illustrirte Zeitung*. Außerdem war ein Brunnen gegraben und mit einer leistungsfähigen Pumpe versehen worden, schließlich war Leitungswasser, kalt und warm, in der gehobenen europäischen Hotellerie inzwischen selbstverständlich.

Wegen der Praternähe und der vorzüglichen Verkehrsanbindung – der Nordbahnhof lag gleich gegenüber – entwickelte sich das Haus nach der Eröffnung am 27. April bald zum Lieblingsquartier der Ausstellungskommissionen. Kaiser und Königinnen, Herzoginnen und Barone aus aller Welt, die ihren Besuch angekündigt hatten, bevorzugten Suiten in der Stadtmitte. So weit entfernt von der Hofburg wirkte das *Hotel Donau* ungeachtet seiner Qualitäten auf manche wohl doch zu provinziell. Zum tragischen Helden der neuen Wiener Hotellerie sollte es jedoch aus anderen Gründen werden.

Dank des aufgestockten Budgets hatten manche Weltausstellungsbauten zum Jahreswechsel nicht nur vier fertige Wände, sondern sogar schon ein Dach. Dadurch machten sich die Baugruben dazwischen aber umso störender bemerkbar. Die Arbeiten an einigen Länderpavillons waren noch nicht einmal begonnen worden. Schwer vorstellbar, dass die Veranstaltung am 1. Mai eröffnet werden konnte.

Das Gerücht, sie werde verschoben, das in den ersten Wochen des Jahres aufkam, wirkte also durchaus plausibel – zum Ärger des Generaldirektors. Unbestritten hatte er in der Kürze der Zeit Großes geleistet. Vielleicht wäre sogar noch mehr möglich gewesen, hätte er seinem gewaltigen Heer von Ausstellungsbeschäftigten zugetraut, Entscheidungen in seinem Sinne zu treffen. Alles riss er an sich, grübelte mitunter stundenlang über die Gestaltung einer Einladungskarte nach, während sich die Mitarbeiter der Administration langweilten. Das führte zu Missverständnissen, Versäumnissen und zu mancher Enttäuschung.

Einer, den der Generaldirektor auf diese Weise düpierte, war Eduard Strauss, Komponist und Kapellmeister wie sein berühmterer Bruder Johann und ein Bild von einem Mann. Wer vom Walzerkönig sprach, meinte Johann, er hingegen war der ›schöne Edi‹ – auch nicht zu verachten. Erst vor einem Jahr waren die Brüder zu Hofballmusikdirektoren ernannt worden. Mit solchen Referenzen sollte es nicht schwer sein, vor dem internationalen Publikum im Prater musizieren zu dürfen.[239]

Erst Monate später erfuhr Eduard Strauss aus der Zeitung, dass Schwarz-Senborn längst Musiker aus Deutschland verpflichtet hatte, die als *Wiener Ausstellungscapelle* firmieren sollten, unter der Leitung seines Bruders Johann. »Es wird niemand überraschen, daß es mich aufs höchste befremdete, als ich auf diesem Wege erfuhr, daß für die Wiener Weltausstellung eine ausländische Capelle zweiten Ranges unter der Leitung eines Wiener Strauß engagirt worden sei.«[240] Nicht nur der Generaldirektor hatte ihm diese Entscheidung verschwiegen, sondern selbst sein Bruder!

Die absolutistische Attitüde, mit der Schwarz-Senborn die Bauarbeiten im Prater befehligte, verstimmte auch die Delegationen der an der Ausstellung beteiligten Länder. Als beispielsweise die Amerikaner monierten, der ihnen zugewiesene Platz im Prater sei zu klein, fühlten sie sich vom Herrn Direktor wie die Abgesandten einer drittklassigen Kolonie behandelt. Von nun an war ihnen klar, dass dieser Mann die Sache nicht im Griff hatte.

Süffisant wurde vermerkt, der Generaldirektor habe ihnen zwar eingeschärft, das gewaltige Durcheinander bei der

Pariser Weltausstellung dürfe sich in Wien unter keinen Umständen wiederholen. Tatsächlich erwies sich aber alles als noch viel schlimmer: »Chaos regiert, wo Ordnung erwartet wird.«[241] Man sei mindestens zwei Monate im Verzug. Während die Briten schon fleißig auf ihrem Ausstellungsterrain werkelten, wussten die Herren aus Übersee noch nicht einmal, wo sie die angelieferten Exponate abstellen durften.

Wenig später fügte sich die amerikanische Delegation kleinlaut in ihr Schicksal. Schon vor der Eröffnung hatte sie den ersten Skandal der Ausstellung provoziert. Nordamerikas leitender Ausstellungskommissar Thomas B. van Buren, ein Republikaner aus New Jersey, hatte Gelder veruntreut, sich außerdem Hunderte Flaschen Likör nach Wien liefern lassen. Deklariert als Ausstellungsobjekte schmuggelte er sie am Zoll vorbei, um sie danach zu verkaufen. Van Buren wurde entlassen, sein Stellvertreter rückte auf, ein Flachglashersteller aus New York.

Ungern trat der Unternehmer den exponierten Posten an und nur auf Zeit, schließlich war er nicht nur im Prater gefordert, sondern auch im *Grand Hotel*, wo sein pubertierender Sohn aus Langeweile auf sonderbare Ideen kam. Während sich sein Vater im Prater um das angeschlagene Image der amerikanischen Delegation kümmerte, schleppte Theodore zum Zeitvertreib Hasen und Hühner in die Suite, die er dort aufschnitt, häutete und mit Arsen konservierte.

Dass der junge Mann nicht nur zu Großem, sondern zu Allergrößtem berufen war, hätte wohl damals sogar sein Vater bezweifelt. Nein, von seinem Kleintiere zerlegenden Filius war nicht zu erhoffen gewesen, einmal als 26. Präsident der Vereinigten Staaten in die Geschichte einzugehen.

Dennoch sollte Theodore Roosevelt das Land von 1901 bis 1909 regieren.

Als Vierzehnjähriger in der Reichshauptstadt war er schwer genervt. »Die letzten Wochen verbrachte ich in der trostlosesten Monotonie«[242], schrieb er in sein Tagebuch. Verdammt, jetzt war auch noch das Arsen alle und in Wien kaum neues aufzutreiben.

Im Garten gab es nichts zu tun. Graustichiger Schnee lag auf den Beeten. Keine Rosen, keine Hyazinthen – nicht einmal Eisblumen blühten an den Fenstern. Für Josef Skoda begann das Jahr 1873 desaströs. Ein verstörendes Gerücht kursierte in der Stadt: Die neue Wasserleitung könne nicht vollendet werden, noch nicht, in zwei Jahren vielleicht, man werde sehen. Nachdem sich der Bürgermeister mit Herrn Gabrielli auf die vorgezogene Eröffnung im Herbst geeinigt hatte, stand plötzlich wieder alles infrage.

Cajetan Felder war zu optimistisch gewesen, die Extramillion für den Bauunternehmer hielten der Gemeinderat und Teile der Presse für überzogen und lehnten die Vereinbarung ab. Die miserablen »Sanitätszustände« und die in Aussicht gestellte Beschleunigung der Arbeiten dürften »nicht Veranlassung dazu werden, daß sich Wien durch den Bauunternehmer der Hochquellenleitung widerstandslos ausbeuten läßt«[243], echauffierte sich die *Wiener Sonn- und Montags-Zeitung*.

Es ging ums Prinzip: Eine Viertelmillion, höchstens, sollte Gabrielli erhalten, das erschien angemessen für die schnellere Fertigstellung. Andere Blätter spekulierten, die Kommune habe sich endgültig finanziell übernommen, das Jahrhundertbauwerk werde sich als Jahrhundertpleite erweisen, unfertig, unbezahlt, unerhört.

Skoda war inzwischen fast siebzig, schon vor Jahren hatte er sich aus dem Beruf zurückgezogen, lehrte nicht mehr an der Universität, horchte keine Patienten mehr ab, lauschte nur noch in sich selbst hinein. Das verdross ihn, zumal ihn in diesen Tagen nichts auf freundlichere Gedanken brachte.

Wegen des Konflikts zwischen Gabrielli und dem Gemeinderat ruhten die Arbeiten an der Hochquellenleitung. Dabei fehlte gar nicht mehr viel! Nur noch in einigen Bezirken mussten Wasserrohre verlegt und über den Steinbögen der Aquädukte die Kanäle mit Zement ausgekleidet und verschlossen werden. Das Wasserreservoir auf dem Rosenhügel war auch fast vollendet.

Höchste Zeit, dass Gabrielli die Sache zu Ende brachte, denn die Cholera hatte sich nicht mit Galizien und Preußen begnügt, grassierte nun auch in Ungarn und Böhmen. Im Norden, im Osten und Süden belagerte sie Österreichs Grenzen im Januar des Weltausstellungsjahres, aber sonderbar: Plötzlich verlor sich ihre Spur. Je näher das Großereignis rückte, desto weniger war über sie in den Zeitungen zu lesen.

Möglicherweise verspielten Cajetan Felder, Eduard Suess und Gabrielli gerade ihren Vorsprung, und die Seuche war schneller in Wien als das Wasser. Wenigstens trieb der Bürgermeister trotz städtischer Geldnot den Bau eines kommunalen Epidemiespitals in Wiens Süden voran, erfuhr Skoda, während Generaldirektor Schwarz-Senborn beim Handelsministerium eine weitere Finanzspritze erbat und erhielt. Insgesamt beliefen sich die Kosten der Weltausstellung nun auf fast zwanzig Millionen Gulden.

Kein Zweifel, die Prioritäten waren verrutscht, das scheinbar Bedeutende rangierte vor dem wirklich Wichtigen. Sollte

Josef Skoda also Jahre nach seinem Rückzug ein weiteres Mal eingreifen? Brachte er noch die Kraft auf, um die Wiener Ärzteschaft zu mobilisieren? Vor bald zehn Jahren hatte er mit seiner Einmischung in die Angelegenheiten des Gemeinderats etwas begonnen, das noch immer unerledigt war. Am 24. Januar 1873 raffte er sich auf, um die Dinge ein letztes Mal zurechtzurücken.

Vorbei die Zeiten, in denen er und Rokitansky abwechselnd mit neuen Erkenntnissen auf dem Podium der Gesellschaft der Ärzte triumphierten. Inzwischen überließ er dem Nachwuchs die Bühne, lauschte dessen Vorträgen, nickte und gratulierte hin und wieder talentierten Kollegen. Das zählte zu seinen Aufgaben als Ehrenpräsident der Gesellschaft. Ungewohnt war es für die versammelten Mediziner in der Akademie der Wissenschaften, den großen Skoda an besagtem Abend nicht im Publikum zu sehen, sondern vorne auf der Bühne.

Eine Legende war zurück, etwas gebeugter, etwas zerzauster, dennoch eine Instanz, auch in Wasserangelegenheiten. »Es kann wol kaum einen Mann geben, der berufener wäre, in dieser Frage sein Votum abzugeben, wie Professor Skoda, eine unserer hervorragendsten Capacitäten im Sanitätswesen. Und eine Frage der Gesundheit ist es ja vor Allem, die mit der Wasserversorgung für Wien gelöst werden soll«[244], kommentierte *Die Presse*.

Er wäre nicht hier, könnte er darauf zählen, dass der löbliche Gemeinderat demnächst Gabriellis Mehrkosten bewillige, begann Skoda seinen Vortrag. »Das ist aber eine eitle Hoffnung. Zur Austragung der Röhrenfrage allein hat man ein ganzes Jahr gebraucht.«[245] Austeilen konnte er wie früher, aber ohne seine Mahnungen brachte die trödelnde Kommunalpolitik ja nichts Vernünftiges zustande. Deshalb forderte er die versammelten Mediziner auf, die Gemeinderäte zurechtzuweisen. »Die Gesellschaft der Aerzte wird gewiß keine undankbare Aufgabe übernehmen, wenn sie bestrebt ist, die Entscheidungen des Gemeinderathes dadurch zu beschleunigen, daß sie auf die Gefahren aufmerksam macht, welche die Bevölkerung Wiens in Folge des Hinausschiebens der Vollendung der Hochquellenleitung bedrohen.«[246]

In einer weiteren Denkschrift wollte er den Politikern das drohende Unheil drastisch vor Augen führen: Wassernot und Seuchen sagte er voraus, schon sehr bald. Kein Preis sei zu hoch, um die Gefahr abzuwenden, auch wenn Gabriellis Extramillion manchen im Augenblick übertrieben erscheine.

Skodas Vortrag folgte keine langwierige Debatte. Er hatte die Ärzte auf Anhieb von der Notwendigkeit überzeugt, mit einem weiteren Memorandum einzuschreiten. Drei Wochen später bewilligte die Kommune Gabriellis Prämie. Die Frage allerdings, wie dessen Arbeit, die neuen Rohre und alle anderen Extras finanziert werden sollten, war so kompliziert, dass man sie abermals vertagte.

Dann hatte der Gemeinderat eine Idee. Berauscht von der Börseneuphorie wollte er nun seinerseits von der Risikobereitschaft der Bevölkerung profitieren, um die Hochquellenleitung zu bezahlen. Dabei blieb es nicht, auch die Kosten für eine Regulierung der Donau, für einen weitläufigen Zentralfriedhof und ein prächtiges neues Rathaus sollten dadurch gedeckt werden. Man kalkulierte großzügig, beschloss schließlich, Schulden in Höhe von mehr als sechzig Millionen Gulden aufzunehmen, in Form einer Prämienanleihe mit Lotterie.

Die hohen Hauptgewinne sollten die Wiener locken und vergessen machen, dass es ansonsten keine Renditen gab. Eine solche Anleihe aufzulegen war ungleich günstiger als jeder konventionelle Kredit. Auch Bürgermeister Cajetan Felder fand diesen Plan äußerst charmant. Allein Eduard Suess lehnte ihn entschieden ab. Felders Begeisterung konnte er nicht nachvollziehen.

Der Bürgermeister war doch selbst Forscher, einer, der die Menschheit bereichern, nicht um ihr Geld bringen sollte. Die Jahre im höchsten Amt der Stadt hatten ihn verändert, nun schien er vor allem die präsidiale Attitüde zu genießen, den vertraulichen Umgang mit den Mächtigen der Monarchie. Darüber beschwerte sich zumindest die Öffentlichkeit.

Felder sah das naturgemäß anders. Die laufenden Kosten allein durch die städtischen Einnahmen zu decken, wie es Suess empfahl, war schlicht unrealistisch. Die Kommunalsteuern hatte er schon erhöht und noch dazu eine neue erfunden, eine für Hunde, die Reaktion war erschütternd. Mit Kritik hatte der Bürgermeister gerechnet, auch mit Häme, aber nicht mit solchem Hass. Sogar persönliche Drohungen hatte er erhalten: Hunde waren doch Freunde der Menschen! Nur unanständige Zeitgenossen müssten für Freunde bezahlen, und nur Verbrecher trieben das Geld dafür ein. Felder besaß keinen Hund, vielleicht hätte er die Sache mit mehr Bedacht in Angriff genommen, wenn es um Steuern für Schmetterlinge gegangen wäre. Trotz Geldnot blieben Insekten weiterhin steuerfrei.

Die Mischung aus Pragmatismus und Idealismus, der Felder und Suess bisher alle Fortschritte bei dem Hochquellenprojekt verdankt hatten, entzweite das Duo kurz vor dessen Vollendung. Suess beharrte auf seinem Standpunkt, Felder auf seinem. Dennoch erschrak der Bürgermeister, als der Professor verkündete, er scheide aus, wolle nichts mehr zu tun haben mit einer auf so fragwürdige Weise finanzierten Unternehmung.

Felder erinnerte den Geologen an dessen Verantwortung. Suess entgegnete, seiner Tätigkeit seien von jeher Grenzen gesetzt, die er niemals überschreiten werde.[247] Außerdem habe man die Wasserleitung fast vollendet und jedes Hindernis aus dem Weg geräumt. Der Abschied von Felder und den Ingenieuren, die bald zehn Jahre gemeinsam mit ihm für die Umsetzung gekämpft hatten, fiel ihm dennoch schwer. Die Schuld an der Lottofinanzierung, die er für zutiefst unmoralisch hielt, schob er allerdings nicht allein auf den Gemeinderat, sondern auch auf den Staat, der sich nicht an den Kosten beteiligt hatte.[248]

Suess war davon überzeugt, die entfesselte Spekulation verderbe den Charakter. Außerdem misstraute er den neumodischen Finanzprodukten, fürchtete den baldigen Kollaps des Systems. Auch in dieser Hinsicht sollte sich der Geologe als Visionär erweisen.

In der zweiten Aprilhälfte verstarben etliche Wiener an der Ruhr oder Brechruhr. Dass diese Häufung reiner Zufall war, während in den Nachbarländern die Cholera um sich griff, erschien unwahrscheinlich. Wurde hier etwas als Ruhr deklariert, was großes Entsetzen ausgelöst hätte, wäre es beim richtigen Namen genannt worden? Vor allem ausländische Zeitungen waren alarmiert.

Vieles deutete darauf hin, dass die Cholera längst inkognito durch Wiens Straßen schlich, so energisch solche Gerüchte auch dementiert wurden. Sogar den großen Pathologen Rokitansky hatte man werbewirksam zu der Leiche eines Halbwüchsigen gebeten, der eindeutig einem Wundbrand erlegen war.

Der Mediziner musste nicht einmal sein Skalpell herausholen, ein kurzer Blick genügte, um dies zu diagnostizieren. Hier liege kein Cholerafall vor, bestätigte er, ein Satz, aus dem man an offizieller Stelle umgehend die Erkenntnis ableitete, Wien sei cholerafrei. Alles nur ein bedauerlicher Irrtum, keine Bange!

Nachdem sich sogar ein Redakteur des New Yorker *Herald* ausführlich mit dem Seuchenverdacht beschäftigt hatte, um seine Leser vor einem Besuch der Wiener Weltausstellung zu warnen, brachte das Blatt eine wuchtige Entgegnung des österreichischen Vizekonsuls in Amerika, der sämtliche Vorwürfe bestritt: »Die Berichte über die Verbreitung der Cholera in Wien sind absolut falsch. Die sanitären Zustände in der Stadt sind, im Gegenteil, exzellent und lassen nichts zu wünschen übrig.«[249] Diese Behauptung widersprach allerdings der Erfahrung der meisten Korrespondenten, die sich in Wien aufhielten. »Ohne jeden Zweifel ist das Wiener Wasser ungenießbar«[250], schrieb C. C. Fulton im *Baltimore American*. Neun von zehn Wienern würden es meiden. Ersatzweise werde Bier konsumiert. »Whisky, Brandy und jeder andere Schnaps sind hier hingegen kaum bekannt, man verwendet sie allenfalls zu medizinischen Zwecken, außer die Kutscher, die allesamt aufgedunsene Säufer sind.«[251] Charmant war das nicht, doch den Vizekonsul dürften die fortwährenden Zweifel an Wiens Hygiene mehr bekümmert haben als Berichte über die Trinkgewohnheiten in der Reichshauptstadt. Niemand sollte sich vor der Ausstellung fürchten, weil er Wien für ein Drecksloch hielt.

Der berühmte französische Schriftsteller Jules Verne hatte mit seinem neuen Werk eben erst das Fernweh geweckt, und plötzlich geriet das Reisen in Verruf? Undenkbar, zumal man dank des Wiener Großereignisses keine achtzig Tage um die Welt brauchen würde, wie es sich der Held des Romans vornahm, sondern nur einen, um von Europa in den Orient, von dort nach Japan, weiter nach Amerika und wieder zurück zu gelangen, Walzerabend mit Johann Strauss inbegriffen.

Noch war die Wiener Cholera nur ein Gerücht, ein beharrliches zwar, das den Generaldirektor Schwarz-Senborn und die Ministerien bekümmerte, dennoch eines, das sich durch offizielle Dementis halbwegs managen ließ.

Der Tag war groß, das Wetter eine Unverschämtheit. Schwere Wolken reichten fast bis zur nachgebildeten Kaiserkrone an der Spitze der Rotunde herab. Im Dauerregen machte selbst das allerhöchste Symbol nicht viel her, obwohl es mit tausend falschen Edelsteinen dekoriert worden war. Es brauchte Sonne.

Darüber hätte sich auch das Publikum gefreut, das sich vor dem Gebäude drängte. Regenschirm an Regenschirm standen Französinnen und Engländer, Türken und Japanerinnen, Ungarinnen und Beduinen. Österreicher waren natürlich auch anwesend, schließlich war das hier ihre Megaparty.

In der Menge befand sich der Berliner Schriftsteller Julius Rodenberg, ein Weltausstellungsveteran, der schon von den Großereignissen aus London und Paris berichtet hatte. Kaum ein Autor besaß mehr Erfahrung mit dem Sujet, deshalb hatte ihn der Herausgeber der *Neuen Freien Presse* engagiert. Rodenberg stand also im Regen und staunte vor allem über die Wienerinnen. »Unbekümmert um die Folgen bieten sie die prachtvollen Toiletten dem Wind und dem Regen; ich muß sagen, daß ich einen solchen Heroismus noch niemals gesehen«[252], notierte er, während sich das Terrain in Matsch verwandelte. Die neue Praterpracht mochte Unsummen verschlungen haben, wasserfest war sie nicht.

Zu beiden Seiten der Rotunde erstreckte sich der Industriepalast, so weit, dass man die beiden Enden nicht sah. Das Bauwerk verlor sich im Grau. Das Hauptportal trug die Fahnen aller fünfunddreißig an der Ausstellung beteiligten Länder. Dahinter begann die Zukunft, aber dort durfte das einfache Volk an diesem Tag noch nicht hin. Die Ehrengäste hatten den Vortritt, für sie war die Eröffnungsfeier organisiert worden: neunhundert Sänger, vier Militärkapellen, imposanter Blumenschmuck, der die unfertigen Stellen in der Rotunde kaschieren sollte, Samt- und Golddekor, meisterhafte Skulpturen, darunter die eines Löwen.

Manche Zuschauer harrten schon seit Stunden aus, falls sich doch einer der Honoratioren vor der Zeit in den Prater bequemte. Niemand war gekommen. Endlich näherte sich eine Droschke, ihr folgten fünf, sechs weitere, ja eine ganze Kolonne war unterwegs in den Prater, voran die des Generaldirektors Schwarz-Senborn. Dann fuhren Minister und Generäle vor, schließlich die Gemeinderäte, angeführt vom Wiener Bürgermeister Cajetan Felder. Alle winkten kurz ins Publikum und eilten durch den Regen zum Eingang der Rotunde, während sich die Kutschen der Aristokratie inzwischen die ganze Praterstraße entlang bis zum Donaukanal stauten.

Seine Majestät weilte zu diesem Zeitpunkt noch in der Hofburg, seine Laune so übel wie das Wetter. Im Salon der

Kaiserin hatten sich der Regent, Gräfin Marie Festetics, die Hofdame seiner Gattin, und der Oberststallmeister vor der Abfahrt versammelt. Alles wartete auf Kaiserin Elisabeth, als eine erschütternde Nachricht eintraf: Der deutsche Kronprinz Friedrich Wilhelm, der vor zwei Tagen in Wien angekommen war, ließ wissen, er sei schon mal vorgefahren zum Prater.

»Das ist doch unglaublich, daß so etwas geschehen kann!«, protestierte der Kaiser. »Ich habe befohlen, daß der Kronprinz nach mir ankommen solle, und nun passirt so eine Schweinerei, daß Er ankömmt und ich nicht da bin.«[253]

Franz Joseph ordnete den sofortigen Aufbruch an. Halt! Jemand fehlte. Wo blieb denn Sisi so lange?

Im Prater hatte sich das durchnässte Publikum inzwischen sattgesehen an den Ehrengästen der zweiten Garnitur. Nun wurde es Zeit, dass endlich die Allerwichtigsten kamen. Endlich preschte ein Sechsspänner heran. War das der Kaiser? Er war es, der preußische Kronprinz hatte unterwegs angehalten und sowohl den österreichischen Monarchen als auch die Equipage des Kronprinzen Rudolf passieren lassen. Endlich konnte es losgehen! In Marschalluniform betrat Franz Joseph die Rotunde, an seiner Seite die Kaiserin, in eine lila Robe gehüllt, der die Presse am darauffolgenden Tag Elogen widmen würde. So wunderschön und gesund habe Elisabeth noch nie ausgesehen.

Aber sonderbar, obwohl *toute Vienne* und dazu noch hohe Gäste aus dem Ausland in der Rotunde versammelt waren, wirkte der Raum keineswegs überfüllt. Wäre das üppige Dekor nicht gewesen und der herrliche Brunnen in der Mitte, den man mit Blumen überhäuft hatte, weil er leider noch nicht funktionierte, hätte die Festgesellschaft beinahe ein bisschen verloren gewirkt. »Alles in der Rotunde schwindet vor deren eigener Größe«[254], bemerkte das *Freie Blatt*. Ein englischer Journalist hatte vor ein paar Jahren über die neue Ringstraße geschrieben, Wien habe zwar jetzt einen Prachtboulevard, aber nicht genug Leute mit Stil, um ihn standesgemäß zu bevölkern.

Das sollte dieser Spötter der Rotunde nicht nachsagen können, deshalb beeilte sich der Kaiser, die leere Thronestrade mit seiner Familie zu füllen. Mit ihm befanden sich mehr als fünfzehntausend Menschen in dem Gebäude. »Rechts von der Thron-Estrade standen im Halbkreis bis zum Hauptportal das diplomatische Corps, die Generalität, ausländische Commissäre und Functionäre, der Wiener Gemeinderath, die Wiener Handelskammer, die Vertreter der ausländischen und der Wiener Presse und die Mitglieder der General-Direction«[255], notierte der Reporter der *Weltausstellungs-Zeitung*. Zur Linken des Kaisers hatten sich die Minister postiert.

Aber was machte denn Rudolf? Der vierzehnjährige Thronfolger versuchte gerade, der Gemahlin des preußischen Prinzen einen Handkuss aufzudrängen und überforderte sie mit seiner Wiener Galanterie. Dabei hatte sie ihm doch eindeutig signalisiert, dass sie die Hand von ihm nur gedrückt, nicht geküsst haben wollte.[256] Solche Kindereien missfielen dem Kaiser, und dass Rudolf mit dieser Aktion am nächsten Tag in der Zeitung landen würde, machte es nicht besser. Wie ärgerlich!

So, alle anwesend? Da schlenderte der Prinz von Wales zum Portal herein, grüßte Seine Majestät, verabreichte der Kaiserin einen formvollendeten Handkuss, ein Weltausstellungsgenießer, als wäre es seine eigene Veranstaltung. Der Kaiser wendete sich ab. Endlich erklang das *Gott erhalte!*.

Das Hofopernorchester hatte man dafür verpflichtet, obwohl auch vier Militärkapellen anwesend waren, die das hätten übernehmen können. Einen solchen Luxus gönnte sich nur die Musikhauptstadt Wien: Mozart, Beethoven, die Strauss-Dynastie und jetzt ein derartiges Überangebot an Musikern, dass damit fünf Weltausstellungen hätten eröffnet werden können.

Der Höhepunkt der Veranstaltung stand aber noch bevor. Der Kaiser erhob sich:

»Mein Vertrauen in den Patriotismus und die Leistungsfähigkeit meiner Völker, in die Sympathien und die Unterstützung der befreundeten Nationen hat die Entwicklung des großen Werks begleitet«, sagte Franz Joseph, während Cajetan Felder den gewaltigen Innenraum der Rotunde musterte. Das Gebäude gefiel ihm nicht, die trichterförmige Kuppel empfand er als unförmig.[257]

Inzwischen hatte der Kaiser gesagt, was zu sagen war: »Ich erkläre die Weltausstellung des Jahres 1873 für eröffnet.« Der Kapellmeister des Hofopernorchesters dirigierte noch schnell etwas Festliches von Händel, danach durften sich die Gäste in den Industriepalast begeben.

Seine Majestät besichtigte Skulpturen und Kunsthandwerk, außerdem eine Bosporus-Reliefkarte in der türkischen Abteilung. Schwer vorstellbar, dass er die ausgestellte Pracht genoss. Fortwährend musste er Kommissäre verschiedener Länder begrüßen und seine Anerkennung für das Geleistete ausdrücken – und er musste die Militärkapellen ertragen, die ihm, sobald er sich näherte, die Kaiserhymne entgegenschmetterten, zweimal, dreimal, viermal, er lebe hoch, der Kaiser! Darauf waren die Musikanten gedrillt worden, und nun zeigten sie, was sie konnten.

Der preußische Kronprinz, jener von Dänemark und der Graf von Flandern, die den österreichischen Herrscher auf seinem Rundgang begleiteten, lauschten mit der gebotenen Nachsicht. Allein der Prinz von Wales scherte sich nicht um die Kapellen. Er hatte sich längst davongestohlen. Nur fort von dem Brimborium!

Eine Stunde später war es vollbracht, der Kaiser verließ den Industriepalast. Der Ausdruck der Begeisterung, den viele Journalisten auf seinem Gesicht bemerkt haben wollten, dürfte eher einer der Erleichterung gewesen sein. Es regnete noch, zum Glück, so entfiel der gemeinsame Rundgang mit seinen Gästen durch den Park hinter dem Industriepalast, der leider noch keine Augenweide war.

Abbitte war zu leisten bei den Preußen. Allein deren Delegation hatte dort pünktlich etwas zustande gebracht. Fünf Pavillons warteten auf Besucher, einen davon hatte Herr Krupp reserviert, um fünfzehn Geschütze auszustellen. Außerdem hatte er eigens für die Ausstellung einen tausend Zentner schweren Gusseisenblock angefertigt. Der befand sich allerdings noch am Westbahnhof, weil die Wiener Fuhrunternehmer uneins waren, wie sich der Koloss in den Prater transportieren ließe.[258] Es war die einzige Leerstelle in einem ansonsten famosen Gesamtauftritt.

Während die Delegationen der meisten anderen Länder noch an ihren Pavillons arbeiteten, war auf Krupps Waffenarsenal Verlass. Aber allein deshalb würde der Kaiser seine Gäste ungern durch den halbfertigen Park führen. Stattdessen bestieg er nun wieder mit Elisabeth den Galawagen, während ihm eine der Militärkapellen ein letztes *Gott erhalte!* mit auf den Weg gab.

Einen feinen Auftritt hatte Seine Majestät hingelegt, nicht seinen besten, dafür war die Musik zu penetrant, aber doch einen würdevollen, dem Lärm und der gefühlten Leere der Rotunde souverän trotzenden. Und Elisabeth war wieder hinreißend gewesen, weil sie etwas angezogen hatte, das offenbar den allermeisten gefiel.

Großes geschah an diesem Tag auch jenseits des Praters, aber kaum jemand nahm Notiz davon. Es schien fast, als hätte man das Ereignis im Süden der Stadt bewusst auf den Eröffnungstag der Weltausstellung gelegt, um es besser in deren Schlagschatten verbergen zu können. Selbst der Initiator, Cajetan Felder, war nicht vor Ort, als Bürgermeister hatte er die Residenzstadt in der Rotunde zu vertreten. So öffnete das erste kommunale Epidemiespital in aller Stille seine Pforten. Nur zwei Wiener Zeitungen berichteten darüber auf den hinteren Seiten. Ganze zwölf Zeilen gestanden sie dem neuen Krankenhaus insgesamt zu.

Anna-Maria Brewster bewohnte ein Haus in Versailles[259], Avenue de Saint-Claud 52, eigentlich ein Palast, wäre nicht, gleich links die Straße hinunter, das Schloss aller Schlösser errichtet worden, das jedes noch so luxuriöse Domizil in der Nachbarschaft klein wirken ließ. Die unter Ludwig XIV. im siebzehnten Jahrhundert erbaute Absolutistenresidenz mit angeschlossenem Park war einmalig in Europa, aber auf konventionelle Menschen wirkte auch Anna-Maria Brewsters klassizistisches Refugium ziemlich weitläufig und geschmackvoll.

Wer so komfortabel wohnte, der erkrankte seltener als Menschen in Pariser Elendsquartieren, und ihr Bruder behauptete sogar, dass seine einundfünfzigjährige Schwester noch nie an ernsthaften Beschwerden gelitten hatte.[260] Die Räume, die sie mit ihrer siebzehnjährigen Tochter teilte, erschienen der gebürtigen Britin zu groß, erst recht seit dem Tod ihres Ehemannes vor drei Jahren.

Christopher Starr Brewster, ein Pionier der Anästhesie, hatte es in Paris zu Berühmtheit und Wohlstand gebracht. Für den Mediziner war das ein doppelter Erfolg, einmal ein beruflicher, außerdem einer über die alten gesellschaftlichen Strukturen. Dort, wo in Versailles einst der Hofadel logierte, hatte sich Mitte des neunzehnten Jahrhunderts das aufstrebende Bürgertum einquartiert, und die Brewsters zählten dazu.

Im Mai 1873 erwartete Anna-Maria Besuch von ihrem Bruder. Zurückgekehrt von einer Dienstreise durch Südfrankreich, wollte er vor der Weiterfahrt nach Paris drei Tage bei seiner Schwester verbringen. Auch Henry Bennet war ein erfolgreicher Mediziner. Der Gynäkologe galt als Spezialist für schonende Operationen der Gebärmutter.

Wenngleich er wusste, dass seine Schwester dank ihres stattlichen Erbes, ihrer Tochter und ihrer Haushälterin ohne seine Hilfe gut zurechtkam, fühlte er sich für ihr Wohlergehen verantwortlich.

Deshalb beunruhigten ihn ihre Pläne für den Sommer, die sie ihm während seines Besuchs offenbarte: Ende Mai wollte sie für mehrere Wochen verreisen, erst nach München, dann nach Wien zur Weltausstellung, schließlich weiter nach St. Moritz. War das nicht zu viel? Obwohl Tochter und Haushälterin mitreisen würden, überlegte Henry vielleicht einen Moment lang, sie zu begleiten, bevor er den Gedanken wieder verwarf. Sein Vorschlag hätte ihr signalisiert, dass er sie unterschätzte. Eine Beleidigung für eine Frau ihres Kalibers. Die Leichtigkeit, mit der Henry Bennet am Tag seines Aufbruchs die Kutsche bestieg, war vielleicht ein bisschen gespielt, aber seine ursprüngliche Sorge, ihre bevorstehende Reise könnte Anna-Maria überfordern, empfand er inzwischen selbst als unangemessen. Wer ahnte schon, dass es ein Abschied für immer war.

Kaum hatte die Nachricht von der Eröffnung der Weltausstellung alle Erdteile erreicht, gab es schon wieder Neuigkeiten aus Wien: Die Börse war unter der Last der Wunschträume kollabiert. Den Jubelberichten über das Großereignis im Prater folgte am 9. Mai, einem Freitag, das Requiem: »Die Catastrophe, welche über die Wiener Börse hereingebrochen ist, hat Existenzen vernichtet und Familien ruinirt«[261], vermeldete das *Freie Blatt*. Wie eine Primadonna, der man so viel Grandezza gar nicht zugetraut hatte, war die Reichshauptstadt in aller auf Pump finanzierten Pracht ins Rampenlicht getreten. Und nun stand sie dort mit leerem Portemonnaie.

Böse Vorahnungen hatten Spekulanten schon frühmorgens zum Schottenring getrieben, wo seit einem Jahr die Börse residierte, in einem Holzbau, den viele bereits beim Einzug als Menetekel gedeutet hatten. Die geringen Raumhöhen, die buntscheckige Ausstattung, die dünnen Wände seien ernsthafter Geldgeschäfte unwürdig. Das Provisorium musste genügen, bis der neue neoklassizistische Palast für die Institution vollendet war. Außerdem: Ernsthaft wurden Börsengeschäfte schon lange nicht mehr betrieben, die Fantasie hatte sich so weit von der Realität entfernt, dass Millionen in dubiose Versprechungen investiert worden waren.

Mehrere Insolvenzen in den vergangenen Tagen hatten die Aktienbesitzer aufgeschreckt. Etwas war ins Rutschen geraten, das Vertrauen schwand. Die *Morgen-Post* schrieb: »Im Börsensaale selbst dachte man schon während der Vorbörse nicht daran, Geschäfte zu machen, man erwartete nur ängstlich die Todtenlisten!«[262] Besonders unwohl fühlte sich an diesem Morgen Herr Petschek, der das Gedränge vor der Bretterbörse zwar erwartet hatte, nicht aber ein derart großes. Und dann diese Unruhe, diese Nervosität, diese gestaute Aggression. Man schubste und schimpfte, noch wusste niemand Genaues – außer Herr Petschek.

Hätte er geahnt, dass er ein Finanzbeben auslösen würde, das nicht allein seine Gläubiger erschütterte, sondern binnen Stunden ganz Wien, binnen Wochen Europa und bald schon die Welt, er wäre an diesem 9. Mai eventuell daheim geblieben. Die Tragödie hätte er dadurch nicht abwenden können, doch er wäre wenigstens nicht derjenige gewesen, der den untersten Stein aus dieser wackeligen Konstruktion entfernte und sie zum Einsturz brachte.

Immerhin hatte der Bankier und Börsenagent alles versucht und mehreren Großbanken seine drei Stadthäuser in bester Lage als Sicherheit angeboten[263], um einen weiteren Kredit zu erhalten, den allerletzten, versprochen. Natürlich war der Mann hoch verschuldet, wer war das nicht, allerdings galt seine Firma als äußerst vertrauenswürdig. Herr Petschek war ein ehrbarer Mann.

Dennoch: »Die Meldung, daß das große Börsenhaus Petschek, dessen Chef an der Börse sich einer geachteten Stellung erfreut, seine Zahlungen suspendirt hatte, war der Tropfen, der den Becher überfließen machte.«[264] Noch am selben Tag gingen vier Dutzend Bankiers, Kaufleute und Fabrikanten bankrott. Die Menge wütete, »es war ein Bild aus der Dante'schen Hölle«. Berichtet wurde von einer entfesselten Szene, Schlägereien inbegriffen. Andere Zeitungen wiesen dies allerdings als gewissenlose Übertreibung zurück, schließlich sei niemand getötet oder zumindest schwer verletzt worden. Die Wut richtete sich gegen Gründer, die das geliehene Geld hart arbeitender Leute verprasst hätten. Waren rechtschaffene Angestellte, die keine einzige Aktie besaßen, vor dem Krach belächelt worden, so stieg der risikoscheue Wiener nun zum Ideal auf. Die eben noch hochgerühmten Gründerjahre, die Österreich in kürzester Zeit sagenhaften Wohlstand beschert hatten, bezeichneten viele nun rückblickend als finstere Epoche der Banditen.

Übereinstimmend hieß es, am Donauufer sei noch am Tag des Krachs der Mantel eines Börsenhändlers gefunden worden, mutmaßlich abgelegt, um ihn zu schonen, bevor sich der Verzweifelte in den Fluss gestürzt hatte. Ein plötzlich verarmter Geschäftsmann wurde von seiner Frau überrascht, als er Zyankali schlucken wollte. Angeblich konnte sie ihn davon abbringen, worauf er ihr versprach, bald wieder Millionen zu verdienen – an der Börse, wo sonst? An den Gedanken, ein Vermögen ohne Spekulation zu machen, musste man sich nach den Jahren der Hausse erst wieder gewöhnen.

Das Börsenbeben vereitelte auch die Lotterieanleihe des Gemeinderats und machte alle Hoffnungen auf den kommunalen Geldsegen zunichte. Man würde sich mit einem kleinen konventionellen Kredit zu ungünstigeren Konditionen begnügen müssen, sobald Banken wieder Geld verliehen. Fürs Erste galt es zu sparen, um die Wasserleitung bis zum Herbst vollenden zu können.

Ein Gutes hatte der schwarze Freitag des Jahres 1873: Er versöhnte Cajetan Felder und Eduard Suess, dessen großes

Bauwerk nicht auf Gier und Spielsucht gründen sollte. »Von dem Prämienanlehen wurde nach dem Krach nicht mehr gesprochen«, bemerkte der Geologe. »Die freundlichen Beziehungen zum Gemeinderate stellten sich von selbst wieder her.«[265]

Die Brewsters erreichten den Wiener Westbahnhof am 9. Juni, dem Tag, an dem ein exotisches Riesenschwein als besondere Ausstellungsattraktion präsentiert werden sollte. Leider war dem Tier die Anreise nicht bekommen. Deshalb landete es nicht im Prater, sondern auf dem Schlachthof. So nah lagen Glanz und Elend dieser Tage in der Reichshauptstadt beisammen.

Außerdem war im Prater die Treppe des russischen Pavillons eingestürzt, und ein Journalist beschwerte sich, dass die Teppiche und der Schmuck im persischen Pavillon nicht so opulent waren wie die Geschichten aus »Tausendundeiner Nacht«. Es hatte schon Spannenderes von der großen Schau zu berichten gegeben. Pessimisten meinten sogar, das Fest der Völkerverständigung zeige nach vier Wochen bedenkliche Ermüdungserscheinungen.

Man musste den Ausstellungsmachern zugutehalten, dass sie den Börsenkrach nicht verschuldet hatten, zumindest nicht absichtlich. Doch eine solche Großunternehmung hatte manchen Investor noch übermütiger gemacht und die Spekulation forciert. Als die Blase platzte, war der Knall auch im Prater zu hören. Etliche Gäste, die sich von den Wiener Wirtsleuten und Hoteliers wegen der überambitionierten Preisgestaltung ohnehin drangsaliert gefühlt hatten, reisten ab.

Dass die Weltausstellung nur noch ein Schatten ihrer selbst war, traf allerdings nicht zu. Sie verwandelte sich nur. Als Anna-Maria Brewster mit Tochter und Haushälterin in Wien eintraf, legte sie gerade ihr altes Kostüm ab. Die Bedürfnisse des Publikums hatten sich seit dem schwarzen Freitag verändert. Konzipiert als Architektur gewordene Fortschrittseuphorie, präsentierte sich die Veranstaltung fortan als schillernde Arena der Weltflucht, in der man die Tristesse ein paar Stunden lang vergessen konnte. Die Weltausstellung als Ablenkungsmanöver – in dieser Rolle sollte sie schon bald große Erfolge feiern. Davon ahnten die Brewsters noch nichts, als sie vor den Bahnhofsarkaden einen Fiaker bestiegen.

Über die Mariahilfer Straße, die gegenüber in den Bahnhofsvorplatz mündete, fuhren sie stadteinwärts. Vor den Häusern zog sich ein Graben bis zur Ringstraße, und womöglich wies eine der Damen den Kutscher darauf hin, um mehr darüber zu erfahren. Wäre der Mann des Englischen oder Französischen mächtig gewesen, hätte er ihnen erklären können, dass auf diesem Weg demnächst Wasser aus den Alpen ins Herz der Stadt floss. So aber zeigte er nur vage Richtung Süden, zeichnete mit dem Finger einen Gipfel in die Luft, zuckte mit den Schultern, ihm doch egal. Nachdem er mehr als zehn Jahre auf die Innovation gewartet hatte, rechnete er nicht mehr damit, sie überhaupt noch zu erleben. Wie dringend sie nötig war, würden die Damen aus Frankreich bald feststellen.

Der Fiaker hielt vor dem Hauptportal. Was für ein Hotel! Ein so monumentales Bauwerk so weit außerhalb des Zentrums hatten die Damen wahrscheinlich nicht erwartet. Hinter ihnen drängten und schoben sich Besucher aus dem

Nordbahnhof, ein Sprachengemisch umwogte sie, der Ausstellungsplatz lag kaum dreihundert Meter entfernt.

Vor ihnen ragte das *Hotel Donau* auf, ein Name, viel zu klein für dieses Haus, das sich so weit nach links und rechts und nach oben dehnte, dass sie es von ihrem Standpunkt aus gar nicht auf einen Blick erfassen konnten. *Grand Hotel* hätte es eigentlich heißen müssen. Doch die Bezeichnung war schon an ein anderes Domizil vergeben, an jenes, in dem der junge Roosevelt Hasen gehäutet hatte. Das konnten die Brewsters natürlich nicht wissen.

Mit einem der neumodischen Fahrstühle gelangten sie auf ihre Etage. Von der Straße drang das Geklapper der Hufe, der Lärm der Menge herauf, Lokomotiven pfiffen auf den Gleisen. Eine Kosmopolitin wie Anna-Maria Brewster, die ihrerseits im beschaulichen Versailles lebte, musste sich nach der Geräuschkulisse der Großstadt gesehnt haben, sonst wäre sie nicht so nah am Prater abgestiegen.

Während die Haushälterin die Garderoben von Mutter und Tochter in den Schränken verstaute, ließ sich Anna-Maria Brewster heißes Wasser für ihren Tee bringen. Einen solchen Gestank hatte sie nicht erwartet, noch dazu in einer Stadt, die sich für die Weltausstellung in Pose warf. »Mrs. Brewster, die mit allen Hygieneregeln vertraut war, empfand das Wasser vom ersten Tag an als mangelhaft«[266], berichtete ihr Bruder Henry Bennet später. Anstatt aber sofort das Quartier zu wechseln, habe sie ihren Tee mit Eau de Cologne versetzt, um ihn halbwegs genießbar zu machen.

Noch am Tag ihrer Ankunft flanierten Mutter und Tochter hinüber zum Prater. Aus allen Himmelsrichtungen strömten Menschen zum Ausstellungsplatz, sie kamen aus dem Stadtzentrum, vom Nordbahnhof und von jenseits der Donau, zu

Fuß oder in Kutschen, allerdings war der Andrang längst nicht so groß, wie von Generaldirektor Schwarz-Senborn, der Regierung und dem Kaiser erhofft. Spätestens seit dem Börsenkrach blieb die Besucherzahl weit, weit hinter den Erwartungen zurück. Die Gäste verteilten sich auf dem Gelände, nirgendwo gab es großes Gedränge, was die Brewsters schätzten. Keiner kam ihnen so nahe, dass es unschicklich gewesen wäre, außerdem konnten sie sich so viel entspannter durch diese Stadt in der Stadt bewegen.

Sie betraten das Gelände durch den Westeingang, der ihrem Hotel am nächsten war. Weil ausnahmsweise die Sonne schien, begaben sie sich nicht sogleich in den Industriepalast, sondern flanierten zunächst die *Elisabeth-Avenue* entlang, die vor dem Gebäude durch einen Park mit Dutzenden Pavillons verlief. Inzwischen waren die meisten fertig, und nun fiel auf, wie unausgewogen die Wirtschaftsbranchen in dieser Weltmetropole im Miniaturformat vertreten waren.

Die Gastronomie wirkte derart überrepräsentiert, dass man dahinter Kalkül vermuten musste. Links ein amerikanisches Restaurant, rechts die Pilsner Bierhalle, daneben ein ungarisches Weinhaus, eine amerikanische Trinkhalle und die Bierhalle der Brauerei Liesing, alles hübsch aufgereiht an der *Avenue*, als wollte man die Besucher gleich nach ihrer Ankunft mit Alkohol milde stimmen.

Schließlich wies die Weltausstellung auch sechs Wochen nach der Eröffnung einige Mängel auf: Die Maschinenhalle wartete auf ihre Eröffnung, täglich trafen Dutzende Güterwaggons mit verspäteten Ausstellungsobjekten in Wien ein, außerdem funktionierten die Aufzüge in der Rotunde zwischen Parterre und Galerie noch nicht. Deshalb lärmten weiterhin mehr als dreitausend Arbeiter im Prater.

Das gastronomische Niveau in den Pavillons stieg, je näher die Gäste aus Versailles der Rotunde kamen. Besonders exquisit war die Wiener Zweigstelle des Pariser Gourmetrestaurants *Les Trois Frères Provençaux*, wo der an deftige böhmische Köstlichkeiten gewöhnte Wiener Adel mit getrüffeltem Ei an Kaviar auf halb leeren Tellern vorliebnahm, um auf das vorbeischlendernde Volk äußerst distinguiert zu wirken.

Dann allerdings entdeckten die Brewsters jemanden, den sie kannten, den jeder kannte, der halbwegs vertraut war mit Europas von Fest zu Fest tingelndem königlichen Nachwuchs. Der Prinz von Wales saß mitten unter den Wienern, ins Gespräch mit einem der Kellner vertieft. César Ritz hieß der junge Mann, der als Praterbedienung bei der Wiener Weltausstellung Kontakte zu einflussreichen Familien knüpfte, um sein fünfundzwanzig Jahre später eröffnetes *Hotel Ritz* in Paris dank der gewichtigen Protektion als Lieblingsresidenz der Mächtigen zu etablieren. Eduard Sacher übrigens, der seinerseits durch das Engagement bei der Pariser Weltausstellung 1867 seine Karriere in der Gastrobranche beschleunigt hatte, betrieb auf dem Wiener Ausstellungsplatz schon mehrere eigene Lokale. Und der Bau des *Hotels Sacher* gegenüber der Hofoper war eben bewilligt worden.

Die Noblesse des französischen Restaurants *Les Trois Frères Provençaux* im Prater fand ihre orientalische Entsprechung im Palast des ägyptischen Vizekönigs, dem imposantesten Länderbeitrag. Die mit Ornamenten dekorierte Kuppel schimmerte in der Sonne, und das Minarett erhob sich in der Stadt der Kirchtürme wie ein majestätischer Exot.

Dass die nordamerikanische Behausung dahinter fast ebenso viel Aufsehen erregte, war etwas unfair angesichts des ungleich geringeren Aufwands, mit dem sie errichtet worden war. Man hatte sich für ein Wigwam entschieden, aufgestellt von Handwerkern aus Fischamend. Zwar bedauerten es die Wiener, dort weder Tomahawks noch Skalpmesser vorzufinden, dafür gab es etwas anderes, eine wahre Innovation in der Residenzstadt: »Cook-tails«, Getränke, so neu, dass sich die heimischen Zeitungen erst herantasten mussten an die richtige Schreibweise. Nach ersten Erfahrungen mit Egg Nogg und Sherry Cobbler formulierte der Reporter des *Neuen Wiener Tagblatts* folgende Warnung:

> »Kühlend rinnen sie über die Lippe und des Eises erfrischend Feucht fließt labend die Kehle hinab. Dann aber erwachen die schlummernden Gluthen, flammend heiß rinnt es euch durch die Adern, jäh schießt das Blut zu Kopfe, und was des Weines Kraft, des Bieres Wucht vereint nicht vermocht, das bringt so ein Mixed-Drink im Nu zuwege, sinneledig wirft er Euch in's Gras.«[267]

Vorstellbar, dass auch Anna-Maria Brewster einen Sherry Cobbler testete, der im Wigwam sonderbarerweise von afroamerikanischen Barkeepern serviert wurde. Umwerfend fanden die Wiener auch die neue Idee, den Drink durch ein ›Strohröhr'l‹ zu saugen.

Danach durchstreiften die beiden Britinnen den japanischen Garten, begaben sich schließlich in den Industriepalast. Die deutschen Pavillons dahinter hoben sie sich für einen der nächsten Besuche auf, schließlich hatten sie für drei Wochen im Hotel eingecheckt.

Krupp konnte inzwischen sehr zufrieden sein mit seiner Schau. Auf Druck der deutschen Delegation war es den

Wienern gelungen, den Eisenbrocken vom Westbahnhof in den Prater zu wuchten. Dort, neben den neuen Geschützen, stand er nun in seiner ganzen Pracht, in Szene gesetzt wie die Marmorskulpturen der Italiener oder der mit Schnitzereien übersäte chinesische Triumphbogen. Überhaupt, der Ferne Osten! Beschämt habe er alle anderen Länder mit seinem bravourösen Auftritt in der Reichshauptstadt, fanden viele.

Das japanische und chinesische Kunsthandwerk, die Preziosen aus duftendem Holz und die Lackarbeiten übten auch deshalb eine solche Faszination auf die Gäste aus, weil man die beiden Länder unterschätzt hatte. Erstmals konnten sie nun eine umfassende Auswahl ihrer Schätze im Westen zeigen, eines der größten Verdienste der Wiener Ausstellung.

Nicht nur Kostbarkeiten, auch interessante Persönlichkeiten gab es zu sehen. Kaiserin Elisabeth kam mehrfach, im ›strengsten Incognito‹, wie es hieß, begleitet von ihrer Hofdame Maria Festetics. Sie hielt sich zumeist in der Kunsthalle vor dem Ostportal des Industriepalasts auf, betrachtete dort belgische Meister, wenn ihr nicht gerade der Generaldirektor auflauerte und sie hinüber in die Halle für Agrikultur schleppte. Dort gab es etwa zu Pyramiden aufgetürmte Weinflaschen und englische Rüben zu bewundern, allerdings nur im Modell. Die echten waren auf dem Weg nach Wien verfault. Die Kaiserin blieb nur so lange in den Räumen der Landwirtschaft, wie es die Höflichkeit gebot, und eilte dann zurück zur Kunst.

Vor allem der Kaiser erwies sich als eifriger Ausstellungsgast, nahm bei den Ausflügen aber lieber seinen Flügeladjutanten mit als seine Gemahlin. Bei der Eröffnung der

Maschinenhalle Mitte Juni machte er eine erstklassige Figur, besichtigte von der Lokomotive bis zur Nähmaschine alles so gewissenhaft, dass sich die Presse hinterher über das neu erwachte Interesse Seiner Majestät für Genähtes wunderte.

Und Melodien gab es im Prater, die besten, die sich denken ließen. Täglich von vier bis sechs Uhr nachmittags musizierte Johann Strauss mit der *Ausstellungs-Capelle* in der Nähe des ägyptischen Palasts. Vierzehn Nummern umfasste das Tagespensum, zwei Drittel davon Walzer, entweder vom Walzerkönig persönlich oder von dessen Vater, dazu Schwungvolles von Franz Liszt und Mozart. Das ganze Konzert war ein Heimspiel der österreichischen Meister, nur gelegentlich kamen auch Richard Wagner oder Giacomo Meyerbeer zum Zuge.

Aber sonderbar, obwohl in Zeitungen und auf Plakaten vermeldet wurde, Johann Strauss dirigiere persönlich, war er nie da, wenn sich die Brewsters beim Musikpavillon einfanden.

Die zwanzig verregneten Tage im Mai, der viel zu kühle Juni hätten ihn völlig entkräftet, hieß es. Der Walzerkönig sei erkältet.

Dem internationalen Publikum gefiel das nicht. Der Mann war ihm als Weltausstellungsattraktion versprochen worden. Am 15. Juni, einem Sonntag, stand er endlich wieder am Pult, mutmaßlich gedrängt vom Generaldirektor und anderen Offiziellen. »Nicht ein Sitz war frei; die Sesseln um die Musikcapelle herum wurden förmlich gestürmt«[268], berichtete die *Weltausstellungs-Zeitung*. Viele, die an den Vortagen vergeblich auf ihn gewartet hatten, wirkten allerdings etwas reserviert. Nachtragend wollten sie nicht sein, aber der Herr

Strauss hätte sich ruhig früher blicken lassen können. Dann ging es los. Schon die Trommelwirbel der *Wildfeuer*-Polka rissen auch die Zurückhaltenden mit, nach dem *Dorfschwalben*-Walzer wurde die erste Zugabe gefordert, es folgten die Polkamazurka *Wilde Rose*, Rossinis *Wilhelm Tell*-Ouvertüre, noch eine Polka, noch ein Walzer und zum Finale die *Par force*-Schnellpolka vom Maestro selbst.[269] Minutenlang übertönte der energische Applaus alles andere, den gedämpften Krach der Maschinen, der aus der Halle herüberdrang, das Gejohle und Klirren der Bierkrüge in der Liesinger Schankhalle, das Gehämmer der Handwerker in der Rotunde und das Knarren der Stühle, auf denen die Zuschauer selbst nach dem finalen Tusch noch schunkelten, als musizierte Johann Strauss in ihren Köpfen weiter. Was für ein Tonkünstler! Das Konzert zehn Tage später war das letzte im Leben der Anna-Maria Brewster.

Mehrmals hatte sie sich beklagt, in Briefen an Freunde und an die Hotelleitung, aber nichts war geschehen. Das heiße Wasser am Morgen des 25. Juni roch sogar noch scheußlicher als das in den Wochen davor. Madame Brewster ließ den Hoteldirektor kommen.

»Er sagte, dass ein Kanalrohr gebrochen sei und dessen Inhalt womöglich ins Brunnenwasser gesickert war«, schilderte ihr Bruder Henry Bennet später den Vorfall. Anna-Maria Brewsters Tochter wies das stinkende Wasser zurück. Sie selbst trank es.

Den ganzen Tag verbrachten die beiden wieder im Prater und hörten sich nachmittags das Strauss-Konzert an. »Ihr ging es ausgezeichnet, sie wirkte sehr inspiriert wie schon die ganze Zeit in Wien«, schrieb Bennet. Abends um elf übergab sie sich zum ersten Mal, außerdem litt sie an heftigen Bauchkrämpfen und Durchfall.

Sie hätte umgehend nach einem Arzt verlangen müssen, fand Bennet, habe aber stattdessen auf ihre robuste Konstitution vertraut. Tochter und Haushälterin schickte sie zu Bett, im Glauben, es handle sich um ein flüchtiges Gallenleiden. Doch es wurde nicht besser, sondern schlimmer. Sie verlor so viel Flüssigkeit, dass sie sich im Spiegel von Stunde zu Stunde fremder wurde. Panik erfasste Anna-Maria Brewster, sie brauchte Hilfe, schnell. Gegen fünf Uhr morgens traf endlich ein Arzt ein. Zu diesem Zeitpunkt hatte sich ihr Gesicht violett verfärbt, ihr über Nacht ausgezehrter Körper krampfte. Gegen Mittag verlor sie das Bewusstsein – zwei Stunden später verstarb sie.

Es sollte sich herausstellen, dass zwei Hotelgäste aus Galizien oder Italien, darüber waren sich die Zeitzeugen uneins, schon zwei Tage zuvor an der Cholera verstorben waren, vier weitere am 26. Juni wie Brewster und in den Tagen danach noch neun, bis endlich die Polizei eintraf und offiziell die Verschmutzung des Wassers feststellte. Erst zu diesem Zeitpunkt wurde das Hotel geschlossen.

Man sei bereit gewesen, alles zu attestieren, nur nicht die Cholera, erfuhr Bennet. Die Wiener hatten sich doch gerade erst vom Börsenschock erholt. Man wollte sie ungern mit so einer entsetzlichen Nachricht behelligen. Im Moment passte es einfach nicht, man konnte ja vielleicht nach der Weltausstellung im November darauf zurückkommen.

»Die wissenschaftliche Erklärung ist eindeutig«, schrieb Bennet. »Solange das Wasser nur verunreinigt war, fühlten sich manche, die es tranken, nur etwas unwohl, aber sobald Choleraerreger eingeschleppt wurden und ins Wasser gelangten, brach die Seuche mit großer Heftigkeit aus.« Eine Infektionskette war entstanden, eine Epidemie nahm Anlauf, doch niemand warnte vor der Gefahr.

Bennet zog ein bitteres Resümee: »Meine Schwester verlor ihr Leben, obwohl sie immer bei bester Gesundheit gewesen war, einerseits wegen der üblen Wiener Wasserversorgung, andererseits, weil Behörden versuchten, die Cholera zu vertuschen.«[270]

Erst eine Woche nach Brewsters Tod erfuhren Cajetan Felder und Eduard Suess, dass sie geschlagen waren. Sie fanden ihren Verdacht bestätigt: Die Cholera hatte das Hochquellenwasser auf seinem Weg nach Wien überholt.

Keine österreichische Zeitung, sondern die Londoner *Times* hatte das Unglück der Besucherin aus Versailles am 3. Juli öffentlich gemacht und auch über die anderen Cholerafälle geschrieben, über den Seuchenherd im *Hotel Donau*. Teile der heimischen Presse protestierten, denn »es existirt keinerlei epidemische Krankheit in Wien«[271]. Andere Blätter gingen noch weiter, bezeichneten Seuchenmeldungen als eine von den »Legionen der Feinde, der Neider und der falschen Freunde«[272] lancierte Kampagne, um die Reichshauptstadt wegen ihrer großartigen Weltausstellung zu schädigen.

Es gab aber auch Wiener Zeitungen, die gegen die groß angelegte »Vertuschung« anschrieben, worauf sie von den Choleraleugnern der Lüge bezichtigt wurden. Im *Hotel Donau* könne die Seuche unmöglich aufgetreten sein, schließlich liege das Haus jenseits des gedrängten Stadtzentrums. Die bekömmliche Luft dort draußen verhindere grundsätzlich alle Arten epidemischer Krankheiten. Das änderte nichts daran, dass Gäste abreisten und andere gar nicht erst kamen, weil die Nachricht von Wiens Seuchenproblem längst um die Welt gegangen war.

Mehr Musik forderte man in der Residenzstadt, mehr Walzer! Ein Strauss allein am Pult der Weltausstellungskapelle genügte nicht mehr, ein zweiter musste her, neben Johann war nun auch sein Bruder Eduard Strauss gefragt, um vor allem bei Festbanketten für Staatsgäste die Stimmung zu heben. Denn »man ist es dem Publicum schuldig, für dessen Erheiterung […] zu sorgen«.[273] Fand zumindest die *Internationale Ausstellungs-Zeitung*.

Die Cholera war inzwischen weitergezogen, stadteinwärts, forderte drei Opfer in Häusern am Donaukanal, überquerte die Brücke zum Stadtzentrum und setzte sich nahe dem Ufer an der Adlergasse 4 fest. In dem »alten, unreinlichen, mit offenen stinkenden Abortschläuchen versehenen Hause«[274] fand der Erreger ideale Bedingungen, um einen weiteren Seuchenherd zu bilden. Bald erfasste er auch das Haus gegenüber und die nebenan.

Bis Mitte Juli 1873 hatte die Cholera alle Bezirke erreicht, wütete aber vor allem in ärmeren Vierteln. Bei der Rekonstruktion der Ereignisse stellten die Behörden später fest, dass zu diesem Zeitpunkt bereits mehr als hundert Menschen an der Seuche erkrankt waren, mit rasch steigender Tendenz, »und dass das Verfolgen der Einzelfälle bezüglich ihrer entfernteren Provenienz und Weiterverbreitung von Mitte Juli angefangen schon sehr erschwert und nahezu unmöglich wurde«[275]. Die Ärzte seien mit der Behandlung der Todkranken zu beschäftigt gewesen, um noch Nachforschungen zu betreiben. In den folgenden zwei Wochen versechsfachte sich die Zahl der Erkrankten auf mehr als sechshundert. Gut die Hälfte davon starb.

Vom Ausstellungsplatz wurde vermeldet, der Besuch sei bedauerlicherweise recht schwach, wenngleich inzwischen beinahe alle Gebäude fertig waren. Auch die Stimmung der Besucher, die sich nach Wien gewagt hatten, ließ trotz Walzeroffensive zu wünschen übrig.

Hitze lastete auf der Stadt. Wie im Mai über den Dauerregen beschwerte man sich nun über zu viel Sonne. Und hinter den Kulissen reifte die Erkenntnis, dass man sich mit der Weltausstellung kräftig verkalkuliert hatte. Helfen konnte nur noch einer, nein, nicht Seine Majestät der Kaiser. Franz Joseph gab ja schon alles, war andauernd im Prater, ließ sich dort jedes Detail erklären, um Besucher zu locken. Leider hatte man sich an ihn gewöhnt, er gehörte gewissermaßen zum Inventar. Dafür bemühte man sich nicht mehr in den Prater.

Der Mann aus dem Orient sollte es richten, der Schah von Persien, der König der Könige, der Mittelpunkt der Welt, wie er sich nannte. Selbstverständlich wussten sie in Wien, dass der wahre Mittelpunkt, zumal in diesem Jahr, ihre Stadt war, aber wenn sich nun der orientalische Mittelpunkt auf den europäischen zubewegte, wenn schließlich Mitte auf Mitte traf, dann konnte eigentlich nichts mehr schiefgehen, und alle Sorgen wären dahin.

Franz Joseph wollte schon vorab alle Misstöne ausschließen, die den Coup gefährden könnten. Darum hatte er sich die Noten der persischen Hymne und die einiger Volkslieder aus dem Land schicken lassen. Grauenhaft! Diese Perser hatten gar kein Gehör! Unverzüglich wurde Kapellmeister Leitermeyer vom Infanterieregiment Heß beauftragt, die Sache zu begradigen.[276] Wenngleich er sein Bestes gab, sollte seine Neufassung der Hymne trotzdem in den Berichten über die Ankunft des Schahs am Bahnhof Wien Penzing verrissen werden. Dem König der Könige konnte man keinen Vorwurf machen, er hatte dieses Stück ja selbst zum ersten Mal gehört.

Seit Mai besuchte der Herrscher reihum die europäischen Königshäuser, um sich weiterzubilden, wie es offiziell hieß. Trotz Weltausstellung stand Österreich ganz unten auf der Liste. Spätestens nachdem er sich für die Dauer seines Aufenthalts in Schloss Laxenburg häuslich eingerichtet, das kostbare Mobiliar hinausgeworfen und in den Prunkräumen zwei mitgebrachte Hammel geschlachtet hatte, eigenhändig, wie kolportiert wurde, galt er manchen Wienern als undankbarer und selbstsüchtiger Rüpel. Als Mann ohne Anstand, der es außerdem gewagt hatte, Kaiserin Elisabeth zu versetzen. Er werde selbst entscheiden, wann er Lust habe, sie zu treffen, ließ er ausrichten.

Allerdings fanden andere den persischen Regenten genau deshalb ungemein faszinierend. Der junge Sigmund Freud gehörte nicht dazu. »Der Schah ist gestern angekommen, allein er ist eine langweilige Bestie und mir ganz gleichgiltig«[277], schrieb er.

Auch der persische Gast hatte von Wiens Choleraproblem erfahren und schon vor seiner Ankunft darüber Auskunft erbeten. Offenbar hatte man seine Bedenken zerstreut. Nun fiel ihm aber auf, dass ihn Wiens Bevölkerung zwar auf Schritt und Tritt bejubelte, vor allem sein mit Diamanten und Rubinen geschmücktes Exterieur bestaunte, der Adel allerdings schien bei den Empfängen etwas dürftig vertreten zu sein.

Was war da los? Schließlich rückte der Kaiser mit der Wahrheit heraus: Wegen der grassierenden Epidemie hätten sich große Teil der Aristokratie sicherheitshalber auf ihre Landsitze zurückgezogen.[278]

Fortan schwänzte auch der Perser offizielle Termine, vielleicht weil er nicht einsah, sich zum Zwecke der Volksbelustigung in Gefahr zu bringen, während Teile der Wiener Aristokratie auswärts auf dem Lande weilten. Die Reporter waren gezwungen, ein neues journalistisches Genre zu entwickeln: die Abwesenheitsreportage, die ein leeres Zentrum umkreiste.

Natürlich erschienen die Wiener zahlreich, wenn ihnen der Schah versprochen wurde, wollten wissen, welche Diamantengarnitur er diesmal angelegt hatte, um die Damen zu verzücken und die hiesigen Juweliere zu beschämen, wollten zuschauen, wie ihm zwei seiner Diener Tee und Eiswasser in goldenen Kannen hinterhertrugen, stets bereit, ihrem Herren einzuschenken, wenn ihn dürstete. Auch auf die persischen Prinzen war man neugierig. Schon zwei Tage nach ihrer Ankunft in Wien galten sie als Kuriosum.

Wo immer sie tafelten, fehlte hinterher Silberbesteck. Mit verblüffender Nonchalance ließen die Herren alles mitgehen, was glänzte. Über den Schah und dessen Anhang schrieb die Hofdame Marie Festetics in ihr Tagebuch: »Er sieht ganz anständig aus, aber das Gefolge, die Prinzen! Man hat Lust, die Hand auf die Taschen zu halten.«[279]

Nun also ergab sich die Chance, die ganze Truppe im Volksgarten zu besichtigen. »Schon seit einigen Tagen verkündeten farbige Placate an allen Straßenecken, daß Freitag den 1. August im Volksgarten ein außerordentliches Fest zur Feier Sr. allerhöchst eigenhändig Hammel schlachtenden Majestät von Persien stattfinden werde«[280], begann die *Neue*

Freie Presse ihren Bericht über ein Ereignis, das letztlich nicht stattfand.

Der Pächter des Volksgartens hatte die Szenerie mit sämtlichen Gasflammen erleuchtet, Österreichs Minister waren zugegen, und die Damen erschienen in stilechter Garderobe. »Die meisten von ihnen trugen goldbestickte, orientalische Jäckchen, eine zarte Huldigung für den König der Könige.«[281] Eduard Strauss stand mit seiner Kapelle parat. In Zeiten siechender Wirtschaft und Cholera war er inzwischen fast so gefragt wie der Schah. Er musizierte bei höfischen Anlässen, im Etablissement *Neue Welt* in Hietzing und überall sonst, wo man sich im Walzertakt aller Sorgen entledigen wollte.

Nach Stunden des Wartens wurde den Gästen im Volksgarten allerdings klar, »daß der Schah nicht kommen werde, wie er auch in der That nicht kam«, unentschuldigt, versteht sich.

Franz Wertheim, der die Weltausstellung angeregt, die Organisation aber anderen überlassen hatte, suchte ebenfalls die Nähe des Persers. Sobald der Regent auftauchte, präsentierte ihm der stadtbekannte Kassenfabrikant seine mit Orden dekorierte Brust. Vielleicht war der Schah ja geneigt, ihm einen seiner in ganz Europa begehrten Sonnen- und Löwenorden zu verleihen. Der fehlte noch in Wertheims Kollektion.

Der Kaiser hatte andere Sorgen. Die persische Hymne seines Kapellmeisters, die er gar nicht so übel fand, war beim Volk krachend durchgefallen. So etwas wollte er den Gästen beim bevorstehenden Galadiner mit dem Schah im Schloss Schönbrunn nicht zumuten. Eine gefälligere Hymne musste her.

Also ließ er bei Johann Strauss nachfragen, ob man da nicht etwas machen könnte. Tatsächlich hatte der Walzerkönig einen acht Jahre alten Marsch im Repertoire, einen persischen, wie passend.

Nun war allerdings Kapellmeister Leitermeyer untröstlich, weil Seine Majestät die von ihm komponierte Hymne verschmähte. Franz Joseph zeigte sich kompromissbereit. So kam der Schah in den Genuss von zwei persischen Hymnen, beide gefälscht, die von Strauss aber äußerst wohlklingend. Den Schah schien das nicht übermäßig zu stören, er warf nur demonstrativ ein Stück Käse auf den Boden, benahm sich ansonsten aber anständig. Marie Festetics registrierte zufrieden, dass er diesmal sogar mit Messer und Gabel aß. Und als die Dienerschaft nach dem Festessen das Tafelsilber zählte, fehlte kein einziges Löffelchen.

Der Zirkus, der um den exzentrischen Schah veranstaltet wurde, verdrängte die unschönen Tatsachen noch eine Weile, doch nach seiner Abreise am 8. August musste sich die Stadt von der orientalischen Märchenwelt verabschieden und notgedrungen mit der Realität vorliebnehmen: Die Wiener Epidemie erreichte ihren Höhepunkt, die meisten Opfer der diesjährigen Cholera entfielen auf den Sommer. Insgesamt zählte die Monarchie mehr als zweihunderttausend Tote.

Inzwischen litt fast ganz Europa. Und Wien litt außerdem an der internationalen Aufmerksamkeit. Nun waren die Kommune und damit Bürgermeister Cajetan Felder am Zug, die Ehre des Großereignisses im Prater zu retten. Dass er sich bislang kaum eingebracht hatte, erzürnte viele. »Der selige Zelinka hätte gewiß die Stadt Wien den fremden Potentaten gegenüber würdiger vertreten«[282], jammerte die *Morgen-Post.*

Bürgermeister und Gemeinderat sahen sich schließlich genötigt, ein spätes Fest zu Ehren der Weltausstellung im Kursalon zu veranstalten, ein kleines, gemessen an Schwarz-Senborns Ansprüchen und wohl auch denen mancher Journalisten.

Man monierte, dass am Roederer-Champagner gespart worden sei, man klagte über das Büfett, das nur ein kaltes war. Kurz vor dem Ereignis war bekannt geworden, dass die Kommune anstelle der veranschlagten sechzigtausend Gulden nur zwanzigtausend ausgeben wollte, und ein derart herabgesetztes Fest empfand man aus Prinzip als zu billig. »Das Exquisiteste war entschieden das Schwechater Bier«[283], höhnte das *Illustrirte Wiener Extrablatt*. Der Gemeinderat hatte immerhin Johann Strauss für die Tanzmusik engagiert, allerdings habe der vor allem pausiert. Außerdem vermissten manche eine anständige Beleuchtung, und an schönen Damen habe es auch gefehlt. Zu allem Überfluss sei der Herr Bürgermeister nicht bei der Sache gewesen.

In der öffentlichen Wahrnehmung hatte die Kommune versagt, und zwar mit voller Absicht. Aller Frust über die schlecht frequentierte Ausstellung, über die absehbaren finanziellen Einbußen des Staates und vieler Aussteller schien sich aus Anlass dieses Festes zu entladen. »Goldene Berge hatte sich die Industrie erwartet. Statt dessen mußte sie bittere Enttäuschungen und starke Verluste hinnehmen«[284], resümierte Cajetan Felder. Gut möglich allerdings, dass er bei dem Fest tatsächlich nicht ganz bei der Sache gewesen war. Schließlich stand ein großes Ereignis bevor, größer als der Empfang im Kursalon, noch bedeutender sogar als die Weltausstellung, wenn es nach ihm ging.

Das Empfangskomitee bestieg gegen Mittag den Hügel, voran Oberingenieur Karl Junker, dahinter Baumeister Antonio Gabrielli und der für das Wiener Röhrennetz zuständige Oberingenieur Carl Mihatsch. Eben noch hatten ihnen Bäume Schutz vor der Sonne geboten, nun überquerten sie Brachland. Die Hitze des steinigen Untergrunds drang durch die Schuhsohlen. Der Rosenhügel konnte unbarmherzig sein. Gabrielli keuchte, Londons Klima war ihm lieber.

Zweihundert Meter entfernt ragten das Steinportal und der Erdwall dahinter auf. Manche Wiener fühlten sich beim Anblick der sonderbaren Konstruktion an die Grabstätte eines vorzeitlichen Fürsten erinnert. Für Karl Junker und Gabrielli war sie das Symbol ihres größten Triumphes über alle Skeptiker und Gegner. Aber Geduld, noch war es nicht so weit.

Sie traten durch das Portal, befanden sich nun auf einem Eisensteg, der in eine unterirdische Halle führte. Über ihnen spannte sich ein Kreuzgewölbe, das auf neun Pfeilern ruhte, unter ihnen verlor sich der Raum in der Dunkelheit. Durch Luken drang Tageslicht herein, gleißende Säulen, in denen Kalkstaub wirbelte.

Nachdem sich ihre Augen an das veränderte Licht gewöhnt hatten, stiegen sie über eine an der Mauer befestigte Leiter abwärts, drei Männer, senkrecht aufgereiht, Schuhsohle über Hutkrempe, dunkle Anzüge dazwischen. Die Herrschaften hatten sich fesch gemacht für den großen Moment. Sie erreichten den Grund des Wasserspeichers. Etwa drei Meter ragten die glatt polierten Betonflächen des Beckens nun um sie herum auf. An der Rückwand befand sich eine Aussparung, knapp zwei Meter hoch. Davor nahmen sie Aufstellung und horchten. Nichts, ein entferntes Rauschen vielleicht? Nein, das war nur der Luftzug, der durch das Gewölbe strich. Erwartungsvoll beobachteten sie die Öffnung, dahinter dehnte sich der Leitungskanal bis zu den Alpen. Sie standen im Süden Wiens, und dieses Bauwerk verband sie mit den Bergen. Grandios!

Am Vortag hatten sie Meldung vom Kaiserbrunnen erhalten, dass das Wasser unterwegs sei. Etwa vierundzwanzig Stunden würde es für die Strecke benötigen, hatte Junker errechnet.

Die Frist war nun seit einer halben Stunde um, aber im Leitungskanal blieb es still – und trocken. Niemand sprach.

Um halb eins war endlich ein Geräusch zu hören, anschwellend, bald so laut, dass der Jubel des Wasserempfangskomitees im Rauschen unterging.

Ein Schwall kalter Luft drang aus der Kanalmündung, Feuchtigkeit stäubte auf die Hüte. Dann schoss das Wasser in die Halle, klatschte den Herren vor die Füße, schaumig wie verschüttetes Schwechater. Junker protokollierte für die Annalen, dass es am 27. August 1873 exakt um 12.40 Uhr in Wien eingetroffen sei.[285]

Schon sah man ihn, Gabrielli und Mihatsch wieder auf der Leiter. Jetzt hatten sie es eilig, denn der umgeleitete Kaiserbrunnen quoll ergiebig hervor. Nachdem die Wiener Börse ausgeblutet war, und die Weltausstellung mühseligst über die Runden kam, begann in der Residenzstadt eine neue Lebensader zu pulsieren.

Die Nachricht von der Ankunft des Hochquells verbreitete sich in Wien sogar schneller als vordem die Cholera. Aus allen Stadtteilen wallfahrtete die Bevölkerung jetzt zum

Rosenhügel. Bald wurde der Andrang zu groß. Die Ingenieure mussten das Reservoir für das Publikum schließen.

Das Wasser wurde zunächst in einen Bach abgeleitet, denn es war noch nicht klar, enthielt Schlamm vom Naturbassin des Kaiserbrunnens, außerdem lose Betonreste, die sich nach der Fertigstellung noch im Leitungskanal befunden hatten.

Tage verstrichen, bis die Trübung verschwand, Tage, in denen Wiener Journalisten mit behördlicher Sondergenehmigung zur Besichtigung eilten, vom unreinen Quellwasser kosteten und es schon ziemlich wohlschmeckend fanden. »Ein Wasser wie Wien hat fortan keine Großstadt der Welt«[286], frohlockte der Schriftsteller Anton Langer. Der Reporter der *Presse* schöpfte besonders enthusiastisch aus dem Bassin. Exzellent! Schon fühlte er sich zu einem Essay inspiriert, in dem Wassernymphen und der Schneeberg mit seinem »steil erhobenen Felsenhaupt« die Hauptrollen spielten. Gepriesen wurde der »titanenhafte Charakter« der neuen Leitung, die der »im Staube halb verschmachtenden Stadt Erquickung, Labung – Gesundheit«[287] verheiße. In Wien wuchs die Spannung. Sieben Tage später vermeldete der Reporter der *Morgen-Post* voller Stolz auf fast einer halben Seite eigentlich nichts anderes, als dass er im Rosenhügel-Wasserspeicher »bereits krystallhelles« Quellwasser verkostet habe.

Während Eduard Suess endlich als Visionär und Wohltäter in ganz Wien gefeiert wurde, zog er sich seinerseits zurück. Den Bergquell, der dank seiner Idee und seiner Beharrlichkeit Wien erreicht hatte, besichtigte er allein, ohne Zeugen. Dafür drängten andere in den Vordergrund: »Das Hochquellenwasser ist bereits in Wien, stolz gehen die Väter der Gemeinde herum, am stolzesten diejenigen, die gegen das

Hochquellenprojekt am meisten Opposition gemacht haben, z. B., Herr Steudel.«[288] Suess hingegen brauchte keinen Beifall, um sich bestätigt zu fühlen.

Dass sich die Wiener, je mehr Zeit verstrich, in einen regelrechten Hochquellenrausch hineinsteigerten, sah Oberingenieur Mihatsch mit wachsender Sorge. Zwar flutete reichlich Wasser in das Reservoir, aber noch war es nicht in den städtischen Brunnen und in den Häusern. Ob die Röhren dieser Naturgewalt wirklich gewachsen waren? Besser, er und seine Mitarbeiter kontrollierten das Netzwerk noch einmal. Sollten Häuser entlang der Rohre versinken und Fuhrwerke unversehens abtreiben, wollte Mihatsch nicht schuld sein.

Cajetan Felder am Anfang seiner Rathauskarriere –
auf einer Lithografie von Adolf Dauthage von 1861

15

DIE FONTÄNE

Wien, 24. Oktober 1873

Dann stürzte das Wasser in die Tiefe. Von dem Eisensteg, der sich unter dem Kreuzgewölbe der Halle spannte, sah es so aus, als hätte jemand das Ablaufventil einer kolossalen Wanne geöffnet. Ein Mitarbeiter von Oberingenieur Mihatsch entfernte nun die Sperre zwischen Einlaufbecken und Hauptbassin. Hier riss die Schwerkraft das Wasser abwärts, dort floss jetzt immer neues nach. Die durchscheinende Oberfläche wirkte wie an den Rändern festgenagelt, sie sank um keinen Zentimeter, während das runde Loch im Boden zugleich Tausende Liter in der Minute verschlang.

Unterhalb des Straßenpflasters rauschte das Wasser am Schönbrunner Schloss vorbei, schneller als die Pferdefuhrwerke, schneller sogar als die elegantesten Droschken der allerwichtigsten Herrschaften. Nun strömte es dem Südbahnhof entgegen, drängelte die Luft aus dem Rohr, die in den Wartungsschächten zischend entwich. Dann schwappte es um die Kurve, schnellte in Richtung *Schloss Belvedere*. Das Gefälle der Straße beschleunigte es noch. Schaumkronen zerstoben im Tropfenwirbel, während es durch den Gusseisentunnel raste, plötzlich zurückgeschleudert und von der nachfolgenden Welle wieder nach vorne geworfen wurde. Abermals prallte das Wasser gegen die Sperre. Der Druck stieg, das Mariazeller Qualitätsrohr ächzte, aber nur ganz diskret. Es hielt stand. Und nun?

Ein Knirschen drang in die Tiefe, Metall auf Metall. Stille. Der Eisenschild, der das Rohr verschloss, vibrierte und ruckelte. Einen Meter darüber stand Oberingenieur Mihatsch unter den Augen Tausender Zuschauer auf dem Schwarzenbergplatz und hatte Schwierigkeiten, den Brunnen in Gang zu setzen.

Minuten vergingen. Dann war der Widerstand weg, das Wasser schoss vorwärts und aufwärts durch das mit Keramik ausgekleidete Steigrohr, wurde dadurch noch schneller und war endlich frei.

Über den Steinring des Brunnens, über die Köpfe des Publikums, sogar über die Dächer der mehrstöckigen Häuser erhob sich die Fontäne. Ganz oben verharrten die Tropfen einen Moment lang in der Schwebe, als wollten sie die Aussicht genießen. Das Bild, das sich von dort bot, war aber auch zu schön: Jubelnde Menschen stürzten zum Brunnen, ein Bürgermeister und ein Geologe lagen sich in den Armen, und ein Kaiser atmete auf. Das hatte doch alles ganz prima geklappt! Außerdem stand dort ein erleichterter Herr Oberingenieur, der nicht begreifen konnte, warum er das Handrad des Wasserventils erst so energisch in die falsche Richtung gedreht hatte, bevor er den Irrtum bemerkt und den Hochquell befreit hatte.

Die Natur war spendabel an diesem Tag, bescherte den Wienern nicht nur das Wasser aus den Bergen, sondern auch noch das passende Accessoire, um den feierlichen Moment zu vollenden: Eduard Suess, der die »Spreu von Millionen

Feierliche Eröffnung der I. Wiener Hochquellenleitung am Schwarzenbergplatz am 24.10.1873

herabfallender Tropfen« bestaunte, schrieb: »In diese sendet die gütige Sonne ihre Strahlen und spannt einen Regenbogen um das Bild. Ein vieltausendstimmiger Ruf des Staunens füllte den weiten Raum. Mir schnürte sich die Kehle zusammen.«[289] Ergriffen waren auch die Berichterstatter. Kaum einer vergaß den Regenbogen in seiner Schilderung. Nachdem Seine Majestät vom erlesenen Wasser gekostet und es für ausgezeichnet befunden hatte, verabschiedete er sich. Vielleicht wäre er diesmal gern länger geblieben, aber er musste sich dringend wieder im Prater zeigen. Womöglich wurde er dort schon vermisst.

Am selben Abend veranstaltete die Kommune ein Festbankett im Kursalon, dort wo sie im Sommer mit dem Weltausstellungsfest enttäuscht hatte. Angetreten war Kapellmeister Leitermeyer, der Schöpfer der gewöhnungsbedürftigen persischen Alternativhymne, mit seiner Regimentskapelle. Johann Strauss hatte an diesem Tag anderes zu tun, er bereitete ein Wohltätigkeitskonzert zugunsten ungarischer Cholerapatienten vor. Außerdem musste er die letzten Tage der Weltausstellung musikalisch aufhübschen.[290]

In den vergangenen Wochen waren die Besucherzahlen gestiegen, die Zeitungen zogen Bilanz: Keine Weltausstellung habe jemals eine so große kulturelle Vielfalt geboten, keine ein so spannendes Repertoire an Kunst und Kunsthandwerk, schrieben jene, die fair bleiben wollten. Aber diese Verluste!

Auch die waren niemals höher gewesen. Von den investierten neunzehn Millionen Gulden waren durch Ticketverkäufe nur etwas mehr als zwei Millionen wieder eingespielt worden, Pachtverträge und der Verkauf des Inventars würden noch einmal die gleiche Summe einbringen. Das war alles. Tragisch!

Cajetan Felder als Wiener Bürgermeister zu beerben, konnte Generaldirektor Schwarz-Senborn nach diesem Debakel vergessen. Stattdessen wurde er als österreichischer Botschafter nach Washington abgeschoben, bloß weit genug weg von der Staatskasse.

Beim Hochquellenfestbankett nahmen an sieben Tafeln etwa dreihundert Gäste Platz, Minister, Militärs, Aristokratie, natürlich der Gemeinderat, die Oberingenieure, Baumeister Antonio Gabrielli und alle anderen, die zum Erfolg des Projekts beigetragen hatten. Fast alle. Weder Josef Skoda noch Carl Rokitansky waren eingeladen worden, obwohl sie mit ihrem jahrelangen Kampf für Hygiene und ihren Mahnungen vor Seuchen die Hochquellenleitung maßgeblich gefördert hatten. In den Tagen danach beschwerten sie sich öffentlich darüber, sagten, sie seien fassungslos und durchaus beleidigt, weil man sie vergessen hatte.

Ob sie das Bankett im Kursalon genossen hätten, war eine andere Frage. Der Gesundheit konnte das üppige Menü jedenfalls kaum zuträglich gewesen sein. Serviert wurden der Reihe nach Imperialsuppe, Foie gras, Fogosch an Sauce hollandaise, Roastbeef mit Gemüse, Hühnerfilet à la Chevalière, Steirische Pute am Spieß, Französischer Salat, Radetzky-Eisvariationen, Früchte, Käse, Dessert und Kaffee.[291] Die Festreden hatte man nach dem fünften Gang angesetzt, zwischen Huhn und Pute, die Mägen waren schon schwer, aber man bekam noch genug Luft. Bürgermeister Felder eröffnete den Reigen, danach folgten Minister und andere einflussreiche Persönlichkeiten. Das zehnjährige Ringen um die Wasserleitung, die Konflikte und Intrigen wurden zumeist mit pompösen Worten überschminkt, als wären Wien und die Hochquellen von Beginn an beste Freunde gewesen.

Allein Ministerpräsident Fürst Auersperg erinnerte an den schweren Kampf gegen die Zweifler. Er lobte die »Opferwilligkeit«, mit der die Verantwortlichen das Projekt, »welches nach Anfeindungen und Verdächtigungen – die leider bei uns jedem einheimischen Werke begegnen – einem glücklichen Ende zuführten«.[292] Manche Zeitung und viele Wiener reagierten entrüstet. Wie konnte sie der Ministerpräsident nur so unverhohlen an die eigenen Fehler erinnern? Die hatte man doch längst verdrängt!

Die weiteren Tischreden waren pathetisch, aber harmlos und folglich ziemlich langweilig. Jeder sonnte sich auf seine Weise im Glanz der vollbrachten Meisterleistung. Dazwischen servierte Kapellmeister Leitermeyer Walzer und Polkas.

Ein einziger Gast, Gemeinderat Hoffer, kam auf die Idee, zur Abwechslung Eduard Suess zu danken. Richtig, der war ja auch noch da. Man hatte ihn fast übersehen unter all den Dränglern, die ebenfalls Bedeutendes beigetragen haben wollten.

Wie üblich, wenn etwas geleistet worden war für die Monarchie, verlieh Seine Majestät einige Orden. Cajetan Felder erhielt den der Eisernen Krone zweiter Klasse. Die Oberingenieure Junker und Mihatsch wurden mit dem Ritterkreuz des Franz-Joseph-Ordens dekoriert. Außerdem verteilte der Kaiser noch ein paar goldene Verdienstkreuze mit der Krone. Für Eduard Suess jedoch blieb nur »der Ausdruck der Allerhöchsten Zufriedenheit« übrig.[293]

Sonderbar, für dessen Beitrag zur Wasserleitung wäre doch mindestens die Eiserne Krone dritter Klasse fällig gewesen, fanden Zeitgenossen, die sich mit den Ritualen Seiner Majestät auskannten. Die Journalisten recherchierten: Nicht zu glauben, der Geologe selbst hatte sich jede Ordensauszeichnung dankend verbeten.

Beim Festakt im Kursalon erhob Eduard Suess sein Glas und trank auf die Stadt. Der Abend war lang, das Repertoire des Kapellmeisters fast erschöpft. Wien hatte sich endlich vom leidlich gefilterten Flusswasser losgesagt, und Herr Leitermeyer dirigierte nun ausgerechnet den Donauwalzer.[294]

Seine persische Hymne hätte niemand hören wollen.

Bau eines Aquäduktes der II. Hochquellenleitung, die am 2. Dezember 1910 in Betrieb genommen wurde

16

SCHMETTERLINGE ÜBER GONDWANA

Sechs Wochen danach, Ende November 1873, erlosch die Cholera in Wien. Der Anteil, den das erst spät eingetroffene Hochquellenwasser daran hatte, ließ sich nicht exakt feststellen. Eduard Suess informierte sich fortan aber regelmäßig bei dem Epidemiologen Anton Drasche über das Seuchengeschehen in der Stadt. Der Mediziner teilte ihm mit, dass die Zahl der Typhustoten kontinuierlich sank. Die im Vergleich zu anderen europäischen Metropolen bedenkliche Wiener Sterberate normalisierte sich. Die Cholera kehrte nie mehr in die Stadt zurück.

Zur gefürchteten Jahrhundertseuche konnte sie sich entwickeln, weil ihre Ursache so lange im Dunkeln geblieben war. Zwar gelangte man im Zuge der wiederkehrenden Pandemien zu der Einsicht, dass die Krankheit vor allem durch verunreinigtes Wasser übertragen wurde, wenngleich Pettenkofer an seiner Miasmentheorie festhielt. Doch erst Fortschritte in der Mikroskopie und damit einhergehend in der Bakteriologie, brachten die Mediziner auf die richtige Spur. Robert Koch konnte schließlich 1894 den Zusammenhang zwischen dem kommaförmigen Bakterium Vibrio cholerae im Dünndarm und der Erkrankung nachweisen, mehr als sechzig Jahre nach der ersten Pandemie, mehr als zwanzig Jahre nachdem die Hochquellenwasserleitung in Betrieb gegangen war.

Sie versorgt Wien bis heute. Noch lässt sich nicht sagen, ob sie tatsächlich mehrere Jahrhunderte überdauern wird, wie es sich ihre Schöpfer wünschten, aber im Oktober 2023 feiert sie immerhin schon ihr 150. Jubiläum. Ein Jahr nach ihrer Eröffnung gab es dann auch die passende Musik, um sie zu ehren. Eduard Strauss hatte sich vom Spiel der Tropfen inspirieren lassen und eine Polkamazurka komponiert, *Die Hochquelle*, op. 114.

Die signifikanten Bauwerke der Weltausstellung hingegen sind längst verschwunden, allein einer der Kunstpavillons überdauerte die Zeit. Unmittelbar nach der Veranstaltung begann man mit der Demontage der Ausstellungsarchitektur, Verwertbares wurde verkauft. Industriepalast, Maschinenhalle und die Pavillons der Länder wichen nach und nach wieder der Grünanlage, die der Prater einst war und die er wieder werden sollte. Von den Großbauten fand nur die Rotunde Gnade, auch deshalb, weil die Kosten für den Rückbau den Materialwert weit überstiegen hätten. Genutzt für Konzerte, Ausstellungen und Messen wurde sie den Wienern über die Jahre immer sympathischer. Sie schlossen sie in ihr Herz. Im Herbst 1937 brannte das Bauwerk aus unbekannter Ursache nieder. Wien trauerte. Allerdings gab es im Prater inzwischen eine neue Attraktion: Das von den englischen Ingenieuren Walter Bassett und Harry Hitchins entworfene Riesenrad war 1897 eröffnet worden, aber das ist eine andere Geschichte.

Wegen des steigenden Wasserbedarfs der Residenzstadt fasste man im späten neunzehnten Jahrhundert den Entschluss, eine weitere Wasserleitung zu bauen. Man erwog mehrere Projekte, darunter auch den einst schon von Suess verworfenen Vorschlag, Grundwasser zu fördern. Am Ende wurden neuerlich Hochquellen erschlossen, nicht weit vom Kaiserbrunnen entfernt. Seit 1910 ist die Leitung in Betrieb.

Cajetan Felder erlebte die Eröffnung der zweiten Hochquellenleitung nicht mehr, er starb 1894, zweieinhalb Monate nach seinem achtzigsten Geburtstag. Er hatte Wien als Bürgermeister durch die große liberale Ära der Gründerzeit geführt und auch deren erschreckendes Ende mit dem Börsensturz 1873 in diesem Amt miterlebt. Die österreichische Krise wirkte weltweit nach, in manchen Ländern mehr, in anderen weniger. Hoffnungen auf eine schnelle Erholung wurden enttäuscht. Die Unzufriedenheit wuchs, Schuldige wurden gesucht und vermeintlich gefunden. Antisemitismus flammte auf, den sich Populisten für ihre Zwecke zunutze machten.

Felder schied 1878 aus seinem Amt. Nun hatte er endlich mehr Zeit, sich seinen Schmetterlingen zu widmen. Neben seinen Pflichten als Bürgermeister und Anwalt hatte er über Jahrzehnte ein immer dichteres Netzwerk an Kontakten geknüpft, auch zu etlichen Museen in aller Welt. Er sammelte nun kaum noch eigene Exemplare, tauschte Schmetterlinge vielmehr mit den Kapazitäten auf diesem Gebiet, darunter Alfred Russel Wallace, der gleichzeitig mit Charles Darwin die Evolutionstheorie entwickelt hatte. Felder gab einen Teil seiner heimischen Exemplare und erhielt dafür exotische.

Weil er im Alter fast erblindete und die Farbenpracht der Tiere nur noch in seiner Erinnerung bestaunen konnte, entschloss er sich 1892 zum Verkauf seiner Sammlung. Ein anderer Amateurnaturforscher erwarb sie, Lionel Walter Rothschild. Nach dessen Tod 1937 gelangten Felders Schmetterlinge in Londons Natural History Museum.

Neben der Hochquellenleitung zählt der Wiener Zentralfriedhof zu Felders Vermächtnissen als Bürgermeister. Auf seine Initiative hin wurde außerdem die Donau reguliert und in ein gerades Flussbett verlegt. Auch dieses monumentale Projekt verwirklichte er gemeinsam mit Eduard Suess. So bescherten die beiden ihrer Heimatstadt einerseits sauberes Trinkwasser und nahmen ihr andererseits die Angst vor Überschwemmungen. Kurz: Sie machten das moderne Wien lebenswert.

Der Geologe trieb seine Forschungen voran, durchwanderte mit seinen Studenten die Alpen von Ost nach West, beschäftigte sich mit der norwegischen Strandlinie und kehrte immer wieder in die italienischen Berge zurück, selbstverständlich auch zum Vesuv. Er veröffentlichte Bücher über die Entstehung der Alpen und über die Zukunft des Goldes und fasste dann den Entschluss, eine Studie in Angriff zu nehmen, wie sie umfassender nicht sein konnte: Eine Analyse der geologischen Bedingungen weltweit schwebte ihm vor. Noch ahnte er nicht, dass ihn das mehrbändige Werk sechsundzwanzig Jahre lang beschäftigen würde. *Das Antlitz der Erde* festigte international seinen Ruf als einer der Begründer der modernen Geologie. Er brachte darin etwa den Begriff Gondwana für jenen Urkontinent auf, aus dem sich später die Erdteile entwickelten. Außerdem geht die Wortschöpfung Biosphäre auf ihn zurück.

Eduard Suess starb am 26. April 1914 im Alter von 82 Jahren. Ein Ehrengrab am Wiener Zentralfriedhof lehnten die Hinterbliebenen in seinem Namen ab. Beigesetzt wurde er im damals ungarischen, heute burgenländischen Dorf Marz. Dort hatte er sich mit seiner Familie niedergelassen. Übrigens war auch Cajetan Felder, der den Bau des Zentralfriedhofs vorangetrieben hatte, anderswo beerdigt worden, in Weidling, wo er sich der Natur näher fühlte.

Vom früheren Charakter des Schwarzenbergplatzes ist heute so wenig übrig wie von der Wiener Weltausstellung. Der einst von Prachtbauten flankierte Grünraum wich über die Jahrzehnte einem brachial durchasphaltierten Verkehrsknoten, ein Feind der Flaneure. Doch an warmen Tagen wächst an der Südseite die Fontäne empor wie damals, als Suess, Felder, die Minister, Gemeinderäte und der Kaiser ergriffen aufschauten. Ein bisschen Grün hat man dem Brunnen auf beiden Seiten gelassen, eine florale Knautschzone, damit ihn der Verkehr nicht erdrückt. Etwas versteckt zwischen den Bäumen wurde dem Geologen im Jahr 1928 ein Denkmal gesetzt, nichts Imposantes, nur eine Marmorbüste auf einer Stele. Von dort aus behält Eduard Suess die Fontäne im Auge, sieht, dass alles funktioniert wie am ersten Tag, und wartet auf den Regenbogen.

NACHWORT UND DANK

Als ich mit den Recherchen für dieses Buch begonnen habe, lag Corona noch in der Zukunft. Dass Wissenschaft, Politik und Gesellschaft um Hygieneverordnungen und andere Eingriffe zur Seuchenabwehr jahrelang stritten, erschien mir im 21. Jahrhundert undenkbar. Umso überraschter war ich, als die alten Konflikte wiederkehrten, nachdem das Coronavirus die Welt erobert hatte: Forscher, die rigorose Maßnahmen forderten, Menschen, die das als Anmaßung empfanden, je länger sie auf ihre Routine verzichten mussten, dazwischen oftmals überforderte Politiker.

Wie lassen sich diese Parallelen erklären? Ich glaube, dass in Zeiten allgemeiner Bedrohung die jeweiligen Konventionen Risse bekommen und die menschlichen Instinkte zunehmend das Handeln beeinflussen – im Guten wie im Schlechten. Anders als Moden überdauern sie die Zeit.

Die im Buch beschriebenen Ereignisse habe ich auf der Basis von Originalquellen rekonstruiert. Da und dort habe ich mir die Freiheit genommen, Dinge zu verdichten, etwa bei der Beschreibung der Gemeinderatssitzungen. Dort, wo ich die Gedanken der Akteure wiedergebe, folgen sie deren Schriften oder denen ihnen nahestehender Interpreten.

Auch wenn ich die Ereignisse aus der Sicht von Zeitzeugen schildere, wäre dieses Buch nicht möglich gewesen ohne hervorragende Sekundärliteratur. Was die Wiener Medizin im neunzehnten Jahrhundert betrifft, haben mir zum Beispiel die Werke von Erna Lesky geholfen. Jutta Pemsels Forschungen zur Wiener Weltausstellung sind ungemein aufschlussreich. Einblicke in das Werden des Wiener Walzers verdanke ich etwa den Werken von Norbert Linke. Die Schriften von Brigitte Hamann zum österreichischen Kaiserhaus sind eine reiche Quelle. Eine unschätzbare Hilfe, um den Wiener Alltag des neunzehnten Jahrhunderts nachzuempfinden, waren für mich die Bücher des Wiener Historikers und Stadtforschers Peter Payer. Dass er mein Manuskript durchgesehen und mich ermutigt hat, bedeutet mir viel. Danken möchte ich auch meinem Bruder Nikolaus Bartl und Gerhard Arzmüller für die wertvollen geologischen Hinweise.

Mein Agent Gerald Drews war von Anfang an von dem Projekt überzeugt. Er hat es mit Nannette Elke von HarperCollins bekannt gemacht. Seitdem fühlt es sich bei dem Verlag sehr gut aufgehoben. Für das Vertrauen bin ich beiden dankbar, ebenso allen anderen Verlagsmitarbeitern und meinem Lektor Alexander Eß.

Vor allem möchte ich meiner Familie für ihre Unterstützung und ihr Verständnis danken, wenn ich über Tage in die Welt der Herren Suess und Felder abgetaucht bin und nur am Rande an der Gegenwart teilnahm. Meine Freundin war die erste Testleserin. Danach sah das Manuskript schon viel ansehnlicher aus. Danke, nicht nur dafür! Und meiner geliebten Tochter danke ich für ihre Geduld und Nachsicht, wenn ich an Wochenenden geschrieben habe, obwohl sie mit mir dringend Plätzchen backen, Tomaten pflanzen, einen Origamidelphin falten wollte – oder einen Schmetterling.

PERSONENREGISTER

Wiederkehrende Akteure in der Reihenfolge ihres Auftretens:

Eduard Suess (1831–1914)

Der Naturwissenschaftler lehrte von 1857 bis 1901 an der Wiener Universität, zunächst Paläontologie, von 1862 an Geologie. Er war außerdem Mitgründer des Österreichischen Alpenvereins. Sein soziales Engagement beschränkte sich nicht auf die Hochquellenleitung. Als Abgeordneter des österreichischen Reichsrats trat er später auch für eine Verbesserung des Bildungssystems ein.

Cajetan Felder (1814–1894)

Von 1868 bis 1878 prägte der Rechtsanwalt als Bürgermeister das Gemeinwesen der Wiener Gründerzeit, als Amateurschmetterlingsforscher zählte er international zu den Koryphäen seiner Zeit.

Kaiser Franz Joseph I. (1830–1916)

Im Alter von achtzehn Jahren bestieg er 1848 den Thron des Kaisertums Österreich und regierte bis 1916. In seiner Ära verschärfte sich der Nationalitätenkonflikt im Vielvölkerstaat. Kaiserin Elisabeth fiel 1898 einem Attentat des italienischen Anarchisten Luigi Lucheni zum Opfer.

August Zang (1807–1888)

Der Unternehmer führte zunächst eine Bäckerei in Paris. Im Sommer 1848 gründete er in Wien die Tageszeitung *Die Presse*, blieb bis 1867 deren Herausgeber und machte danach als Bankier Karriere.

Josef Skoda (1805–1881)

Neben dem Pathologen Carl Rokitansky zählte der Kliniker zu den führenden Repräsentanten der Zweiten Wiener Medizinischen Schule. Gemeinsam mit der k. k. Gesellschaft der Ärzte in Wien engagierte er sich über Jahrzehnte für mehr Hygiene.

Johann Strauss Sohn (1825–1899)

Nachdem sein Vater den Wiener Walzer verfeinert und mit seinem Reiseorchester in Europa verbreitet hatte, trat Johann Strauss beherzt aus dessen Schatten. Reich instrumentiert und innovativ machte er die Tanzmusik im Dreivierteltakt zum Spektakel, das bald weltweit hohes Ansehen genoss.

Wilhelm von Schwarz-Senborn (1816–1903)

Der promovierte Chemiker entschloss sich in den späten Vierzigerjahren zu einer Karriere im Staatsdienst. Er betreute die Österreichauftritte bei den Weltausstellungen in London 1851 und in Paris 1855. Im Jahr 1871 wurde er zum Generaldirektor der Wiener Weltausstellung berufen, der ersten im deutschsprachigen Raum.

Anna-Maria Brewster (1822–1873)

Als eine der ersten Besucherinnen der Wiener Weltausstellung erkrankte die Engländerin an der Cholera. Auf Betreiben ihres Bruders, eines Arztes, erregte ihr Fall weltweit Aufsehen. Er bestätigte die Seuchengerüchte und schlug etliche Gäste in die Flucht.

BILDNACHWEIS

S. 6–7: Wikipedia gemeinfrei; Urheber: Michael Frankenstein, +11. Februar 1918, Wiener Photographen-Association
S. 18–19: © akg-images
S. 29: Wikipedia gemeinfrei; Lithographie von Josef Kriehuber, 1869
S. 44–45: © British Library
S. 45–55: © Wienbibliothek im Rathaus, Druckschriftensammlung
S. 83: © Theartchives alamy
S. 92–93: © Landessammlungen NÖ
S. 120–121: © The National Library of Medicine
S. 131: Wikipedia gemeinfrei, Verlags-Catalog der k.k. Hof-, Kunst- und Musikalien-Handlung von Friedrich Schreiber (vormals C.A. Spina) in Wien
S. 134–135: © Wikisource gemeinfrei, Bild aus Seite 214 der Familienzeitschrift Die Gartenlaube
S. 150–151: © Wikimedia gemeinfrei, Gemälde von Georg Bleibtreu (1828–1992)
S. 181: Wikimedia gemeinfrei
S. 191: Wikimedia gemeinfrei
S. 194–195: © Deutsches Historisches Museum, Berlin
S. 219: © IMAGNO/Austrian Archives
S. 228–229: Wikisource gemeinfrei
S. 268–269: © Technisches Museum Wien
S. 319: Wikimedia gemeinfrei
S. 323: © Wiener Wasser Archiv
S. 328–329: © Wiener Wasser Archiv

ANMERKUNGEN

1 Die Presse: Wien, 24. Oktober. 25. Oktober 1873. S. 1
2 Illustrirtes Wiener Extrablatt: Die Eröffnungsfeier der Hochquellenleitung. 25. Oktober 1873. S. 2
3 Morgen-Post: Die feierliche Eröffnung der Hochquellen-Wasserleitung. 25. Oktober 1873. S. 2
4 Illustrirtes Wiener Extrablatt: ebd.
5 Ebd. S. 3
6 Eduard Suess: Erinnerungen. S. Hirzel Verlag. Leipzig 1916. S. 243
7 Franz Sartori: Wien's Tage der Gefahr und die Retter aus der Noth. Verlag Carl Gerold. Wien 1880. S. 15
8 Vgl. Rudolph Angermüller: Wenzel Müller und »sein« Leopoldstädter Theater. Böhlau Verlag. Wien, Köln, Weimar 2009. S. 63
9 Franz Sartori: ebd. S. 26
10 Vgl. Rudolph Angermüller: ebd. S. 24
11 Franz Grillparzer: Der arme Spielmann. Reclam Verlag. Stuttgart 2000. S. 53
12 Vgl. Eduard Strauss: Erinnerungen. Verlag Franz Deuticke. Leipzig/Wien 1906. S. 10
13 Eduard Suess: ebd. S. 13
14 Eduard Suess: Der Boden der Stadt Wien nach seiner Bildungsweise, Beschaffenheit und seinen Beziehungen zum bürgerlichen Leben. Wilhelm Braumüller. Wien 1862. S. 240
15 Ebd. S. 241
16 Ebd. S. 255
17 Ebd.
18 Cajetan Felder: Erinnerungen eines Wiener Bürgermeisters. Eine Publikation des Cajetan-Felder-Institutes Wien. Karolinger Verlag. Wien 2016. S. 130
19 Die Presse: Die Wasserfrage in Wien. 23. Oktober 1853. S. 4
20 Ebd.
21 Robert Tytler: Observations of the Sickness which prevailed at Jessore, (Bengal), in the Months of Aug. and Sept. 1817. In: The Medico-Chirurgical Journal. London 1818. S. 158
22 Ebd. S. 159
23 Ebd. S. 160
24 William Evans: ebd. S. 160
25 Ebd. S. 161
26 Eduard Suess: Erinnerungen. S. Hirzel Verlag. Leipzig 1916. S. 119
27 Ebd. S. 92
28 Ebd.

29 Der Zwischen-Akt: Wiener Plaudereien. 9. August 1860. S. 3
30 Morgen-Post: Baron Helfert. 4. Mai 1863. S. 1
31 Wiedergegeben nach Eduard Suess: ebd. S. 124
32 Vgl. Morgen-Post: Tagesneuigkeiten. 8. Mai 1857. S. 2
33 Wiener Zeitung: Expedition der k.k. Fregatte »Novara«, 14. Februar 1859. S. 2
34 Ebd.
35 Wiener Zeitung: Expedition der k.k. Fregatte »Novara«, 18. April 1859. S. 2
36 Anton Schrötter von Kristelli: Vorbericht. In: Bemerkungen und Anweisungen für die Naturforscher, welche die Expedition von Sr. k.k. apostolischen Fregatte »Novara« unter dem Commando des Herrn Obersten Bernhard v. Wüllerstorf-Urbair begleiten. Wien 1857. S. IV
37 Vgl. Wiener Zeitung: Von der »Novara«, 31. Oktober 1859. S. 6
38 Cajetan Felder: ebd. S. 118
39 Ebd. S. 23 f.
40 Wiedergegeben nach Cajetan Felder: ebd. S. 119
41 Ebd.
42 Ebd. S. 154
43 Ebd.
44 Eduard Suess: Die Aufgabe der künftigen Wasserversorgung von Wien. In: Wiener Medizinische Wochenschrift. 24. Januar 1863. S. 59
45 Vincenz Klun: Der Boden der Stadt Wien. In: Wochenschrift für Wissenschaft, Kunst und öffentliches Leben. Nr. 26. Beilage zur Wiener Zeitung. 26. Juli 1862. S. 201
46 Vgl. Cajetan Felder und Rudolf Felder: Reise der österreichischen Fregatte Novara um die Erde in den Jahren 1857, 1858, 1859 unter den Befehlen des Commodore B. von Wüllerstorf-Urbair. Zoologischer Theil. Zweiter Band. Zweite Abtheilung: Lepidoptera, Kaiserlich-Königliche Hof- und Staatsdruckerei. Wien 1864–67. S. 9 ff.
47 Das Vaterland: Die Wasserversorgungsfrage. 15. November 1862. S. 5
48 Waldheim's Illustrirte Zeitung: Die Wasserversorgung der Stadt Wien. 25. Oktober 1862. S. 2
49 Die Presse: Bürgermeister Dr. Zelinka. 22. November 1868. S. 13
50 Die Presse: Wiener Gemeinderath. 12. November 1862. S. 4 und Die Presse/Abendblatt: Zur Wasserfrage in Wien. 9. August 1859. S. 2
51 Die Presse: Wiener Gemeinderath. 12. November 1862. S. 4
52 Ebd.
53 Vgl. Wiener Zeitung/Wiener Tagesbericht: Die Wasserversorgung von Wien. 15. November 1862. S. 332
54 Ebd.
55 Eduard Suess: Erinnerungen. S. Hirzel Verlag. Leipzig 1916. S. 151
56 The Bombay Quarterly Review: The Marquis of Hastings and the Nepalese War. Vol. II. Bombay 1855. S. 49
57 The Marchioness of Bute (Hrsg.): The Private Journal of the Marquess of Hastings. Vol. II. Saunders and Otley. London 1858. S. 238
58 Ebd.
59 Ebd. S. 239
60 James B. Fraser: Narrative of a Journey into Khorasan in the years 1821 and 1822. Longman, Hurst, Rees, Orme, Brown and Green. London 1825. S. 59
61 Vgl. William Scot: Report on the epidemic Cholera as it has appeared in the territories subject to the presidency of Fort St George. Asylum Press. Madras 1824. S. ii
62 Die Presse: Wiener Geschichten. Hygienischer Terrorismus. 11. Mai 1862. S. 2

63 Wochenblatt der Zeitschrift der k.k. Gesellschaft der Aerzte in Wien: Hygienischer Terrorismus. 18. Jahrgang, Nr. 21. 21. Mai 1862. S. 161–165. S. 164
64 Allgemeine Wiener medizinische Zeitung: Ueber die Aufgabe auf dem Gebiete der Organisation der Medicinalverwaltung und Sanitätsgesetzgebung. 4. März 1862. S. 83
65 Maximilian Sternberg: Josef Skoda. Verlag Julius Springer. Wien 1924. S. 9
66 Ebd. S. 16
67 Ebd. S. 17 f.
68 Anton Drasche: Skoda. Verlag Gerold & Comp. Wien 1881. S. 21
69 Vgl. Gemeinderatsprotokoll vom 10. Juni 1864. 295. Sitzung. In: Protokolle der öffentlichen Sitzungen des Gemeinderathes der k.k. Reichshaupt- und Residenzstadt Wien 1864. S. 1305 ff.
70 Cajetan Felder: Erinnerungen eines Wiener Bürgermeisters ...
71 Ebd.
72 Neues Wiener Blatt: Hochquellenleitung. 22. Oktober 1873. S. 3
73 Eduard Hensel: Anton Dreher. Biographische Skizze. Leopold Sommer. Wien 1864. S. 11
74 Eduard Hensel: ebd. S. 31
75 Cajetan Felder: ebd. S. 90
76 Ebd. S. 97
77 Vgl. Erna Lesky (Hrsg.): Carl von Rokitansky. Selbstbiographie und Antrittsrede. Kommissionsverlag der Österreichischen Akademie der Wissenschaften. Wien 1960. S. 53
78 Carl Rokitansky: Festrede. In: Die feierliche Eröffnung des pathologisch-anatomischen und chemischen Institutes im k.k. Allgemeinen Krankenhause. Verlag J. B. Wallishausser. Wien 1862. S. 17
79 Hans-Peter Zenner: »Wie ein Verbannter muß ich leben«. Beethovens Taubheit. In: Deutsches Ärzteblatt. Heft 42. 18. Oktober 2002. S. 2762–2766. S. 2765
80 Wiener Zeitung: Rußland. 6. Oktober 1830. S. 1126
81 Wiener Zeitung: Wien. 1. Juni 1831. S. 697
82 Adolf Streckfuß: 500 Jahre Berliner Geschichte. Vom Fischerdorf zur Weltstadt. Verlag von B. Brigl. Berlin 1879. S. 780
83 Wiener Zeitung: Wien. 31. August 1831. S. 1121
84 Illustrirtes Wiener Extrablatt: »Heiter auch in ernster Zeit«. 21. September 1873. S. 4
85 Wiener Zeitung: Nachricht. 27. Oktober 1798. S. 3246
86 Die Anzeigen für das Fest beim *Sperl* im Jahr 1831 erschienen in der *Wiener Zeitung* am 18. August (S. 210), am 20. August (S. 218) und am 23. August (S. 229)
87 Illustrirtes Wiener Extrablatt: »Heiter auch in ernster Zeit«. 21. September 1873. S. 4
88 Morgenblatt für gebildete Stände: Korrespondenz-Nachrichten. 8. November 1831. S. 1068
89 Heinrich Walden: Wien und seine Bewohner. Franz Wimmer Verlag. Wien 1834. S. 12
90 Joseph Johann Knolz: Darstellung der Brechruhr-Epidemie in der k.k. Haupt- und Residenzstadt Wien. Mayer und Compagnie. Wien 1834. S. 200
91 Gesundheits-Zeitung: Licht- und Schattenseiten des Faschings. 9. Januar 1837. S. 22
92 Vgl. Anton Drasche: Die epidemische Cholera. Verlag Carl Gerold's Sohn. Wien 1860. S. 26
93 Heinrich Heine: Sämmtliche Werke. Achter Band. Französische Zustände. Erster Theil. Hoffmann und Campe. Hamburg 1868. S. 168
94 Ebd. S. 171
95 William Wilde: Austria: Its literary, scientific, and medical Institutions.

Verlag William Curry, jun. and Company. Dublin 1843. S. 79

96 Wochenblatt der Zeitschrift der k.k. Gesellschaft der Aerzte in Wien: Die Wasserversorgung Wien's vom ärztlichen Standpunkte gewürdigt. Denkschrift. 18. Jahrgang. Nr. 50. 10. Dezember 1862. S. 393–403. S. 393

97 Ebd. S. 393 f.

98 Figaro: Aus einer Wählerversammlung. 10. März 1866. S. 43

99 Wiener Medizinische Wochenschrift: Josef Skoda. Nr. 25. 18. Juni 1881. S. 716

100 Morgen-Post: Wien. Der Gemeinderath auf Reisen II. 29. Juni 1864. S. 1

101 Ebd. S. 2

102 Morgen-Post: Die zweite Fahrt ins Wasserversorgungsgebiet. 5. Juli 1864. S. 1

103 Morgen-Post: Wien. Der Gemeinderath auf Reisen III. 30. Juni 1864. S. 2

104 Morgen-Post: Der Gemeinderath auf Reisen V. 2. Juli 1864. S. 1

105 Cajetan Felder: ebd. S. 362

106 Ebd. S. 364

107 Ebd. S. 192

108 Neues Fremden-Blatt: Aus dem Gemeinderathe. 11. Oktober 1865. S. 4

109 Neue Freie Presse: Wiener Gemeinderath. 22. November 1865. S. 6

110 Die Presse: Mehr Licht in der Wasserfrage. 27. September 1865. S. 10

111 Die Presse: Zur Wasserversorgungs-Frage. 8. November 1865. S. 10

112 Josef Eggerth: Constantes Wasser oder April-Quelle? Wien 1865. S. 7

113 Die Presse: Eine Transaction in der Wasserfrage. 13. Juni 1865. S. 9

114 Ebd. S. 8

115 Neue Freie Presse: Mittheilungen aus dem Publicum. 17. Oktober 1865. S. 4

116 Die Presse: Zur Wasserversorgungs-Frage. 12. Dezember 1865. S. 2

117 Morgen-Post: Gemeinderathswahlen. 10. März 1866. S. 2

118 Nach dem Währungsrechner der Österreichischen Nationalbank etwa 216 Millionen Euro

119 Morgen-Post: Wien. Wie steht heute die Wasserfrage? 22. Juli 1864. S. 2

120 Eduard Suess: Erinnerungen ... S. 159

121 Ebd. S. 161

122 Ebd. S. 163

123 Neue Freie Presse: Wiener Gemeinderath. 13. Januar 1866. S. 6

124 Neue Freie Presse: Wiener Gemeinderath. 11. Oktober 1865. S. 5

125 Eduard Suess: ebd. S. 152

126 Wochenblatt der Zeitschrift der k.k. Gesellschaft der Aerzte in Wien. 21. Jahrgang. 8. November 1865. S. 361

127 Franz Coelestin Schneider: Bericht erstattet in der Sitzung der k.k. Gesellschaft der Aerzte. 24. Juni 1864. S. 9

128 Die Presse: Das Dreiquellen-Project und die Gesellschaft der Aerzte. 30. Oktober 1865. S. 4

129 Eduard Suess: ebd. S. 215 f.

130 Oesterreichisches Journal: Das Aquädukt bei Baden. 23. Juli 1871. S. 4

131 Neue Freie Presse: Die Erledigung der Wasserfrage. 25. Mai 1866. S. 5

132 Neue Freie Presse: Wiener Gemeinderath. 26. Mai 1866. S. 7

133 Vgl. Morgen-Post: Wien. Die Wasserfrage im Gemeinderathe. 26. Mai 1866. S. 2

134 Neue Freie Presse: Wiener Gemeinderath. 26. Mai 1866. S. 6

135 Neues Fremden-Blatt: Debatte über die Wasserversorgung. 30. Mai 1866. S. 4

136 Eduard Suess: ebd. S. 156

137 Theodor Fontane: Der deutsche Krieg von 1866. 1. Band. Verlag der

königlichen Geheimen Ober-Hofbuchdruckerei. Berlin 1871. S. 50
138 Neue Freie Presse: Olmütz und das Hauptquartier. 17. Juni 1866. S. 4
139 Vgl. Neue Freie Presse: Wiener Gemeinderath. 13. Juni. S. 5
140 Cajetan Felder: ebd. S. 366
141 Kikeriki: Kundmachung für die Preußen. 21. Juni 1866. S. 2
142 Neue Freie Presse: Olmütz und das Hauptquartier. 17. Juni 1866. S. 2
143 Neues Fremden-Blatt. Abendblatt: Von der nördlichen Grenze. 16. Juni 1866. S.4
144 Cajetan Felder: ebd. S. 366 f.
145 Das Vaterland: Audienz. 6. Juli 1864. S. 3
146 Eduard Suess: ebd. S. 163
147 Das Vaterland: Die Stimmung in Wien in Folge der letzten Nachricht vom nördlichen Kriegsschauplatze. 6. Juli 1866. S. 3
148 Das Vaterland: Vom nördlichen Kriegsschauplatz. 10. Juli. S. 1
149 Heinrich Friedjung (Hrsg.): Benedeks Nachgelassene Papiere. Verlag Carl Reißner. Dresden 1904. S. 373
150 Ebd. S. 382 f.
151 Das Vaterland: Verluste der Nordarmee. 5. Juli 1866. S. 3
152 Eduard Suess: ebd. S. 164
153 Vgl. Sonntags-Blatt für alle Stände: Was werden wir in Paris ausstellen? 4. November 1866. S. 699
154 Neue Freie Presse: Zur Pariser Weltausstellung. 30. September 1866. S. 6
155 Die Debatte: Zur Pariser Weltausstellung. 24. Oktober 1866. S. 3
156 Vgl. John Snow: On the Mode of Communication of Cholera. Churchill. London 1849. S. 11
157 John Snow: On the mode of Communication of Cholera. Second Edition. Churchill, London 1955. S. 38
158 Max Pettenkofer: Untersuchungen und Beobachtungen über die Verbreitungsart der Cholera. Cotta. München 1855. S. 303
159 Ebd. S. 13 f.
160 Ebd. S. 272
161 Ebd. S. 274
162 Vgl. John Snow: On the mode of Communication of Cholera. Second Edition. Churchill. London 1955. S. 42
163 Vgl. Mr Whitehead's Report of his Special Investigation of Broad Street. In: Report of the Cholera Outbreak in the Parish of St. James, Westminster, during the Autumn of 1854. Churchill. London 1855. S. 121–169. S. 140
164 Ebd. S. 125
165 Josef Skoda: Pathologie und Therapie der epidemischen Cholera. In: Wiener Medizinische Wochenschrift. 21. Oktober 1854. S. 657–664. S. 659
166 H. D. Rawnsley (Hrsg.): Henry Whitehead 1825–1896. A Memorial Sketch. James MacLehose and Sons. Glasgow 1898. S. 40
167 Ebd. S. 206
168 Wiener Zeitung: Handel, Industrie und Verkehr. 23. März 1867. S. 4
169 Das Vaterland: Für Reisende zur Pariser Weltausstellung. 6. April 1867. S. 3
170 Cajetan Felder: ebd. S. 99
171 Ebd.
172 Vgl. Adolf Ebeling: Die Wunder der Pariser Welt-Ausstellung 1867. Verlag J. B. Bachem. Köln 1867. S. 187
173 Michael Klapp: Bilder vom Marsfelde. Blätter der Erinnerung allen Besuchern der Industrie-Ausstellung zu Paris im Jahre 1867. Verlag H. Kolck. Troppau 1868. S. 287f.
174 Ebd. S. 288
175 Morgen-Post: Der Faschingszug in Ober-Döbling. 3. März 1867. S. 3

176 Die Debatte: Zur Pariser Ausstellung. 23. März 1867. S. 2f.
177 Neues Fremden-Blatt: Die Wertheim'sche Vorausstellung für Paris. 3. März 1867. S. 5
178 Morgen-Post: Zur Pariser Ausstellung. 3. März 1867. S. 3
179 Michael Klapp: ebd. S. 68f.
180 Cajetan Felder: ebd. S. 103
181 Ebd.
182 Ebd. S. 189
183 Ebd.
184 Vgl. Cajetan Felder: ebd. S. 99
185 Michael Klapp: ebd. S. 22
186 Cajetan Felder und Rudolf Felder: Reise der österreichischen Fregatte Novara um die Erde in den Jahren 1857, 1858, 1859 unter den Befehlen des Commodore B. von Wüllerstorf-Urbair. Zoologischer Theil. Zweiter Band. Zweite Abtheilung: Lepidoptera. Kaiserlich-Königliche Hof- und Staatsdruckerei. Wien 1864–67. S. III
187 193 Neue Freie Presse: Paris. Neue Demolirungen. 15. März 1867. S. 4
188 Robert Geißler: Plaudereien über Paris und die Weltausstellung. Verlag Theobald Grieben. Berlin 1868. S. 3
189 Cajetan Felder: Erinnerungen ... S. 103
190 Michael Klapp: ebd. S. 282
191 Neues Fremden-Blatt: Kleine Geschichten. 17. März 1867. S. 6
192 Cajetan Felder: ebd. S. 103
193 Robert Geißler: ebd. S. 193
194 Vgl. Wiener Zeitung / Wiener Abendpost: Pariser Briefe. Der Ball beim Fürsten Metternich. 1. Juni 1867. S. 503
195 Eduard Hanslick: Geschichte des Concertwesens in Wien. Zweiter Theil. Wilhelm Braumüller. Wien 1870. S. 38
196 Wiener Zeitung: Kleine Chronik. 24. Oktober 1867. S. 4
197 Georg Nostitz-Rieneck (Hrsg.): Briefe Kaiser Franz Josephs an Kaiserin Elisabeth. Band 1. Verlag Herold. Wien 1966. S. 70
198 Ebd. S. 69
199 Neue Freie Presse: Ein geflügeltes Wort vom Marsfelde. 29. Oktober 1867. S. 1
200 Neues Fremden-Blatt: Der Kaiser in Paris. 28. Oktober 1867. S. 3
201 Georg Nostitz-Rieneck (Hrsg.): ebd. S. 71
202 Ebd. S. 75
203 Die Debatte: Die Kaiserreise. 1. November 1867. S. 1
204 Georg Nostitz-Rieneck (Hrsg.): ebd. S. 76
205 Ebd.
206 Das Vaterland: Gemeinderathssitzung vom 12. November. 13. November 1867. S. 3
207 Hans Jörgel von Gumpoldskirchen: Zweiter Brief. 16. November 1867. S. 8
208 Franz Wertheim: Ueber eine Industrie-Ausstellung in Wien. vorgetragen am 3. April. In: Verhandlungen und Mittheilungen des niederösterreichischen Gewerbe-Vereines. Verlag des niederösterreichischen Gewerbe-Vereines. Wien 1868. S. 231–236. S. 231
209 Ebd. S. 234
210 Ebd. S. 236
211 Vgl. Günther Chaloupek: Der unvollendete Boom. In: Felix Czeike (Hrsg.): Wien in der liberalen Ära. Forschungen und Beiträge zur Wiener Stadtgeschichte 1. Verein für Geschichte der Stadt Wien. Wien 1978. S. 31–43. S. 39
212 Morgen-Post: Zur politischen Geschichte des Tages. Oesterreich erwacht. 12. Juli 1868. S. 1
213 Die Presse: Unser Bürgermeister-Candidat. 19. Dezember 1868. S. 10
214 Cajetan Felder: Erinnerungen ... S. 367
215 Morgen-Post: Die Eröffnung der Wasserleitungsarbeiten im Höllenthal. 8. Dezember 1869. S. 3

216 Ebd.
217 Vgl. Wiener Zeitung: Niederösterreichischer Gewerbeverein. 6. April. 1869. S. 5
218 Wiener Weltausstellungs-Zeitung: Freiherr von Schwarz-Senborn und die Weltausstellungs-Commission des Wiener Gemeinderathes. 18. August 1871. S. 3
219 Vgl. Jutta Pemsel: Die Wiener Weltausstellung von 1873. Böhlau. Wien 1989. S. 23
220 Neues Wiener Tagblatt: Wiener Angelegenheiten. 14. November 1871. S. 3
221 Gustav Wilhelm: Briefe der Freiin Louise von Eichendorff an ihren Neffen Hermann. In: Aurora. Ein romantischer Almanach. Band 4. Jahresgabe der deutschen Eichendorff-Stiftung. Verlag Der Oberschlesier. Oppeln 1934. Genehmigter Nachdruck. S. 3–19. S. 17
222 Neues Fremden-Blatt: Der Gemeinderath bei der Wasserleitung. 1. November 1870. S. 9
223 Eduard Suess: ebd. S. 216
224 Oesterreichisches Journal: Verkehrsstörung. 19. August 1870. S. 5
225 Fremden-Blatt: Der Verkehr nach Odessa. 20. August 1870. S. 10
226 Neues Fremden-Blatt / Außerordentliche Beilage Nr. 164: Weltausstellung 1873. Vom Ausstellungsplatze. 16. Juni 1872. S. 1
227 Walter Boehlich (Hrsg.): Sigmund Freud. Jugendbriefe an Eduard Silberstein 1871–1881. S. Fischer Verlag. Frankfurt am Main 1989. S. 20
228 Cajetan Felder: Erinnerungen … S. 368
229 Kikeriki: Röhren-Fatalitäten und kein Ende. 3. Juli 1871. S. 3
230 Morgen-Post: Die Röhrenfrage vor dem Gemeinderath. 1. Juni 1871. S. 3
231 Eduard Suess: Erinnerungen … S. 224
232 Morgen-Post: Halbe Maßregeln. 3. September 1872. S. 3
233 Vgl. Cajetan Felder: ebd. S. 370
234 Vgl. Illustrirtes Wiener Extrablatt: Schwender's Kolosseum. 27. Februar 1873. S. 3
235 Neues Fremden-Blatt: Wiener Bilderbogen. 14. Januar 1872. S. 9
236 Friedrich Schlögl: Wiener-Blut. Verlag L. Rosner. Wien 1873. S. 111
237 Die Bombe: Das Hotel Donau. 27. April 1873. S. 9
238 Der Reporter: Ausstellungs-Zeitung. Die Heimstätten der Fremden. 1. Juni 1873. S. 1
239 Vgl. Eduard Strauss: Erinnerungen. Verlag Franz Deuticke. Leipzig/Wien 1906. S. 58 f.
240 Ebd. S. 59
241 W. P. Blake/Henry Pettit: Reports on the Vienna Universal Exhibition, 1873. McLaughlin Brothers. Philadelphia 1873. S. 8
242 Theodore Roosevelt: Theodore Roosevelt's Diaries of Boyhood and Youth. Verlag Charles Scribner's Sons. New York/London 1928. S. 333
243 Wiener Sonn- und Montags-Zeitung: Die Wasserversorgung Wiens. 10. Februar 1873. S. 2
244 Die Presse: Professor Skoda über die Hochquellenleitung. 25. Januar 1873. S. 9
245 Ebd.
246 Ebd.
247 Eduard Suess: Erinnerungen … S. 240
248 Vgl. Neue Freie Presse: Professor Sueß vor seinen Wählern. 10. April 1873. S. 7
249 The New York Herald: Leserbrief von H. O. Fritsch. 20. April 1873. S. 7
250 The Sheperdstown Register: Ladies and Water in Vienna. 12. Juli 1873. S. 1
251 The Wheeling Daily Intelligencer: Eating and Drinking in Vienna. 2. Juli 1873. S. 1

252 Julius Rodenberg: Wiener Sommertage. Herausgegeben von Peter Payer. Czernin Verlag. Wien 2009. S. 25
253 Marie Festetics: Tagebucheintrag vom 4. Mai 1873. In: Gudula Walterskirchen, Beatrix Meyer: Das Tagebuch der Gräfin Marie Festetics. Residenz Verlag. Wien 2014. S. 129
254 Das Freie Blatt: Die Eröffnung der Wiener Weltausstellung. 2. Mai 1873. S. 3
255 Wiener Weltausstellungs-Zeitung: Feierliche Eröffnung der Wiener Weltausstellung. 2. Mai 1873. S. 2
256 Vgl. ebd.
257 Vgl. Cajetan Felder: ebd. S. 378 f.
258 Vgl. Neues Wiener Blatt: Weltausstellung. Was fertig wird. 1. Mai 1873. S. 3
259 Marguerite Zimmer: Histoire de l'anesthésie. Les Ulis 2008. S. 93
260 Vgl. Henry Bennet: The Cholera Cases in Vienna. In: The Lancet. 23. August 1873. S. 282
261 Das Freie Blatt: Der Börsenjammer. 10. Mai 1873. S. 2
262 Morgen-Post: Der Charfreitag der Börse. 10. Mai 1873. S. 3
263 Vgl. Neues Fremden-Blatt: Die Wiener Börse am 9. Mai. 10. Mai 1873. S. 6
264 Morgen-Post: Der Charfreitag der Börse. 10. Mai 1873. S. 3
265 Eduard Suess: ebd. S. 242
266 Henry Bennet: ebd. S. 282
267 Neues Wiener Tagblatt: Wigwam. 8. Mai 1873. S. 3
268 Wiener Weltausstellungs-Zeitung: Vom Ausstellungsplatze. 17. Juni 1873. S. 3
269 Vgl. Wiener Weltausstellungs-Zeitung: Concert der Weltausstellungs-Capelle. 15. Juni 1873. S. 4
270 Henry Bennet: ebd. S. 283
271 Wiener Weltausstellungs-Zeitung: Allarmirende Gerüchte. 4. Juli 1873. S. 4
272 Der Floh: Wieder ein Unkenruf! 5. Juli 1873. S. 9
273 Internationale Ausstellungs-Zeitung: Ausstellungs-Chronik. 13. Juli 1873. S. 5
274 Allgemeine Wiener medizinische Zeitung: Amtsbericht des Stadtphysikates über die Choleraepidemie in Wien im Jahre 1873. 3. März 1874. S. 68
275 Allgemeine Wiener medizinische Zeitung: Amtsbericht des Stadtphysikates über die Choleraepidemie in Wien im Jahre 1873. 10. März 1874. S. 78
276 Vgl. Reinhard Prohanka, Ingrid Thurner: Der Khan aus Tirol. Österreichischer Bundesverlag. Wien 1988. S. 68 f.
277 Walter Boehlich (Hrsg.): Sigmund Freud. Jugendbriefe … S. 36
278 Vgl. James W. Redhouse (Hrsg.): The Diary of H. M. The Shah of Persia, during his Tour through Europe in A. D. 1873. John Murray. London 1874. S. 326 f.
279 Marie Festetics: Tagebucheintrag vom 9. August 1873. In: Gudula Walterskirchen, Beatrix Meyer: Das Tagebuch der Gräfin Marie Festetics. Residenz Verlag. Wien 2014. S. 255
280 Neue Freie Presse: Der Schah von Persien im Volksgarten. 3. August 1873. S. 3
281 Ebd. S. 4
282 Morgen-Post: Samstags-Plaudereien. 25. Oktober 1873. S. 1
283 Illustrirtes Wiener Extrablatt: Das Weltausstellungsfest der Stadt Wien. 19. August 1873. S. 4
284 Cajetan Felder: ebd. S. 385
285 Vgl. Wiener Feuerwehr-Zeitung: Hochquellen-Wasserleitung. 1. September 1873. S. 5
286 Anton Langer: Die Hochquellen-Leitung. In: Hans Jörgel von Gumpoldskirchen. 30. August 1873. S. 1

287 Die Presse: Auf dem Rosenhügel. 31. August 1873. S. 7

288 Anton Langer: Hans-Jörgel-Stückeln. In: Hans Jörgel von Gumpoldskirchen. 13. September 1873. S. 5

289 Eduard Suess: ebd. S. 243

290 Vgl. Gemeinde-Zeitung: Strauß' Wohlthätigkeitsakademie. 21. Oktober 1873. S. 4

291 Vgl. Neues Wiener Blatt: Das »Wasser-Banket« im Kursalon. 25. Oktober 1873. S. 3

292 Ebd. S. 4

293 Vgl. Wiener Zeitung: Amtlicher Theil. 24. Oktober 1873. S. 1

294 Vgl. Fremden-Blatt: Das Banket zur Feier der Eröffnung der Hochquellen-Wasserleitung. 25. Oktober 1873. S. 5